잡상잡기

雜想雜記

왜?

잡상잡기 雜想雜記 왜?

ⓒ 이상진, 2025

초판 1쇄 발행 2025년 11월 27일

지은이   이상진
펴낸이   이기봉
편집   좋은땅 편집팀
펴낸곳   도서출판 좋은땅
주소   서울특별시 마포구 양화로12길 26 지월드빌딩 (서교동 395-7)
전화   02)374-8616~7
팩스   02)374-8614
이메일   gworldbook@naver.com
홈페이지   www.g-world.co.kr

ISBN   979-11-388-4960-9 (03810)

일상을 둘러싼
크고 작은 현상들에 대한
잡다한 생각과 기록

잡상잡기

雜想雜記

왜?

● 이상진 지음

좋은땅

잡상잡기(雜想雜記)

삶의 질문과 성찰, 그리고 나를 찾아가는 여정

　이 책의 제목은 '잡상잡기(雜想雜記)', 즉 '잡다한 생각들의 잡다한 기록'이라는 뜻을 담고 있습니다. 이름 그대로, 이 작은 책은 지난 수년간 저의 일상 속에서 문득 떠오른 수많은 생각의 조각들을 모아 정년을 앞둔 상황에서 솔직하며 담담한 심정으로 엮어 본 것입니다. 거창한 이론이나 심오한 철학적 담론을 펼치기보다는, 저 자신이 매일 마주하는 소소한 순간들, 때로는 스쳐 지나가는 듯한 감정의 파편들, 그리고 사회를 둘러싼 크고 작은 현상들 속에서 발견한 질문과 개인적, 주관적 성찰의 흔적들입니다.

생각의 씨앗을 심다

　우리는 모두 바쁜 시간을 살아갑니다. 아침에 눈을 뜨는 순간부터 밤늦게 잠자리에 들 때까지, 해야 할 일과 만나야 할 사람들, 처리해야 할 정보의 홍수 속에서 허우적대기 일쑤입니다. 그러다 보면 정작 중요한 것들을 놓치곤 합니다. 내 마음속에서 일어나는 미묘한 변화의 물결, 스쳐 지나가는 사람들의 표정에서 읽어 낼 수 있는 삶의 단면, 그리고 사회 곳곳에서 울려 퍼지는 작은 목소리들 말입니다.

　이 책은 바로 그런, 우리가 무심코 지나칠 수 있는 '잡다한' 것들에서 생각의 씨앗을 발견하려는 시도입니다. 길을 걷다 마주친 한 그루 나무의 모습에서 삶의 끈질긴 생명력을 읽어 내고, 뉴스 기사 속 한 줄의 문장에서 사회의 모순을 포착하며, 문득 떠오른 오래된 기억 속에서 나 자신을 이해하려 애쓰는 과정이 담겨 있습니다. 이 모든 것은 '왜?'라는 단순하지만 강력한 질문에서 시작되었습니다. '왜 나는 이렇게 느끼는가?' '왜 세상은 이런 모습인가?' '왜 나는 이런 선택을 하는가?'

삶의 질문에 답하는 여정

이 질문들은 때로는 저를 깊은 사유(思惟)로 이끌었고, 때로는 혼란과 불안을 안겨 주기도 했습니다. 하지만 저는 그 질문들을 피하지 않고 기꺼이 마주했습니다. 답을 찾지 못하더라도, 질문 자체를 붙들고 씨름하는 과정이야말로 삶을 이해하고 나 자신을 알아가는 가장 중요한 여정이라고 믿었기 때문입니다. 이 책에 담긴 잡다한 기록들은 그 여정 속에서 제가 발견한 작은 깨달음이자, 잠정적인 답들입니다. 물론 이 답들이 정답이라고 주장할 생각은 없습니다. 오히려 이 글들이 여러분 각자의 질문에 대한 '나만의 답'을 찾아가는 데 작은 실마리가 되기를 바랄 뿐입니다.

우리는 모두 고유한 경험과 시선을 가진 존재입니다. 제가 던진 질문과 그에 대한 저의 성찰이, 여러분에게는 또 다른 질문을 낳고, 새로운 시각을 열어 주는 계기가 될 수 있습니다. 어쩌면 저의 생각에 동의하지 않을 수도 있고, 전혀 다른 결론에 도달할 수도 있습니다. 그것이야말로 이 책이 지향하는 바입니다. 이 책은 여러분들에게 일방적으로 무언가를 전달하려는 것이 아닙니다. 대신, 함께 고민하고, 함께 사유하며, 각자의 내면에서 울리는 진정한 목소리를 찾아가는 동반자가 되었으면 하는 바람만이 있을 뿐입니다.

잡다한 생각들이 모여 삶의 지도(地圖)가 되다

이 책은 여러분을 다양한 주제의 숲으로 초대합니다. '나이는 숫자에 불과하다'는 말의 진실을 파헤치고, '깨물어 안 아픈 손가락은 있다'는 현실을 직시하며, '사실은 말이죠'라는 말 속에 숨겨진 내면의 진실을 탐색합니다. '꿈을 가진 사람은 멈추지 않는다'는 희망의 메시지를 전하는가 하면, '나의 가치관이 타인의 평균을 밑돈다고 인지하는 순간'의 불편한 감정과 마주하기도 합니다.

나아가, '세상은 아는 만큼 보인다'는 지혜를 통해 인식의 지평을 넓히고, '이 한목숨 바쳐야 할 곳은'이라는 궁극적인 질문을 던지며 삶의 의미를 찾습니다. '받은 만큼 일할 거야, 일한 만큼 받을 거야'라는 질문 속에서 노동의 가치를 고민하고, '선택은 직관적 감정의 결과일까, 논리적 사유의 결과일까?'라는 물음을 통해 인간 의사결정의 복잡성을 들여다봅니다.

사회와 시스템에 대한 비판적 시선도 담아 보았습니다. '내로남불도 정도가 있어야지'라는 외침 속에서 이중 잣대의 불편한 진실을 꼬집고, '관제 민족주의'의 그림자를 경계하며, '인간 사회는 근본적으로 절대 공평하거나 평등할 수 없다'는 냉철한 현실에도 마주해 보았습니다. '자본주의적 욕망과 사회주의적 계몽'이라는 두 이념의 줄다리기를 통해 사회 발전의 동력을 이해하고, '자유와 평등 동시 실현이 가능한 명제일까?'라는 질문 속에서 인류의 영원한 숙제를 탐색해 보았습니다.

특히 'AI 시대에 교사는 과연 여전히 전문직인가?'라는 질문을 통해 급변하는 시대 속에서 인간 본연의 역할과 가치를 재정의해 보고 싶었습니다. '계승과 개선'이라는 삶의 두 날개를 통해 변화와 전통의 조화를 모색하고, '고객 중심이라는 용어의 허와 실'을 짚어 보며 우리 사회의 위선을 비판적으로 해석해 보았습니다.

이 책에 담긴 글들은 얼핏 보면 서로 관련 없어 보이는 '잡다한' 생각들처럼 보일 수도 있습니다. 하지만 저는 이 모든 생각들이 결국에는 '인간의 삶'이라는 거대한 퍼즐의 조각들이라고 믿습니다. 내면의 고뇌, 사회적 관계 속의 갈등, 역사의 그림자, 그리고 존재의 의미에 대한 질문들은 모두 나 자신, 나아가서는 우리들이 '어떻게 살아가야 하는가'라는 하나의 큰 질문으로 귀결될 것이라고 여겨 봅니다. 이 잡다한 생각의 조각들이 모여, 이 책을 손에 쥔 여러분 각자의 삶의 지도를 그려 나가는 데 작은 도움이 될 수 있다면 더할 나위 없이 기쁠 것입니다.

끝나지 않을 여정

부디 이 책이 바쁜 일상 속에서 잠시 멈춰 서서 자신을 돌아보고, 세상과 소통하며, 삶의 의미를 재발견하는 소중한 시간이 되기를 바랍니다. 페이지를 넘길 때마다 새로운 질문을 만나고, 익숙했던 것들이 낯설게 다가오며, 미처 생각지 못했던 깨달음을 얻는 여정이 되기를 소망합니다.

어떤 계기에 의해 이 여정에 동참하셨는지는 차치하고 끝까지 함께해 주시길 기대합니다.

차례

2. 개념과 정의

3. 관계와 소통

4. 자아의 내면의 성찰

5. 교육의 본질과 방향

6. 리더십과 조직 문화

7. 사회와 시스템

8. 일과 직업

9. 현대 사회의 비판적 시선

1. 삶의 태도와 지혜

001

나서니 가게 되고, 가다 보니 도착하더라
삶의 우연과 필연

인생이란 언제나 예측할 수 없는 여정입니다. 우리는 나름의 목표를 세우고 계획을 짜지만, 그 길은 언제나 직선으로 이어지지 않습니다. 때로는 굽이치고, 때로는 멈추며, 때로는 전혀 다른 곳으로 흐르기도 합니다. 그 흐름 속에서 문득 떠오르는 말이 있습니다. "나서니 가게 되고 가다 보니 도착하더라." 처음엔 단순한 옛말처럼 들리지만, 곱씹을수록 삶의 본질을 통찰하는 깊은 지혜가 담겨 있음을 느낍니다.

모든 여정은 '나서는 것'에서 시작됩니다. 누구나 새로운 일 앞에서는 망설이곤 합니다. 불확실함과 막연함이 우리를 붙잡고, '과연 해낼 수 있을까' 하는 의심이 발목을 잡습니다. 하지만 그럼에도 불구하고 한 걸음을 내디딥니다. 그 한 걸음은 확신이 아닌 용기였고, 그 용기는 내가 가진 유일한 자산이었습니다. 우리는 모두 그런 식으로 시작합니다. 계획이 완벽하지 않아도, 미래가 보이지 않아도 일단 나서는 것. 그것이 하루하루 우리에게 주어지는 삶의 첫걸음입니다.

나서고 나면, 우리는 어떻게든 '가게' 됩니다. 실패의 기억, 뜻밖의 만남, 작지만 깊은 배움들. 그것들은 우리가 예상하지 못한 방식으로 우리 삶에 스며듭니다. 뜻하지 않게 겪은 갈등과 눈물. 그 모든 것이 처음에는 힘겨운 짐처럼 느껴졌지만, 시간이 지나며 나를 단단하게 만든 자양분이 됩니다. 누군가는 그 무게를 두려워할지 모릅니다. 그러나 진짜 성장은 바로 그 무게 속에서 일어납니다.

그리고 어느 순간, 우리는 '도착'합니다. 처음 생각했던 목적지와는 다를 수도 있습니다. 하지만 돌아보면, 그 모든 걸음들이 헛되지 않았음을 알게 됩니다. 계획하지 않았던 경험, 의도치 않은 만남들이 결국 나를 이곳까지 데려온 것입니다.

'도착하더라'는 말은 수동적으로 들릴 수 있지만, 실은 치열한 능동의 결과입니다. 우리는 끊임없이 나서고, 짐을 메고, 걷습니다. 그 걷는 행위 자체가 의미이며, 도착은 그 과정의 자연스러운 결과일 뿐입니다. 때로는 목적지를 정확히 모르고 출발할 수도 있습니다. 그러나 정답 없는 삶 속에서도, 자신만의 리듬과 진심을 가지고 길을 걸어간다면 우리는 반드시 어떤 도착지에 이르게 됩니다. 그것은 우리가 상상했던 것보다 더 넓고 깊은 자신과 마주하는 자리일지도 모릅니다.

"나서니 가게 되고, 가다 보니 도착하더라." 이 말은 우리에게 말합니다. 완벽한 계획이 없어도 괜찮다고. 길을 잃어도, 속도가 느려도 괜찮다고. 중요한 것은 시작하는 용기와 끝까지 걷는 끈기라고.

> Q1. 당신은 지금 어떤 길 위에 서 있으며, 어디로 가고 있나요?

002

꿈을 가진 사람은 멈추지 않는다
멈출 수 없는 삶의 동력

"꿈을 가진 사람은 멈추지 않는다."

짧지만 이 문장은 단순한 격언이 아닌, 삶의 본질을 꿰뚫는 진리입니다. 우리 모두는 크고 작은 꿈을 품고 살아갑니다. 어린 시절의 천진한 상상부터, 성인이 되어 마주한 현실 속 목표까지, 이 꿈들은 삶의 동력이자 나침반이 됩니다. 그리고 진정으로 꿈을 가진 사람은, 결코 쉽게 주저앉지 않습니다.

인류의 역사를 돌이켜 보면, 멈추지 않는 꿈이 세상을 얼마나 크게 바꾸었는지 알 수 있습니다. 하늘을 날고자 했던 라이트 형제의 꿈, 어둠을 밝히고자 했던 에디슨의 집념, 자유를 갈망했던 수많은 인물들의 열망. 이 모든 변화는 뛰어난 지능이나 자원이 아닌, 꿈을 포기하지 않는 마음에서 비롯되었습니다. 그들의 삶은, 실패와 좌절 속에서도 끊임없이 다시 일어서는 인간의 집념이 만들어 낸 역사였습니다.

개인의 삶에서도 마찬가지입니다. 꿈은 삶에 목적을 부여하고, 방향을 제시하며, 오늘을 견디게 하는 힘이 됩니다. 꿈이 없는 삶은 나침반 없이 항해하는 배와 같습니다. 떠는 중엔 그럴듯해 보일 수 있어도, 결국은 길을 잃고 맙니다. 반면, 꿈이 있는 사람은 흔들려도 다시 일어섭니다. 실패를 두려워하지 않고, 그것을 배움의 계기로 삼습니다. 꿈은 단순한 바람이 아니라, 삶의 이유이기 때문입니다.

세상에는 꿈을 멈추지 않은 사람들의 이야기가 넘쳐납니다. 이들이 꿈을 이룬 것은 모두 멈추지 않았기에 가능했습니다. 그들의 공통점은 완벽한 환경이나 특별한 재능이 아니라, 끊임없이 꿈을 향해 움직였다는 것입니다. 그렇다면 우리는 어떻게 멈추지 않는 꿈을 품을 수 있을까요?

먼저, 자신의 열정을 마주하는 일이 필요합니다.

둘째, 꿈을 구체화해야 합니다.

셋째, 작은 성취를 쌓아 가는 자신의 힘을 믿어야 합니다.

마지막으로, 실패를 두려워하지 않는 태도가 필요합니다.

결국, 꿈을 가진 사람은 멈추지 않습니다. 그들은 실패를 두려워하지 않고, 남의 시선에 얽매이지 않으며, 끝없는 도전 속에서 삶의 의미를 발견합니다. 꿈은 우리를 앞으로 나아가게 하고, 그 여정 속에서 우리는 성장하며, 더 깊이 자신의 존재 가치를 발견하게 됩니다.

Q2. 당신은 오늘, 당신의 꿈을 향해 멈추지 않고 한 걸음 더 내디뎠나요?

군자구제기(君子求諸己) 소인구제인(小人求諸人)
성숙한 삶을 위한 거울

살아가다 보면 우리는 흔히 누군가를 탓하고 싶어집니다. 일이 잘 안 풀릴 때, 관계에 갈등이 생길 때, 혹은 계획한 대로 삶이 흐르지 않을 때, 그 책임이 나 외의 다른 사람에게 있다고 느끼는 건 자연스러운 반응일지도 모릅니다. 하지만 동양 고전『논어』는 우리에게 단호히 말합니다.

"군자구제기(君子求諸己), 소인구제인(小人求諸人)."

군자는 자신에게서 그 원인을 찾고, 소인은 남에게서 찾는다는 이 말은 단순한 도덕적 구분을 넘어 삶을 바라보는 깊은 태도를 제시하고 있습니다.

현대 사회에서도 이 태도는 여전히 유효합니다. 리더십의 본질 역시 여기에 있습니다. 조직에서 문제가 생겼을 때 책임을 회피하고 구성원을 탓하는 리더는 신뢰를 잃지만, 자신부터 돌아보고 앞장서는 리더는 신뢰와 존경을 받습니다. 결국 그 조직의 방향과 성과도 달라질 것입니다.

군자는 또 겸손합니다. 그는 모든 것을 안다고 자만하지 않으며, 타인의 조언에 귀를 기울입니다. 이러한 겸허함은 끊임없는 학습으로 이어지고, 한 사람의 인격을 더욱 깊고 단단하게 만듭니다. 그가 어디에 있든 주변은 긍정적인 영향으로 물들고, 그는 공동체 안에서 조화로운 중심이 됩니다.

반대로, 소인의 태도는 외부에 원인을 돌리는 것에서 시작됩니다. 일이 잘 풀리지 않으면 환경 탓, 다른 사람 탓. 교사의 가르침이 부족해서, 상사의 지시가 애매해서, 가족의 이해가 부족해서… 늘 남 때문입니다. 이처럼 외부 요인에만 시선을 고정하면, 정작 자신을 돌아볼 기회는 사라지고 맙니다.

소인의 이기적이고 비난적인 태도는 주변과의 관계를 무너뜨립니다. 타인을 끊임없이 탓하는 사람 곁에 있고 싶은 사람은 없습니다. 점점 고립되고, 불평과 불만은 삶을 지배합니다. 자신을 개선하려는 의지가 없기에, 같은 실수를 반복하며 성장은 멀어집니다.

이 가르침은 가정에서도, 학교에서도, 직장에서도 유효합니다. 부모가 자녀를 탓하기 전에 자신을 돌아보고, 교사가 학생을 질책하기 전에 자신의 수업을 성찰하며, 직장인이 상사를 비난하기 전에 자신의 태도를 되돌아볼 수 있다면, 관계는 더 단단해지고, 공동체는 더 건강해질 것입니다.

"군자구제기 소인구제인." 이 말은 거울과 같습니다. 문제가 생겼을 때, 먼저 그 거울 앞에 서서 나 자신을 비추어 보는 일. 그 사소하지만 어려운 한 걸음이 우리가 조금 더 나은 사람, 더 성숙한 인간으로 나아가는 길이 아닐까요?. 우리가 매일 조금씩 그 거울 앞에 설 용기를 낼 때, 우리의 삶은 더 깊어지고, 관계는 더 따뜻해지며, 세상은 조금 더 나아질 것입니다.

> **Q3. 당신은 최근에 겪은 어려움 속에서, 먼저 자신을 돌아보는 태도를 가졌나요, 아니면 남을 탓하는 마음이 앞섰나요?**

깨물어 안 아픈 손가락은 있다
과감한 선택과 포기에 대한 솔직함

　우리에게 익숙한 속담 중 하나는 '깨물어 안 아픈 손가락 없다'라는 말입니다. 이 말은 부모가 자식들을 대하는 마음처럼, 모든 것이 소중하고 어느 하나 덜 사랑스러운 것이 없다는 의미로 쓰입니다. 자식 농사에 비유되거나, 자신이 애써 일궈 온 모든 결과물에 대한 애착을 표현할 때 주로 사용되기도 합니다. 하지만 문득 이런 생각이 들었습니다. 과연 정말 그럴까? 깨물어 안 아픈 손가락이 정말 단 하나도 없을까? 저는 감히 말하고 싶습니다. 깨물어 안 아픈 손가락은 분명히 있습니다.

　물론 이 속담이 지닌 이상적인 의미를 부정하려는 것은 아닙니다. 모든 것을 똑같이 아끼고 사랑하려는 마음은 분명 아름다운 가치입니다. 그러나 현실은 언제나 이상보다 복잡하고 냉혹합니다. 우리는 살아가면서 수많은 관계를 맺고, 다양한 일을 경험하며, 여러 가지 소유물을 갖게 됩니다. 그 모든 것들이 과연 똑같은 무게와 의미로 우리에게 다가올까요?

　가장 먼저 떠오르는 것은 관계 속의 '손가락'입니다. 부모 자식 관계를 포함한 가족 관계는 이 속담이 가장 강력하게 적용되는 영역일 것입니다. 하지만 솔직히 말해 봅시다. 가족이라는 울타리 안에서도 우리는 때로 어떤 이에게는 더 큰 애정을, 어떤 이에게는 더 깊은 실망감을 느낍니다. 의무감과 혈연이라는 이름 아래 억지로 유지되는 관계 속에서 우리는 과연

'깨물어 안 아픈 손가락'이라는 말을 진심으로 내뱉을 수 있을까요? 오히려 깨물면 아프기는커녕, 깊은 한숨과 함께 '차라리 이 손가락이 없었으면' 하는 생각이 들 때도 있을 것입니다.

다음으로, 우리가 짊어진 '일'과 '책임' 속의 손가락을 생각해 볼 수 있습니다. 직업, 프로젝트, 혹은 맡은 역할 등 우리는 삶의 많은 부분을 일과 책임으로 채워 나갑니다. 물론 모든 일은 소중하고 최선을 다해야 하지만, 어떤 일은 정말 즐겁고 보람을 느끼게 하는 반면, 어떤 일은 그저 의무감에 억지로 하는 경우가 많습니다. 그것을 내려놓았을 때, 우리는 아픔보다는 해방감을 느낄 가능성이 큽니다.

결론적으로, '깨물어 안 아픈 손가락은 있다'는 말은 현실을 직시하고, 때로는 과감한 선택과 포기가 필요하다는 메시지를 담고 있습니다. 무조건적인 애착과 소유는 때로 우리를 얽매고, 진정한 행복을 가로막을 수 있습니다. 모든 것을 똑같이 아끼고 사랑해야 한다는 강박에서 벗어나, 나에게 진정으로 필요한 것, 나를 성장시키는 것, 나에게 기쁨을 주는 것을 분별할 줄 아는 지혜가 필요합니다. 아프지 않은 손가락이 있음을 인정할 때, 우리는 비로소 진정으로 아픈 손가락, 즉 정말 소중하고 없어서는 안 될 것들에 더 큰 사랑과 관심을 쏟을 수 있다고 생각합니다. 때로는 버려야 할 것을 버리고, 내려놓아야 할 것을 놓는 것이 진정한 의미의 '사랑'과 '성장'을 위한 길임을 깨닫게 됩니다.

> Q4. 당신에게 '깨물어 안 아픈 손가락'은 무엇인가요? 그리고 그것을 놓아줄 용기가 있으신가요?

005

당연한 것은 없다

일상의 모든 순간을 새롭게 바라보는 지혜

"당연한 것은 없다." 이 짧은 문장은 우리가 일상에서 얼마나 많은 것을 무심코 흘려보내는지 환기시킵니다. 아침이 오는 것, 건강하게 하루를 시작하는 것, 대중교통이 제시간에 오는 것, 집에 돌아가면 누군가 기다리는 것. 이러한 익숙함은 종종 감사를 잊게 하고, 소중한 것들의 의미를 무디게 만듭니다.

삶은 늘 예기치 않은 방향으로 흘러가고, 우리는 평범했던 것들이 전혀 '당연하지 않았음'을 뒤늦게 깨닫습니다. 건강을 잃거나, 소중한 사람과 멀어지거나, 안정된 일상이 무너지면, 그동안 누려 왔던 평범함이 얼마나 값진 것이었는지 절감하게 되죠. 상실의 경험은 우리가 얼마나 많은 것을 당연하게 여기며 살고 있었는지를 되돌아보게 합니다.

우리는 '노력하면 성공한다'는 믿음을 당연하게 여기지만, 세상은 단순히 그렇게 작동하지 않습니다. 누군가의 성공이나 실패는 단순한 '당연함'의 결과가 아니며, 복잡한 조건과 환경, 불균형이 존재합니다. 우리는 이를 함부로 판단하거나 축소해서는 안 됩니다. 관계도 마찬가지입니다. 가까운 사이일수록 존재를 당연시하지만, 부모님의 사랑, 친구의 응원, 배우자의 배려는 지속적인 관심과 노력, 존중 없이는 유지되기 어렵습니다. 진심이 담긴 말은 반드시 실천이 따라야 관계가 깊어지고 신뢰가 쌓입니다.

더 나아가, 우리는 사회 시스템 자체를 당연하게 생각합니다. 깨끗한 물, 거리의 불빛, 의료 서비스 등은 모두 누군가의 노력과 헌신, 유지 관리 덕분입니다. 하지만 우리는 이러한 것들을 너무 오랫동안 '기본값'으로 받아들여 왔습니다. 그 결과, 시스템이 무너질 조짐이 보일 때서야 비로소 문제 의식을 갖게 됩니다. '당연함'에 기대는 태도는 때로는 무관심과 무책임으로 이어지기도 합니다.

"당연한 것은 없다."는 인식은 단순한 겸손이나 회의적 태도가 아닙니다. 오히려 이는 삶을 주체적으로 살아가기 위한 시작점입니다. 우리가 누리는 모든 것이 우연과 노력, 배려와 시스템이 만들어 낸 기적임을 깨달아야 합니다. 건강이든, 관계든, 사회든, 이 모든 것은 누군가의 보이지 않는 수고와 시간 위에 놓여 있다는 사실을 잊지 말아야 합니다.

삶은 매 순간 불완전하고 예측 불가능합니다. 그렇기에 우리가 놓치기 쉬운 평범함이야말로 가장 큰 축복일지도 모릅니다. 이 사실을 자각하는 순간, 우리는 더욱 겸손해지고, 주변을 소중히 대하며, 자신을 성찰하고 감사하는 법을 배우게 됩니다.

"당연한 것은 없다."는 말은 우리로 하여금 일상에 경외심을 품고 삶을 보다 따뜻하고 성실하게 살아가게 합니다.

> Q5. 당신이 오늘 누렸던 평범한 순간들 중에서, 실제로는 전혀 '당연하지 않았던 것'은 무엇인가요?

006

당장 모든 것을 할 수 없다, 그러나 당장 무언가는 할 수 있다

좌절과 희망 사이의 지혜

우리 삶은 거대한 산봉우리 앞에 선 등산가와 닮았죠. 눈앞의 능선은 너무 멀고 높아 "다 못 해."라며 좌절하기 쉽습니다. "나는 너무 작고 산은 거대해."라는 두려움에 "당장 모든 것을 할 수 없다."는 자조적 결론에 갇히곤 합니다.

하지만 묘하게도, 바로 그 순간 내면에서 작지만 분명한 속삭임이 들려옵니다. "그래도, 지금 무언가는 할 수 있잖아." 이 두 문장은 삶의 양날의 칼처럼, 현실의 무게와 가능성의 불씨를 동시에 보여 줍니다. 좌절과 희망 사이에서 우리가 선택해야 할 태도를 곱씹게 됩니다.

"당장 모든 것을 할 수 없다."는 사실은 때로 너무나 명확합니다. 현대인은 수많은 역할과 책임 속에서 늘 분주하지만, 한계에 부딪히죠. 목표는 많고 문제는 복잡하며, 시간과 에너지는 늘 부족합니다. 완벽주의는 우리를 더욱 움츠러들게 하여 "완벽하지 않으면 시작조차 의미 없어."라며 주저앉게 만들기도 합니다. 그렇게 시작하지 못한 일들은 쌓여 우리를 압박하고 무기력하게 만듭니다.

하지만 여기서 중요한 건, 삶의 과제를 전부 한 번에 해결하려 들 필요는 없다는 것입니다. 모든 것을 바꾸려 하기보다, 지금 할 수 있는 작은 한 걸음을 내딛는 것, 그것이 진짜 변화의 시작입니다. 하루에 책 한 페이지 읽기, 감사한 마음 한 줄 적기, 마음속 고마움을 전하기. 이런 사소해 보이는 행동들이 삶의 흐름을 조금씩 바꿉니다. 중요한 건, 그 작은 실천이 반복될 때 거대한 변화로 이어진다는 사실입니다. 하루하루 쌓이는 이 작은 습관들이 결국 우리의 태도와 삶의 질을 바꾸는 근본이 되는 것이죠. 우리는 모든 것을 통제할 수는 없지만, 지금 이 순간 무엇을 선택할지는 스스로 결정할 수 있습니다. 불공정한 환경이나 타인의 시선에 얽매이기보다, '지금 여기서 내가 할 수 있는 일'에 집중할 때 삶은 다시 주도권을 되찾게 됩니다.

삶은 결코 단숨에 정복할 수 있는 대상이 아닙니다. 우리는 모두 거대한 봉우리를 바라보며 걷고 있습니다. 그 봉우리에 단숨에 닿을 수는 없겠지만, 첫발을 내딛는 순간이 없다면 정상에 이를 가능성도 사라집니다. 좌절은 인간답게 만들고, 실천은 인간을 성장하게 합니다.

오늘, 당신을 짓누르는 거대한 문제가 있나요? 혹은 너무 막막해서 어디서부터 시작해야 할지 모르는 꿈이 있나요? 그렇다면 잠시 멈춰 서서 스스로에게 말해 보세요. "그래, 당장 모든 것을 할 수는 없어." 그리고 이어서 말하십시오. "하지만, 당장 무언가는 할 수 있어."

그 작은 무언가가, 결국 당신을 삶의 다음 지점으로 이끌어 줄 것입니다.

Q6. 지금, 당신이 '할 수 있는 무언가'는 무엇인가요?

007

두고 보자
분노와 희망, 인내와 경고, 그리고 알 수 없는 미래

우리말 '두고 보자'는 단순한 미래 시제를 넘어 분노, 희망, 인내, 경고, 그리고 미지의 미래에 대한 복합적인 감정과 의지를 담고 있습니다. 가장 흔하게는 분노와 복수의 맥락에서 사용됩니다. 부당한 일을 겪었을 때 당장 응징할 수 없어 이를 악물고 '두고 보자'라고 되뇌는 것은, 상대방에게는 알리지 않는 은밀한 약속이자 미래에 대한 굳건한 다짐입니다. 이는 당장의 감정적 폭발을 억누르고 때를 기다리게 하는 원동력이 되지만, 동시에 복수심이 삶을 피폐하게 만들 위험도 내포합니다.

다른 한편으로 '두고 보자'는 회의와 불신의 시선을 담기도 합니다. 누군가의 허풍이나 자만에 대해 '과연 그 말이 지켜질지, 그 성공이 얼마나 갈지 지켜보겠다'는 의미로 사용됩니다. 여기에는 상대방의 오만함에 대한 경멸과 함께, 결국 시간 앞에서 모든 허위와 자만은 드러나기 마련이라는 냉철한 판단이 깔려 있습니다.

하지만 '두고 보자'는 인내와 희망의 긍정적인 기다림을 표현하기도 합니다. 어려운 상황에서 '언젠가는 좋아질 거야'라고 스스로를 다독이는 것은 포기하지 않겠다는 의지, 그리고 시간이 흐르면 상황이 나아질 것이라는 강렬한 희망을 담고 있습니다. 이는 당장의 결과에 조급해하지 않고 묵묵히 노력하며 때를 기다리는 능동적인 인내를 의미합니다.

결국 '두고 보자'의 핵심에는 '시간의 힘'에 대한 깊은 통찰이 자리 잡고 있습니다. 시간은 모든 것을 치유하고, 진실을 드러내며, 변화시키는 가장 강력한 힘입니다. 복수를 다짐하는 이에게 시간은 응징의 기회를, 회의적인 이에게는 진실을, 희망을 품은 이에게는 노력의 결실을 가져다줄 것입니다. 이 말은 우리가 조급해하지 않고 시간의 흐름을 믿고 기다릴 줄 아는 지혜를 가르쳐 줍니다.

'두고 보자'는 인간이 미래를 완전히 통제할 수 없음을 인정하는 겸손함의 표현이자, 동시에 미래에 대한 강렬한 의지를 투영합니다. 단순히 기다리는 것이 아니라, 그 기다림 속에서 무엇인가를 준비하고 변화를 만들어 내겠다는 굳은 결심이기도 합니다.

우리 각자의 삶 속에서 '두고 보자'는 때로는 무언의 선전포고가 되고, 때로는 따뜻한 위로가 되며, 때로는 막막한 현실 앞에서 붙잡는 마지막 희망의 끈이 됩니다.

이처럼 다채로운 의미를 지닌 '두고 보자'는 예측 불가능한 삶을 살아가는 인간의 복잡한 내면과 시간이라는 거대한 흐름 속에서 우리가 어떻게 존재하고 반응하는지를 보여 주는 압축적인 표현이라 할 수 있습니다.

> Q7. 당신은 무엇을 두고 보고 싶나요?

008

무애(無碍)

모든 걸림에서 벗어난 자유, 삶의 진정한 평화

우리 삶은 끊임없이 걸리고 막히는 듯한 느낌을 줍니다. 동양 철학, 특히 불교의 '무애(無碍)'는 이 모든 걸림과 막힘을 넘어선 완전한 자유를 의미합니다. 이는 '없을 무(無)', '거리낄 애(碍)'라는 한자 그대로, 아무런 장애나 방해가 없는 경지를 뜻합니다. 무애의 핵심은 모든 존재와 현상이 본래는 서로 걸림이 없으며, 하나의 전체를 이룬다는 비이원론적 지혜에 있습니다. 이는 마음의 번뇌와 집착, 편견에서 벗어나 어떤 상황에도 유연하게 대처하는 정신적 해탈을 지향합니다.

우리가 '무애'의 경지에 이르지 못하는 이유는 다음과 같은 '걸림'의 원인들 때문입니다. 첫 번째는 집착입니다. 돈, 명예, 관계, 특정 결과에 대한 과도한 집착은 우리를 현재에 묶어 두고 새로운 가능성을 보지 못하게 합니다. 두 번째는 분별심과 고정관념입니다. 모든 것을 '옳고 그름', '나와 너'로 나누는 이분법적인 사고는 갈등을 만들고 소통을 단절시킵니다. 세 번째는 두려움과 불안입니다. 실패와 미래에 대한 두려움, 타인의 시선에 대한 걱정은 우리를 앞으로 나아가지 못하게 하는 강력한 걸림돌입니다. 네 번째는 과거에 대한 후회와 미래에 대한 기대입니다. 과거에 얽매이거나 오지 않은 미래에 대한 기대와 불안에 사로잡혀 현재를 온전히 살지 못하게 됩니다.

'무애'는 단순히 아무것도 하지 않는 것이 아니라, 걸림을 만들어 내는 원인을 제거하고 마음을 비우는 적극적인 노력입니다.

'무애'는 삶의 모든 속박에서 벗어나 진정한 자유와 평화를 누릴 수 있다는 가능성을 제시합니다. 완벽한 경지에 도달하기는 어렵겠지만, 그 지혜를 삶의 나침반 삼아 나아가야 합니다. 내면의 집착에서 벗어나고, 타인과의 분별심을 내려놓으며, 세상의 변화에 유연하게 대응할 때, 우리는 진정한 평화와 자유를 경험하게 될 것입니다.

Q8. 당신은 걸림 없는 삶, 진정한 자유를 향하여 나아가고 있습니까?

009

별일 없이 산다
평범함 속의 특별한 축복

"요즘 어떻게 지내세요?" "네, 뭐, 별일 없이 잘 지내고 있습니다." 우리는 이 말을 얼마나 자주 주고받을까요? 안부를 묻는 흔한 질문에 대한 가장 흔한 대답 중 하나가 바로 "별일 없이 산다."입니다. 언뜻 들으면 무미건조하고 심심하게 느껴지는 이 말 속에는, 사실 삶의 깊은 지혜와 평화가 숨어 있습니다.

'별일 없이'라는 표현은 특별한 사건이나 큰 변화 없이, 그저 잔잔하게 흘러가는 일상을 의미합니다. 저는 이 말을 곱씹을 때마다, 파란만장한 삶 속에서 우리가 진정으로 추구해야 할 가치가 무엇인지, 그리고 평범함이 주는 특별한 축복에 대해 깊이 생각하곤 합니다.

우리는 종종 삶이 드라마 같기를 바랍니다. 극적인 성공, 뜨거운 사랑, 짜릿한 모험. 미디어는 끊임없이 특별한 삶을 보여 주며 우리를 자극하고, '남들처럼' 무언가를 이루지 못하면 뒤처지는 듯한 불안감을 심어 줍니다. 하지만 현실에서 '별일 없이 산다'는 것은 사실 엄청난 특권이자 축복입니다.

'별일 없이' 지낸다는 것은 곧 큰 사고나 질병 없이 건강하게 살아간다는 의미입니다. 예측 불가능한 불운이나 감당하기 어려운 시련 없이, 평온한 일상을 영위할 수 있다는 뜻이죠. 또한 '별일 없이' 지낸다는 것은 복잡한 갈등이나 스트레스에서 벗어나 있다는 것을 암시합니다.

이처럼 '별일 없이 산다'는 것은 삶의 가장 기본적인 안정과 평온이 보장되는 상태이며, 이는 결코 당연한 것이 아닌, 감사해야 할 소중한 특권이며 곧 평범한 일상의 소중함을 일깨워 줍니다.

우리는 끊임없이 '무언가'를 해야 한다는 압박감에서 벗어나, '별일 없이' 살아갈 수 있는 특권을 누릴 줄 알아야 합니다. 평범한 일상 속에 숨겨진 작은 축복들을 발견하고 감사하며, 그 속에서 진정한 행복과 의미를 찾아가는 것. 그것이야말로 우리가 추구해야 할 삶의 아름다움이자, 진정한 풍요로움일 것입니다.

Q9. 오늘도 별일 없었죠?

010

복도 많지
복은 타고난다지만

"복도 많지."

우리는 이 말을 얼마나 자주 듣고, 또 얼마나 자주 내뱉으며 살아갈까요? 어떤 이의 순탄한 삶을 보며, 혹은 뜻밖의 행운을 거머쥔 사람을 보며 우리는 감탄 반, 부러움 반으로 이 말을 건넵니다. 때로는 진심으로 상대를 축복하는 마음이 담겨 있지만, 또 어떤 때에는 나의 부족함이나 불운을 한탄하는 씁쓸한 자조가 섞여 있기도 합니다. 과연 '복이 많다'는 것은 무엇을 의미할까요? 타고난 운명일까요, 아니면 노력의 대가일까요? 저는 이 말을 곱씹을 때마다, 삶이라는 거대한 퍼즐 속에서 '복'이라는 조각이 어떤 의미를 가지는지 탐색하곤 합니다.

우리가 흔히 '복도 많다'고 말하는 대상은 대개 눈에 보이는 성공이나 물질적 풍요를 이룬 사람들입니다. 원하는 대학에 합격하고, 좋은 직장에 들어가며, 승승장구하여 높은 자리에 오르고, 부유한 삶을 누리는 이들을 보며 우리는 '복받은 사람'이라고 쉽게 단정 짓습니다. 그들의 삶은 마치 탄탄대로를 걷는 것처럼 보이고, 어떤 어려움도 없이 모든 것을 쉽게 얻는 듯한 인상을 주곤 합니다. 하지만 제가 살면서 깨달은 것은, 겉으로 보이는 '복'이 항상 전부가 아니라는 사실입니다. 어떤 이의 눈부신 성공 뒤에는 남들이 보지 못하는 피땀 어린 노력과 인내가 숨어 있는 경우가 허다합니다. '타고난 재능'이라고 불리는 것조차도, 사실은 그 재능을 갈고닦기 위한 상상 이상의 헌신과 시행착오의 결과물인 경우가 많습니다.

그러니 겉으로 보이는 '복'만을 보고 섣불리 판단하는 것은 위험합니다. 우리는 종종 타인의 삶의 한 단면만을 보고 전체를 재단하려 합니다. 그들이 겪었을 고통과 좌절, 그리고 그 모든 것을 이겨 내기 위한 보이지 않는 노력의 과정을 간과한 채, 오직 결과만을 가지 '운이 좋았다'고 치부해 버리는 것이죠. 이는 타인의 노력을 폄하하는 것이자, 우리 자신의 노력을 게을리하는 핑계가 될 수도 있습니다.

진정한 '복'은 겉으로 드러나는 거창한 성공이나 물질적 풍요에만 있는 것이 아니라는 것을 살면서 깨닫습니다. 오히려 그것은 우리 삶의 아주 작은 순간들, 우리가 무심코 지나치는 일상 속에 숨어 있는 경우가 많습니다.

"복도 많지." 이 한마디는 우리에게 타인의 삶을 돌아보게 하고, 동시에 나의 삶을 성찰하게 합니다. '복'은 정해진 것이 아니라, 우리가 만들어 가고 발견하는 것입니다. 매일매일의 삶 속에서 감사하는 마음을 가지고, 최선을 다해 노력하며, 타인과 사랑을 나누는 것. 이 모든 과정이 쌓여 우리 각자의 '복'이 되고, 우리의 삶을 진정으로 풍요롭게 만들 것입니다.

Q10. 오늘, 당신은 어떤 '복'을 발견하고, 어떤 '복'을 만들어 갈 준비가 되어 있나요?

011

사람은 낙화유수 인생은 포구

흐름과 쉼의 조화로운 삶

"사람은 낙화유수(落花流水)요, 인생은 포구(浦口)라." 이 말은 떨어지는 꽃잎과 흘러가는 물처럼 덧없이 흘러가는 인간의 존재와, 그 모든 흐름이 잠시 쉬어 가는 항구 같은 인생을 비유합니다. 언뜻 쓸쓸하게 들릴 수도 있지만, 이 비유를 곱씹을 때마다 저는 삶의 본질적인 아름다움과 지혜를 발견하곤 합니다. 덧없음 속에서 의미를 찾고, 끊임없는 흐름 속에서 진정한 쉼을 발견하는 지혜를 말이죠.

낙화는 만개했던 꽃이 시간이 지나면 필연적으로 떨어져 흙으로 돌아가듯, 우리의 삶 또한 유한하고 덧없음을 상징합니다. 하지만 낙화는 소멸이 아닌, 새로운 생명의 씨앗을 품는 밑거름이 됩니다. 모든 것을 움켜쥐려 하지 않고 '내려놓는 마음'을 가질 때, 우리는 낙화의 아름다움을 온전히 받아들일 수 있습니다. 유수는 어떤 장애물에도 멈추지 않고 유연하게 흘러 바다로 향하는 물처럼, 끊임없이 변화하고 움직이는 우리의 삶을 비유합니다. 이는 억지로 거스르려 하지 않고 자연의 순리에 따르는 지혜를 가르쳐 줍니다. 결국 '사람은 낙화유수'라는 말은, 우리의 존재가 덧없고 끊임없이 변화한다는 것을 인정하고 그 흐름 속에서 아름다움과 지혜를 찾아야 함을 일깨웁니다.

낙화유수처럼 흘러가는 삶의 여정 속에서, 우리에게는 잠시 멈춰 서서

숨을 고르고 다시 나아갈 힘을 얻는 공간이 필요합니다. 그것이 바로 인생의 포구입니다. 포구는 배들이 폭풍우를 피하고 낡은 돛을 고치며 다음 항해를 준비하는 곳처럼, 우리에게 쉼과 회복의 안식처가 됩니다. 또한, 포구는 자신의 삶을 돌아보고 성찰하며, 과거의 경험을 바탕으로 미래를 계획하는 재정비의 시간을 제공합니다. 마지막으로, 포구는 가족, 친구 등 소중한 인연들을 만나고 서로에게 힘이 되어 주는 관계의 장소입니다. 포구는 최종 목적지가 아닌, 또 다른 시작을 위한 준비의 공간이자 삶의 순환 속에서 반드시 필요한 정류장입니다.

이 비유는 끊임없이 나아가되, 때로는 포구에 정박하여 자신을 돌아보고 재충전하는 지혜가 필요함을 강조합니다. 맹목적인 경쟁에서 벗어나 자신의 속도와 흐름을 조절하며 진정한 행복을 찾아야 함을 말입니다. 삶에는 외부를 향한 역동적인 흐름과 내면을 향한 고요한 성찰이 모두 필요합니다. '잘 산다는 것'은 이 흐름과 쉼의 조화를 통해 삶의 모든 조각들이 아름답게 엮이는 것입니다.

> Q11. 흐름 속에서 잠시 멈춰 선 당신의 포구는 지금 어떤 모습인가요?

012

사실은 말이죠

가면 뒤에 숨겨진 진짜 나

"사실은 말이죠." 이 짧은 문장은 마치 비밀의 문을 여는 열쇠와 같습니다. 이 말은 항상 어떤 이면의 이야기, 감춰진 진실, 혹은 미처 다 말하지 못했던 속마음을 예고합니다. 우리는 왜 이 말을 필요로 할까요? 겉으로 보이는 것과 다른, 더 솔직하고 복잡한 현실을 드러내고 싶은 깊은 욕구 때문일 것입니다.

우리는 사회생활 속에서 수많은 가면을 씁니다. 때로는 이 가면들이 너무 익숙해져 진짜 나 자신을 잃어버릴 때도 있습니다. 밝게 웃으며 "괜찮아요!"라고 말하지만 사실은 마음속에 깊은 상처를 안고 있거나, "다 잘될 거예요!"라고 격려하지만 불안감에 떨고 있을 때가 바로 그런 순간이죠. 이럴 때 "사실은 말이죠."라는 말은 우리가 쓴 가면을 잠시 내려놓고, 진짜 나를 드러내고 싶은 강렬한 욕구에서 터져 나옵니다. 타인의 기대에 맞춰 살아가던 우리가 "나의 진짜 모습은 이렇습니다."라고 고백하는 용기 있는 시도인 셈입니다. 이 고백은 때로는 위로를 얻기 위함이고, 때로는 오해를 풀기 위함이며, 때로는 그저 나의 존재를 있는 그대로 인정받고 싶기 때문입니다.

우리는 살면서 차마 입 밖으로 내지 못하는 후회, 털어놓기 어려운 비밀, 복잡한 감정들을 마음속에 품고 살아갑니다. 이러한 이야기들은 우리를 짓누르는 무거운 짐이 되기도 합니다. "사실은 말이죠."는 켜켜이 쌓여 온 감정의 층들을 걷어내고, 그 아래 숨겨진 진실을 드러내려는 시도입니다.

"사실은 말이죠."라는 말을 내뱉는 것은 결코 쉽지 않습니다. 그 말 속에는 우리가 감추고 싶었던 약점이나 실수, 혹은 타인에게 비난받을까 두려워했던 생각들이 담겨 있을 수 있기 때문입니다.

"사실은 말이죠."가 항상 하나의 명확한 진실만을 가리키지는 않습니다. 하나의 상황에 대해 여러 개의 "사실은 말이죠."가 존재할 수 있습니다. 각자의 경험과 관점에 따라 진실은 다르게 해석될 수 있기 때문입니다. 모든 사람이 각자의 '사실'을 가지고 있으며, 이 '사실'들이 모여 하나의 큰 그림을 이룹니다. 그렇기에 우리는 타인의 "사실은 말이죠."에 귀 기울일 필요가 있습니다. 그것은 우리가 미처 알지 못했던 관점을 제시하고, 세상을 더 넓고 깊게 이해할 수 있는 기회를 제공합니다.

결론적으로 "사실은 말이죠."는 단순한 접속 부사가 아닙니다. 이 말을 통해 우리는 가면 뒤에 숨겨진 진짜 나를 만나고, 말하지 못했던 감정들을 해방시키며, 진실의 다면성을 이해하게 됩니다. 우리 모두는 각자의 "사실은 말이죠."를 품고 살아갑니다. 때로는 그 사실을 드러낼 용기가 필요하고, 때로는 타인의 '사실'에 귀 기울일 인내가 필요합니다. 이 과정 속에서 우리는 더욱 솔직하고, 더욱 깊이 연결되며, 더욱 풍요로운 삶을 경험하게 될 것입니다.

> **Q12. 당신의 가면 속에 숨겨 둔 '사실'은 무엇인가요?**

013

살 만큼 살았다

삶의 무게, 깨달음

"이제 살 만큼 살았지 뭐."

이 말은 단순한 나이의 고백이 아니라, 삶의 무게와 감정을 함축한 깊은 표현입니다. 우리는 이 말을 지친 한숨처럼 내뱉기도 하고, 모든 것을 다 내려놓은 듯한 체념 속에서, 혹은 삶의 여정을 어느 정도 마무리한 듯한 평온함 속에서 말하기도 합니다.

누군가에겐 더 이상 갈 길이 없다는 피로의 표현일 수 있고, 또 다른 누군가에겐 충분히 의미 있는 삶을 살았다는 성찰의 언어일 수 있습니다. 과도한 노력 끝에 지쳐 버린 번아웃의 상태에서, 또는 정직한 노력이 외면받는 불공정한 현실 속에서 이 말은 무기력한 체념으로 드러나곤 합니다. 그러나 반대로, '살 만큼 살았다'는 말은 자신의 삶을 담담히 수용하며, 결과에 집착하지 않고 과정을 긍정한 사람의 지혜로운 고백이 될 수도 있습니다.

삶은 단지 시간이 흘러가는 것이 아니라, 그 흐름 속에서 어떤 가치와 의미를 발견했는지가 더 중요합니다. 깊이 있는 관계, 소소한 일상의 행복, 배움과 성장의 과정들이 삶을 채워 갈 때, 우리는 양이 아니라 질로써 '충분함'을 느낄 수 있습니다.

"살 만큼 살았다."는 말이 더 이상 성장하지 않겠다는 안주로 변질된다면 그것은 위험한 신호입니다. 그러나 끊임없이 자신을 돌아보고 배우며 의미를 찾는 사람에게 이 말은 새로운 출발선이 될 수 있습니다.

삶은 멈추지 않는 여정이며, 결국 우리가 어떻게 살아냈는지, 무엇을 위해 살아왔는지를 스스로 납득할 수 있을 때 비로소"살 만큼 살았다."는 말이 평화롭고 아름답게 들리는 것입니다.

> Q13. 지금 당신에게 '살 만큼 살았다'는 말은 끝인가요, 아니면 또 다른 시작인가요?

014

선택은 직관적 감정의 결과일까?
논리적 사유의 결과일까?

감정의 이끌림 vs 이성의 길

우리는 매일 수많은 선택의 순간을 살아갑니다. 아침에 어떤 옷을 입을지, 점심으로 무엇을 먹을지 같은 사소한 결정부터, 어떤 직업을 선택할지, 누구와 결혼할지 같은 인생의 중대한 결정까지. 이 모든 선택의 순간마다 우리의 마음속에서는 알 수 없는 작용이 일어납니다. 어떤 때는 '왠지 모르게 끌려서' 혹은 '마음이 시키는 대로' 결정하고, 또 어떤 때는 '이성적으로 따져 보니' 혹은 '논리적으로 생각해 보니'라는 말과 함께 신중하게 결정을 내립니다. 그렇다면 우리의 선택은 과연 직관적 감정의 결과일까요, 아니면 논리적 사유의 결과일까요? 이 질문은 인간의 본성과 의사결정 과정을 탐구하는 오랜 철학적, 심리학적 논쟁의 핵심이자, 저 또한 끊임없이 고민하게 만드는 주제입니다.

우리의 선택이 직관적 감정의 결과라고 주장하는 측은, 인간의 의사결정이 생각보다 훨씬 빠르고 비합리적인 요소에 의해 이루어진다고 말합니다. '직관'은 논리적인 추론 과정을 거치지 않고 곧바로 어떤 판단이나 결론에 이르는 능력이며, '감정'은 우리의 행동에 강력한 동기를 부여합니다.

하지만 직관적 감정에만 의존하는 선택은 위험할 수 있습니다. 충동적인 결정은 후회로 이어지기 쉽고, 편견이나 고정관념에 사로잡혀 잘못된 판단을 내릴 수도 있습니다. 감정은 변덕스러울 수 있으며, 상황에 따라 쉽게 흔들릴 수 있기 때문입니다.

반면, 우리의 선택이 논리적 사유의 결과라고 주장하는 측은, 인간이 합리적인 존재이며 이성을 통해 최적의 결정을 내린다고 말합니다. '논리적 사유'는 주어진 정보를 분석하고, 대안들을 비교하며, 각 선택지의 장단점과 예상되는 결과를 예측하여 가장 합리적인 결론에 도달하려는 과정입니다.

그러나 논리적 사유에만 의존하는 선택 또한 한계를 가집니다. 모든 정보를 완벽하게 파악할 수 없기에 '분석 마비(Analysis Paralysis)'에 빠질 수 있습니다. 너무 많은 정보를 분석하려다 오히려 결정을 내리지 못하거나, 결정 시기를 놓치는 것이죠. 또한, 인간의 삶은 논리만으로 설명할 수 없는 감정적, 비합리적 요소가 많기에, 논리적 선택이 항상 '최고의 선택'이 아닐 수도 있습니다.

'선택은 직관적 감정의 결과일까, 논리적 사유의 결과일까?'라는 질문에 대한 궁극적인 답은 '둘 다'이며, 더 나아가 '어떤 상황에서 어떤 비중으로 두 가지를 활용할 것인가'에 대한 지혜를 찾는 것이 중요하다고 생각합니다. 우리의 삶은 매 순간 선택의 연속이며, 그 선택의 과정에는 직관적 감정과 논리적 사유라는 두 가지 강력한 힘이 끊임없이 작용합니다. 이 두 힘 중 어느 하나만을 맹목적으로 추종하기보다, 그들의 상호작용을 이해하고 균형을 찾아가는 것이야말로 우리가 삶의 지혜를 얻고 더 나은 선택을 할 수 있는 길이라고 생각합니다.

> **Q14. 오늘, 당신은 어떤 선택을 앞두고 있나요?**

015

성어중형어외(誠於中形於外)
정성과 진실의 겉과 속

"성어중형어외(誠於中形於外)"는 『대학(大學)』에 나오는 구절로, '마음 속에 진실함이 있으면 그것이 밖으로 드러난다'는 의미를 담고 있습니다. 이 말은 단순히 언행일치를 넘어서, 한 개인의 진실한 마음과 성실한 태도가 어떻게 외적 행동으로 드러나고, 나아가 사회와 공동체 전체에 영향을 미치는지를 통찰하게 합니다. 이는 고대 성현들의 가르침 속에서부터 오늘날까지 시대를 초월해 인간의 본성과 삶의 태도를 성찰하게 하는 힘 있는 원리입니다.

삶에서 이 원리는 다양한 차원에서 확인됩니다. 개인이 품은 꿈과 그 꿈을 향한 끈기 있는 노력은 자연스럽게 외적 태도와 실천으로 나타납니다. 눈빛, 언어, 행동에서 묻어나는 성실함은 주변에 신뢰를 주고, 그 사람의 존재 자체가 긍정적 영향을 끼치는 원천이 됩니다. 역사의 위인들—독립운동가, 의료인, 과학자 등—또한 자신의 내면에 뿌리내린 진심을 바탕으로 외면의 봉사로 그 뜻을 구현했습니다. 이들은 재능과 지식을 넘어 진정성 있는 헌신을 통해 개인적 성취를 공동체적 기여로 승화시켰고, 그 영향은 사회와 국가, 민족의 발전으로 이어졌습니다.

또한 '성어중형어외'는 사람 간의 관계에서도 중요한 작용을 합니다. 겉으로는 친절해 보여도 내면에 진심이 없다면 그 관계는 오래 지속되기 어렵습니다. 반면, 비록 표현이 서툴더라도 진정성이 담긴 마음은 결국 신뢰와 존중을 이끌어 냅니다. 사회 전반에서도 이 원리는 윤리와 책임의 기준이 됩니다. 기업, 정치, 공공영역에서 진심 없는 겉치레는 신뢰를 잃게 만들지만, 내면의 성실함에서 비롯된 행동은 공동체를 건강하게 만듭니다.

물론 진실한 마음이 항상 즉시 외적으로 드러나는 것은 아닙니다. 때로는 오해받고, 드러나지 않은 채 묻히기도 합니다. 하지만 중요한 것은 진심을 추구하는 노력이 결코 헛되지 않다는 점입니다. 지속적인 자기 성찰과 수양을 통해 마음을 바르게 하면, 그것은 언젠가 반드시 긍정적인 영향력으로 발현되어 삶과 사회에 기여하게 될 것입니다.

결국 '성어중형어외'는 우리가 어떤 사람으로 살아갈 것인가, 어떤 마음을 품을 것인가에 대한 근본적인 질문을 던지고 있다고 생각합니다. 겉모습에 치중하기보다 내면의 진실을 가꾸고, 그 진심을 실천으로 연결하려는 태도야말로 진정한 인격의 완성이며, 건강한 사회의 출발점입니다. 마음의 진실함이 자연스럽게 외면의 행위로 나타나고, 그것이 봉사로 이어질 때, 우리는 비로소 인간다움의 본질에 가까워질 수 있을 것입니다.

> Q15. 당신의 겉모습은, 지금 당신의 마음을 얼마나 진실하게 비추고 있습니까?

016

세상은 아는 만큼 보인다
앎이 열어 주는 새로운 지평

"세상은 아는 만큼 보인다."는 말은 단순한 지식의 중요성을 넘어서, 우리가 세상을 인식하고 해석하는 방식이 우리의 앎에 달려 있음을 말해 줍니다.

지식은 세상을 바라보는 렌즈가 되어, 같은 사물과 현상 속에서도 전혀 다른 의미와 가치를 발견하게 합니다. 예를 들어, 미술 작품이나 과학 현상, 별 하나를 보더라도 배경지식이 있을 때 우리는 그것을 단순한 이미지나 점이 아닌, 깊은 이야기와 경이로움으로 받아들일 수 있습니다.

경험 또한 중요한 앎의 축입니다. 여행지에서 그 지역의 역사와 문화를 알고 방문할 때, 우리는 건물 하나, 음식 하나도 더 깊이 있게 받아들일 수 있습니다. 인간관계에서도 마찬가지입니다. 타인의 삶과 상황을 이해하려는 노력이 있을 때 우리는 상대를 더 온전히 바라볼 수 있습니다.

그러나 "세상은 아는 만큼 보인다."는 말은 동시에 앎의 겸손함을 요구하기도 합니다. 우리가 더 많이 알게 될수록, 우리는 자신이 알지 못하는 것이 얼마나 방대한지 깨닫게 됩니다. 마치 넓은 바다를 항해할수록 미지의 영역이 더 크게 다가오는 것처럼 말입니다. 진정으로 아는 사람은 자신의 무지를 인정하고, 끊임없이 배우고 탐구하려는 열린 마음을 가집니다. 이러한 겸손함이야말로 앎의 지평을 더욱 넓히고, 성장을 지속시키는 원동력이 됩니다.

반대로, '아는 것'이 부족하거나 왜곡된 앎에 갇혀 있을 때, 세상은 매우 좁고 편협하게 보일 수 있습니다. 특정 정보나 관점에만 의존하여 세상을 판단하는 것은 쉽게 편견과 오해를 낳고, 심지어는 갈등과 분열의 원인이 되기도 합니다. '내가 아는 것이 전부'라는 오만은 새로운 지식과 관점을 받아들이는 것을 방해하며, 결국은 스스로를 고립시키는 결과를 초래합니다. 따라서 우리는 항상 자신이 아는 것의 한계를 인지하고, 다양한 정보와 관점에 귀 기울이며, 비판적으로 사고하는 능력을 길러야 합니다.

결국 삶은 끊임없는 앎의 여정이며, 배우고자 하는 마음이 있을 때 세상은 더 깊고 넓게, 아름답게 우리 앞에 펼쳐질 것입니다.

Q16. 당신이 지금까지 본 세상의 크기'는 어느 정도인가요?

017

순응
흐름에 몸을 맡기는 지혜

우리는 매일 '순응'하며 살아갑니다. 사회의 규칙을 따르고, 타인의 기대에 부응하며 살아가는 이 순응은 생존과 질서를 위한 필수 전략이자, 안정감을 주는 삶의 방식입니다. 교통법규 준수, 조직 내 협업, 새로운 환경에의 적응 등은 모두 긍정적인 순응의 예이며, 사회 구성원 간의 조화를 가능케 합니다.

하지만 순응은 양날의 칼입니다. 과도한 순응은 개성의 상실, 비판적 사고의 마비, 집단사고를 낳고, 결국 자신을 잃게 만듭니다. '튀지 말라'는 분위기 속에서 자신을 숨기고 다수의 의견에 무비판적으로 따르다 보면, 우리는 획일적인 사회 속의 익명한 존재가 되어 갑니다. 또한 순응은 개인의 책임감을 약화시키고, '남들도 하니까'라는 이유로 무기력한 태도를 조장합니다.

특히 현대 사회에서는 순응의 방식이 더욱 교묘해졌습니다. SNS와 알고리즘은 여론과 유행을 빠르게 확산시키고, 사람들을 심리적 압박 속에 놓이게 합니다. 트렌드에 대한 무비판적 동조, 편향된 정보에의 반복 노출은 우리가 스스로 순응하고 있다는 착각에 빠지게 합니다.

이러한 흐름 속에서도 불편한 순응은 내면의 갈등을 낳고, 때로는 저항의 씨앗이 됩니다. 불합리한 현실에 대한 문제의식과 불편함은 변화의 동력이 될 수 있으며, 실제로 역사는 소수의 '비순응자'들이 세상을 바꿔 온 기록이기도 합니다.

그렇기에 우리는 지혜로운 순응을 배워야 합니다. 기본 질서에는 기꺼이 순응하되, 신념에 반하는 것에는 주체적으로 저항할 줄 알아야 합니다. 중요한 것은 '왜 순응하는가'에 대한 비판적 성찰과 내면의 중심입니다. 스스로 판단하고 선택하는 주체적인 순응은 더 이상 굴복이 아닌 삶의 전략이 될 수 있습니다.

또한 사회는 다양한 목소리를 포용할 수 있는 개방성과 다양성을 갖추어야 합니다. 다름을 존중할 때, 개인은 무조건적인 순응에서 벗어나 진정한 자율성과 창의성을 발휘할 수 있습니다.

결국, 순응은 때론 보호막이지만, 때론 족쇄가 됩니다. 흐름 속에서 자신을 잃지 않고, 때로는 멈춰 서서 자신의 목소리에 귀 기울이는 용기야말로 우리가 순응과 저항 사이에서 가져야 할 가장 인간다운 자세입니다.

Q17. 당신의 순응은 생각의 결과입니까, 아니면 익숙함의 습관입니까?

018

온고이지신하고 일신우일신하는 삶
과거를 배우고 날마다 새로워지는 지혜

우리의 삶은 끊임없이 흐르는 강물처럼 과거와 현재, 미래를 잇는 여정입니다. 이 흐름 속에서 '온고이지신(溫故而知新)'과 '일신우일신(日新又日新)'은 삶의 두 축으로 작용합니다. 언뜻 보면 과거와 미래를 지향하는 상반된 태도처럼 보이지만, 이 두 지혜는 서로를 보완하며 진정한 성장의 토대를 만듭니다.

온고이지신은 옛것을 따뜻하게 되새기며 새로운 것을 아는 자세입니다. 과거의 경험과 실패, 전통 속에 담긴 지혜를 통해 현재를 성찰하고 미래를 설계하는 능력입니다. 이는 단순한 답습이 아니라, 옛것을 재해석하고 그 안의 본질적 가치를 현대적으로 적용하려는 태도입니다. 실패를 분석하여 같은 실수를 반복하지 않는 것, 역사 속 사례에서 사회 문제의 통찰을 얻는 것, 전통 예술에서 현대적 창의성을 끌어내는 모든 과정이 온고이지신에 해당합니다.

일신우일신은 날마다 새롭게 변화하려는 능동적 태도를 뜻합니다. 어제보다 나은 오늘, 오늘보다 나은 내일을 추구하는 자기 혁신의 정신입니다. 이는 꾸준한 학습, 유연한 사고, 끈질긴 실천을 바탕으로 합니다. 시대의 변화에 적응하며 도태되지 않고, 자기 안의 타성을 극복해 가는 지속적인 성장의 자세입니다. 스스로를 객관화하고, 부족함을 인정하며 배움을 멈추지 않는 자세야말로 진정한 일신우일신의 본질입니다.

이 두 지혜는 대립이 아니라 균형 속에서 의미를 가집니다. 온고이지신 없는 일신우일신은 뿌리 없는 나무처럼 쉽게 흔들리고, 일신우일신 없는 온고이지신은 고인 물처럼 정체되어 썩기 마련입니다. 과거의 교훈을 성찰하여 미래의 방향을 설계하고, 그 설계를 바탕으로 매일을 갱신하는 삶, 그것이 가장 건강한 삶의 흐름입니다.

우리는 이 원리를 개인의 자기계발, 인간관계, 직업적 성장, 사회 변화의 모든 영역에 적용할 수 있습니다. 과거의 통찰을 품고 현재를 살며, 미래로 나아가는 순환의 지혜. 그것이 곧 온고이지신하며 일신우일신하는 삶입니다.

Q18. 당신의 오늘은, 과거의 지혜로부터 배우고 있습니까? 아니면 그저 새롭기만을 좇고 있습니까?

019

원융화통(圓融和通)
완전한 조화와 막힘없는 소통

우리 삶은 끊임없는 대립과 분별 속에서 갈등을 겪지만, 동양 철학, 특히 불교는 이러한 이분법을 넘어선 지혜로 '원융화통(圓融和通)'을 제시합니다. 이는 모든 존재와 현상이 걸림 없이 하나로 연결되어 있으면서도, 그 안에서 막힘없이 조화롭게 소통하는 경지를 뜻합니다.

먼저, '원융(圓融)'은 세상 모든 것이 실은 하나로 연결되어 있고, 나와 너, 옳고 그름, 빛과 어둠의 구분이 본래 없다는 비이원론적 통찰을 바탕으로 합니다. 이는 서로 다른 것이 충돌하는 것이 아니라, 다름이 곧 전체의 일부로서 포용되는 구조입니다. '솔직함과 정직함'처럼 겉보기엔 충돌하지만 본질적으론 하나의 진실을 향하는 두 흐름일 수 있습니다.

다음으로, '화통(和通)'은 그런 통합된 전체 안에서 모든 요소가 막힘없이 소통하고 조화를 이루는 것을 의미합니다. 타인의 입장에서 생각하고, 감정을 이해하며, 다름을 인정하는 태도가 핵심입니다. 이는 단순한 정보 교환을 넘어 진정한 공감과 배려의 소통을 말합니다.

'원융화통'은 개인의 내면, 인간관계, 사회, 시간의 흐름 모든 영역에서 적용될 수 있습니다. 내면에서는 감정과 이성, 욕망과 양심의 충돌을 억누르기보다 포용과 소통을 통해 조화를 이뤄야 합니다. 관계에서는 서로의 다름을 인정하고 이해하려는 노력이 필요합니다. 사회에서도 다양한 가치관과 목소리가 존중받는 구조가 '원융화통'입니다. 시간적으로도 과거, 현재, 미래는 단절된 것이 아니라 통합된 하나의 흐름으로 이해되어야 합니다.

'원융화통'은 추상적이거나 쉽게 얻어지는 이상이 아닙니다. 자아 중심적 사고, 완벽주의, 고정관념, 소통의 부재는 '원융화통'을 방해하는 주요 요소입니다. 이를 극복하기 위해서는 분별심을 내려놓고, 겸손과 유연한 태도로 배우며, 타인에 대한 공감과 포용을 실천하고, 적극적으로 소통하려는 노력이 필요합니다.

결국 '원융화통'은 삶의 모든 파편이 걸림 없이 하나로 녹아드는 조화이자, 그 안에서 서로가 자유롭게 통하는 생명의 흐름입니다. 완전한 경지에 도달하기 어렵더라도, 그 방향을 향한 노력은 우리의 삶을 더 평화롭고 의미 있게 만들어 줄 것입니다.

Q19. 당신의 말과 마음은 통하고 있습니까, 아니면 말은 흘러도 마음은 막혀 있습니까?

020

'위하여'와 '때문에'의 양면성

삶의 동기와 태도를 결정하는 두 단어

우리말에는 참으로 오묘한 뉘앙스를 지닌 단어들이 많습니다. 그중에서도 '위하여'와 '때문에'는 우리의 삶을 이해하고 해석하는 데 결정적인 역할을 하는 두 개의 작은 단어입니다.

이 두 단어는 단순한 의미 그 이상으로, 삶을 바라보는 태도와 동기를 결정짓는 두 축입니다. '위하여'는 목적 지향적인 긍정의 언어로, 능동적이고 미래를 향한 열정과 책임을 담고 있습니다. 우리는 "건강을 위하여 운동한다.", "가족을 위하여 일한다."처럼 삶의 목표를 스스로 설정하고, 그 목표를 향해 고난도 감내하며 자발적으로 나아갑니다. '위하여'로 채워진 삶은 자기 주도적이며, 성취와 만족을 가져오는 삶입니다.

반면, '때문에'는 외부 요인이나 과거의 사건을 이유로 들며, 수동적이고 제약적인 태도를 형성합니다. "그 사람 때문에 화났다.", "환경 때문에 어쩔 수 없었다."는 말처럼, 우리는 때때로 책임을 외부로 전가하며 현재의 상황을 정당화합니다. 이러한 태도는 자율성과 성장의 기회를 놓치게 하고, 피해자의 프레임에 스스로를 가두며 무기력함을 확대합니다.

삶은 종종 '위하여'와 '때문에'가 얽히는 복잡한 현실입니다. 우리는 '때문에'로 상처받고도, 그 속에서 '위하여'의 목적을 발견하며 다시 나아갈 힘을 얻습니다. 중요한 것은 삶의 사건을 어떻게 해석하느냐에 대한 '선택'입니다.

실패를 누구 '때문에' 탓하기보다, 그 실패를 더 나은 나를 위한 계기로 삼는 전환이 필요합니다. 동시에, '위하여'라는 명목으로 과도한 자기희생이나 타인에 대한 강요로 흐르는 것을 경계해야 합니다. '위하여'가 긍정적이기 위해서는 스스로 선택한 동기에서 비롯되어야 합니다.

결국 삶의 질은 우리가 어느 단어를 중심에 두고 살아가는가에 달려 있습니다. 능동적이고 목적 있는 삶을 살아가기 위해선 '위하여'라는 단어에 삶의 무게를 싣고, '때문에'라는 굴레에서 벗어나는 의식적 전환이 필요합니다.

Q20. 당신은 지금, 무엇을 위해 살고 있습니까? 아니면 아직도 누구 '때문에' 살아가고 있습니까?

021

이 한목숨 바쳐야 할 곳은

몰입·헌신·교감

"이 한목숨 바쳐야 할 곳은." 이 문장은 우리 삶의 본질을 묻는 가장 근원적인 질문입니다. 우리는 왜 사는가, 무엇을 위해 살아야 하는가. 이 질문은 철학자들의 전유물이 아니라, 오늘을 살아가는 모든 사람의 내면에 존재하는 물음입니다.

삶의 방향은 외부에서 주어지지 않습니다. 사회가 말하는 성공, 타인의 기대, 물질적 보상은 일시적인 만족을 줄 수 있지만, 존재의 깊은 허기를 채워 주지는 못합니다. 진정 목숨을 바칠 만한 대상은 오직 내면의 나침반이 가리키는 곳에 있습니다. 자신이 어떤 순간에 살아 있음을 느끼는지, 어떤 일에 몰입하는지, 어떤 문제 앞에서 책임감을 느끼는지를 끊임없이 묻는 과정 속에서 우리는 삶의 방향을 발견합니다.

목숨을 바친다는 건 단순한 희생이 아닌 '몰입'입니다. 예술가, 과학자, 활동가처럼 어떤 이들은 그 대상에 완전히 자신을 던지며 존재의 의미를 발견합니다. 이런 몰입은 대가를 의식하지 않고, 그 행위 자체에서 삶의 충만함을 느끼게 해 줍니다.

또한, 타인을 향한 헌신 역시 우리가 목숨을 바칠 수 있는 가치 있는 영역입니다. 가족, 친구, 사회적 약자를 위한 헌신 속에서 우리는 공동체적

인간으로서의 존재 이유를 확인합니다. 나의 작은 노력이 누군가에게 의미가 된다면, 그것만으로도 삶은 깊은 의미를 갖게 됩니다.

이와 함께 자연과의 교감도 한목숨을 바칠 수 있는 숭고한 영역입니다. 환경을 보호하고 생명을 지키는 일은 인간을 넘어선 더 큰 생명의 흐름 속에서 나를 위치 짓는 일이자, 우리 자신과 후세를 위한 책임이기도 합니다.

이 질문의 답은 고정되어 있지 않습니다. 삶의 단계마다, 경험에 따라, 성찰을 거치며 계속 달라질 수 있습니다. 그러나 중요한 것은 '어디에 바쳐야 하느냐'가 아니라, '스스로 진지하게 묻고 있는가'입니다. 그 질문을 던지고, 답을 찾아가는 과정 자체가 삶을 깊게 하고, 우리가 살아 있음을 실감하게 만드는 여정이 됩니다.

결국, "이 한목숨 바쳐야 할 곳은?"이라는 질문은 우리를 진정한 자기 자신에게로 이끄는 통로입니다. 그곳이 어디든, 그곳에 진심을 다할 수 있다면 우리는 비로소 삶을 사랑했다고 말할 수 있을 것입니다.

> **Q21. 당신은 지금, 그토록 소중한 한 생명을 어디에 쏟아붓고 있습니까?**

022

일이관지(一以貫之)
흔들리지 않는 삶의 중심

우리의 삶은 선택과 변화의 연속입니다. 매 순간 우리는 어떤 길을 택할지, 어떤 태도를 취할지 결정하며 살아갑니다. 그러나 세상은 복잡하고 유혹은 많아, 때로 방향을 잃거나 쉽게 흔들리기도 합니다. 이럴 때 떠오르는 말이 일이관지(一以貫之)입니다. '하나의 이치로 모든 것을 꿰뚫는다'는 뜻으로, 삶의 전 영역에 적용할 수 있는 깊은 통찰을 담고 있습니다.

일이관지의 본질은 흔들리지 않는 삶의 중심입니다. 명확한 가치관, 확고한 신념, 일관된 목표를 기준으로 모든 생각과 행동을 정렬하는 것입니다. 마치 깊이 뿌리내린 나무가 폭풍에도 쓰러지지 않듯, 일이관지는 삶을 지탱하는 뿌리가 됩니다. '바람, 꿈, 이상, 목표'가 하나의 방향을 가리킬 때 우리는 작은 유혹이나 단기 이익에 흔들리지 않습니다. 반면 중심이 없으면 상황에 따라 말을 바꾸고 원칙을 버려 신뢰를 잃습니다.

원칙은 역할 수행의 깊이를 더합니다. 교사는 '학생 성장'이라는 가치로, 리더는 '고객 만족'이라는 목표로 모든 활동을 일관되게 꿰뚫을 때 신뢰가 형성됩니다. 조직에서는 가치관이 정렬되고 불필요한 갈등이 줄어들며, 건강한 단합이 가능해집니다.

일이관지는 노력의 방향성을 잡아 줍니다. 목표를 향해 반복하고 지속

할 힘을 주며, '한 끗 차이'를 만드는 숙련과 탁월함으로 이끕니다. 한 우물을 파듯 집중할 때 남들이 놓치는 미세한 차이를 완성할 수 있습니다. 사회적으로도 원칙과 비전이 일관되면 국민은 혼란 없이 신뢰를 보냅니다. 반대로 포퓰리즘처럼 원칙 없는 선택은 불신과 해이를 낳습니다.

하지만 일이관지는 잘못 사용하면 경직성과 오만으로 변질됩니다. 자신의 원칙만 옳다고 믿으며 변화와 타인의 의견을 배척하면 시대와 동떨어질 수 있습니다. 진정한 일이관지는 고집이 아니라, 원칙을 지키면서도 유연성을 유지하고 성찰로 개선하는 힘입니다. 과거를 계승하되 미래에 맞게 다듬는 태도가 필요합니다.

결국 일이관지는 개인, 조직, 사회 모두에 방향과 의미를 부여하는 삶의 나침반입니다. 예측 불가능한 세상에서도 자신만의 중심을 찾아 꾸준히 실천하며, 필요할 땐 그것을 새롭게 조율하는 사람만이 흔들리지 않는 길을 걸을 수 있습니다.

> Q22. 당신이 붙잡은 그 하나의 원칙은, 지금도 여전히 당신을 앞으로 이끌 만큼 살아 있습니까?

023

잘 산다는 것
삶의 조각들을 엮어 가는 여정

'잘 산다'는 개념은 사람마다 다르게 해석됩니다. 어떤 분께는 물질적 풍요를, 또 다른 분께는 정신적 평화를, 혹은 건강한 관계를 의미할 수 있습니다. 사회는 종종 재산이나 명예로 이를 규정하지만, 그것이 전부는 아닙니다.

물질적 풍요와 행복은 일정 부분 연결되어 있습니다. 돈은 불편을 줄이고 기회를 넓혀 주지만, 그것만으로 행복이 보장되지는 않습니다. 과도한 부의 추구는 건강, 관계, 마음의 평화를 잃게 할 수 있으며, 통장의 숫자만으로 '잘 산다'고 말하기 어렵습니다.

관계의 풍요로움은 삶의 또 다른 축입니다. 진심으로 아끼고 존중하는 관계는 기쁨을 배가시키고 슬픔을 덜어 줍니다. 소수라도 깊이 있는 인연이 있다면, 삶은 충분히 따뜻하고 의미로 가득 찰 수 있습니다. 반대로, 마음을 나눌 사람이 없다면 물질적 풍요도 공허하게 느껴질 수 있습니다.

내면의 평화 역시 빼놓을 수 없습니다. 불안, 욕심, 분노에 휘둘린다면 아무리 좋은 환경에 있어도 행복하기 어렵습니다. 내면의 평화는 자기 이해와 수용에서 비롯되며, 과거나 미래가 아닌 현재에 집중하는 습관, 명상이나 독서, 자연과의 교감을 통해 다져집니다. 평화로운 마음은 외부 조건에 좌우되지 않는 중심을 세우게 합니다.

또한 의미 있는 기여도 '잘 사는 삶'을 완성하는 요소입니다. 타인과 사회에 긍정적인 영향을 미칠 때 우리는 존재 가치를 느끼고 깊은 만족을 얻게 됩니다. 교사가 제자의 성장을 지켜볼 때 느끼는 보람, 봉사나 재능 기부, 따뜻한 말 한마디 등은 모두 삶을 풍요롭게 하는 기여입니다.

결국, 잘 사는 삶은 물질적 안정, 건강한 관계, 내면의 평화, 의미 있는 기여라는 여러 조각이 조화를 이루는 과정입니다. 이 조각들은 삶의 단계와 선택에 따라 끊임없이 변화하며, 완벽한 형태는 단번에 얻어지지 않습니다. 매일의 선택과 성찰, 실패와 도전이 모여 한 사람만의 '잘 사는 삶'을 빚어 갑니다.

중요한 것은 사회의 획일적인 기준에 얽매이지 않고, 자신만의 '잘 사는 삶'을 정의하고 이를 향해 성실히 나아가는 용기입니다. 순간순간을 소중히 여기는 태도야말로 이 여정의 가장 든든한 동력입니다.

> Q23. 지금 당신의 삶의 조각들은 어떤 모습이며, 앞으로 어떤 조각을 더 하고자 하십니까?

024

잘하기 위한 전제 자주 하기
반복의 미학과 숙련의 길

"어떻게 그렇게 잘하세요?" "별거 아니에요, 그냥 자주 하다 보니 늘더라고요."

우리는 살면서 어떤 분야에서 탁월한 능력을 보이는 이들을 만날 때가 있습니다. 그들의 능숙함과 여유로움을 보며 감탄사를 내뱉지만, 정작 그들은 겸손하게 '자주 하다 보니'라는 말을 건넵니다. 이 '자주 하다 보니'라는 말 속에는 단순한 겸손을 넘어, 어떤 일을 '잘하기' 위한 가장 근본적이고도 강력한 전제가 담겨 있습니다. 바로 '자주 하기'입니다. 이 말은 마치 흙을 다지고 씨앗을 꾸준히 보살피는 농부의 마음과 같습니다. 겉으로 드러나지 않는 반복적인 행위 속에, 진정한 숙련과 탁월함이 싹트는 비밀이 숨어 있는 것이죠. 저는 이 '자주 하기'라는 표현을 곱씹을 때마다, 삶의 모든 영역에서 이 단순한 진리가 얼마나 큰 힘을 발휘하는지 돌아보게 됩니다.

'자주 하기'는 처음의 서툶을 극복하고 무의식적인 수준의 숙련으로 나아가게 합니다. 악기 연주처럼, 반복을 통해 몸이 기억하고 뇌가 새로운 회로를 형성하는 과정이 여기에 해당합니다. 이러한 반복은 양적인 증가를 넘어 질적인 변화를 이끌어 내며, 숨은 뉘앙스와 복잡성을 발견하게 하고 통찰력과 직관을 길러 줍니다.

이 원리는 학습, 기술 습득, 관계, 습관 형성 등 삶의 다양한 영역에 적용됩니다. 학업에서는 개념과 문제 풀이를 자주 반복함으로써 깊이 있는 이해와 응용력을 얻습니다. 기술과 전문성의 영역에서는 요리, 글쓰기 등 꾸준한 실습이 자신만의 감각과 스타일을 형성합니다. 관계에서는 자주 소통하고 시간을 함께하는 것이 신뢰와 유대를 강화합니다. 건강한 습관과 자기 성장 역시 작은 행동을 자주 반복하는 데서 비롯됩니다.

그러나 '자주 하기'는 쉽지 않습니다. 즉각적인 성과가 드물고, 반복의 단조로움과 지루함이 의지를 약화시키기 때문입니다. 바쁜 일상과 유혹 속에서 이를 꾸준히 유지하려면 강한 자기 규율이 필요합니다.

이를 극복하기 위해서는 작게 시작해 점진적으로 늘려 가는 것이 좋습니다. 과정 자체에 의미를 부여하고, 고정된 시간과 장소를 정해 루틴화하며, 피드백과 보상으로 동기를 유지할 수 있습니다. 또한 함께하는 사람을 찾아 상호 격려하는 것도 효과적입니다.

결국 '자주 하기'는 타고난 재능을 대체하거나, 한 번의 실패를 극복하게 하는 힘이 됩니다. 포기하지 않고 반복과 개선을 이어가는 의지가 우리를 숙련의 경지로 이끕니다. 작은 반복이 쌓여 기적 같은 변화를 만들어 내며, 그것이 삶을 깊고 풍성하게 만듭니다.

> Q24. 지금 당신은 어떤 일을 '자주' 하고 계시며, 그 반복이 앞으로 어떤 '잘하는' 자신을 만들어 줄 것이라 생각하십니까?

025

제대로 모르면서 자꾸 나서지 말라

성급함의 그림자, 신중함의 지혜

"제대로 모르면서 자꾸 나서지 말라."는 말은 충분한 이해와 준비 없이 경솔하게 행동하는 것을 경계하는 경구입니다. 여기서 '나서다'는 단순한 적극성이 아니라, 깊이 있는 지식과 경험 없이 주제넘게 나아가는 태도를 의미합니다. 현대 사회는 속도와 선점을 중시하는 풍조 속에서 충분한 탐구 없이 결정을 내리게 만들며, 이는 종종 오류와 갈등의 원인이 됩니다.

사람들이 성급해지는 이유에는 조급함과 인정 욕구, 무지와 오만, 불확실성 회피가 있습니다. 성과를 서둘러 보여 주고자 하거나, 아는 것보다 더 아는 듯 보이고 싶은 욕망은 준비 없는 행동을 부추깁니다. 특히 자신의 한계를 인정하지 못하는 오만함은 단편적인 지식에 만족하게 하며, 깊이 있는 탐구를 방해합니다. 또한 모른다고 인정하는 것이 두려워 아는 체를 하거나 불안감을 감추려는 경우도 적지 않습니다.

성급한 행동은 여러 부정적 결과를 초래합니다. 첫째, 충분한 정보 없이 내린 판단은 치명적인 실수를 낳을 수 있습니다. 둘째, 경솔한 말과 행동은 신뢰를 잃게 하고, 관계를 훼손합니다. 셋째, 자신이 모든 것을 안다고 믿는 순간 학습과 성장이 멈추며, 같은 실수를 반복하게 됩니다. 넷째, 검증되지 않은 정보의 확산은 사회적 불신과 불필요한 갈등을 심화시킵니다.

이를 피하기 위해서는 겸손한 태도와 지속적인 탐구가 필요합니다. 먼저, 경청과 질문을 생활화하여 타인의 경험과 지식을 배우는 습관을 들여야 합니다. 다음으로, 다양한 출처의 정보를 검토하고 분석하며, 전체 맥락을 이해하려는 노력이 필요합니다. 또한 자신의 부족함을 인정하고 개선하려는 자기 성찰의 용기를 가져야 합니다. 때로는 침묵이 가장 현명한 대응일 수 있음을 기억하고, 충분히 숙고한 뒤 필요한 말만 하는 훈련도 중요합니다.

이러한 신중함은 결코 소극적 태도가 아닙니다. 오히려 충분히 알고 판단하는 것은 실수를 줄이는 것 이상으로, 역량을 강화하고 신뢰를 쌓으며 책임 있는 사회 구성원으로 성장하는 길입니다. 정보가 넘쳐 나는 시대일수록 우리는 '진짜 앎'과 '섣부른 앎'을 구분하는 통찰을 길러야 합니다. 모르는 것을 인정하고 배우려는 겸손이야말로 성숙으로 가는 문입니다.

> Q25. 당신은 최근 어떤 상황에서, 충분히 알지 못한 채 서둘러 행동한 적이 있습니까?

026

진인사대천명(盡人事待天命)
인간의 노력과 하늘의 뜻, 삶의 지혜

우리의 삶은 예측하기 어려운 변수로 가득 차 있습니다. 아무리 철저히 준비하고 노력하더라도 결과가 뜻대로 되지 않을 때가 있으며, 반대로 예기치 않은 행운이 찾아오기도 합니다. 이러한 삶의 복잡성과 불확실성 속에서 동양의 지혜, '진인사대천명'은 깊은 통찰을 제공합니다. 이는 '할 수 있는 모든 노력을 다한 뒤, 하늘의 뜻을 기다린다'는 의미로, 단순한 운명론이 아니라 적극적인 노력과 겸손한 수용이 조화를 이루는 철학입니다.

먼저 '진인사(盡人事)'는 인간으로서 할 수 있는 모든 것을 다하는 태도를 뜻합니다. 이는 단순한 '열심'이 아니라, 후회 없이 최선을 다하는 헌신적 노력을 포함합니다. 다만 무리하여 스스로를 소진시키는 것이 아니라, 자신의 한계를 인식하면서도 그 안에서 꾸준함과 집중력을 발휘하는 지혜로운 노력이어야 합니다. 진인사는 책임과도 맞닿아 있습니다. 맡은 일에 회피 없이 임하며, 문제 앞에서 적극적으로 해결책을 찾는 의지가 그 핵심입니다.

다음으로 '대천명(待天命)'은 인간의 힘으로는 어쩔 수 없는 영역이 있음을 인정하고, 그 결과를 겸허히 받아들이는 자세를 의미합니다. 이는 무기력한 체념이 아니라, 최선을 다했기에 가능한 내면의 평화입니다. 대천명은 통제할 수 있는 것과 없는 것을 구별하는 통찰력, 그리고 예상치 못한 결과를 통해 배우고 다음을 준비하는 유연함을 포함합니다.

이 두 가지는 균형을 이루어야 의미가 있습니다. 진인사 없는 대천명은 무책임한 방임이고, 대천명 없는 진인사는 집착과 번아웃을 초래합니다. 최선을 다하되 결과에 집착하지 않고, 통제 가능한 것에 집중하며, 실패를 배움의 기회로 삼아 재도전하는 것이 바람직한 삶의 태도입니다.

이 원리는 거창한 목표뿐 아니라 일상에도 스며 있습니다. 시험 준비에서는 성실한 학습이 진인사이고, 결과를 겸허히 수용하는 것이 대천명입니다. 인간관계에서는 진심 어린 대화가 진인사이고, 관계의 흐름을 존중하는 것이 대천명입니다. 사업에서는 철저한 준비와 혁신이 진인사이며, 예측 불가능한 시장 변화 수용이 대천명입니다. 건강 관리에서는 꾸준한 관리가 진인사이고, 불가항력적 변화 수용이 대천명입니다.

결국 '진인사대천명'은 삶의 모든 순간에 적용 가능한 원리입니다. 우리는 모든 것을 통제할 수는 없지만, 삶을 변화시키는 의지와 노력은 우리 손에 달려 있습니다. 할 수 있는 모든 것을 다한 뒤, 그 결과를 겸허히 받아들이고, 그 속에서 배움을 얻어 다시 도전하는 것. 그것이야말로 삶의 여정에서 길을 잃지 않고 나아가는 가장 든든한 나침반입니다.

Q26. 오늘 당신은 '할 수 있는 모든 것'을 다했습니까, 아니면 '하늘의 뜻'만 기다리고 있습니까?

027

참 타고난 사람이다
재능과 노력

우리는 때때로 어떤 사람의 뛰어난 능력을 보며 "참 타고났다."는 감탄을 합니다. 학문, 예술, 운동, 인간관계 등 어느 분야에서든 남다른 두각을 나타내는 이들은 마치 특별한 재능을 타고난 듯 보입니다. 그러나 이 표현 속에는 보이지 않는 또 다른 진실이 있습니다.

먼저, 타고난 재능과 보이지 않는 노력입니다. 우리는 종종 이들의 성과를 자연스러운 결과로만 인식하지만, 실제로 '타고났다'고 불리는 이들 역시 그 재능을 꽃피우기 위해 보통 사람보다 훨씬 더 많은 연습과 시행착오를 거칩니다. 재능은 씨앗에 불과하며, 그것이 거목으로 자라기 위해서는 꾸준한 물 주기와 햇볕, 그리고 고통스러운 가지치기가 필요합니다. '참 타고났다'는 말 속에는 '참 꾸준히 노력했다'는 의미가 숨어 있습니다.

그러나 타고남의 이면에는 무게와 고독이 존재합니다. 첫째, 과도한 기대와 압박입니다. 재능 있는 사람은 주변으로부터 더 높은 성과를 요구받고, 작은 실수에도 "재능을 낭비한다."는 비난을 듣기 쉽습니다. 둘째, 고독감입니다. 독보적인 능력은 이해받기 어려운 고립을 동반하며, 때로는 질투의 대상이 되기도 합니다. 셋째, 노력의 의미 퇴색입니다. '타고났다'는 인식이 지속되면 스스로도 노력의 가치를 과소평가하거나 안주하게 되어 성장의 발걸음이 멈출 수 있습니다.

그렇다면 타고남은 소수만의 특권일까요? 그렇지 않습니다. 우리 모두는 크고 작은 '타고남'을 지니고 태어났습니다. 그것이 사회적으로 주목받는 분야가 아닐지라도, 공감 능력, 집념, 창의성 등 다양한 형태로 존재합니다. 중요한 것은 나만의 강점을 발견하고 이를 갈고닦는 것입니다. 남의 재능을 부러워하기보다, 나의 '타고남'을 인정하고 발전시키는 노력이 필요합니다.

재능과 노력은 서로를 보완하며 춤을 추는 관계입니다. 재능은 노력을 더 즐겁고 효율적으로 만들고, 노력은 재능을 지속적으로 빛나게 합니다. 완벽한 재능도, 완벽한 노력도 없으며, 중요한 것은 두 요소의 균형 속에서 자신만의 길을 묵묵히 걸어가는 것입니다.

결국 "참 타고난 사람이다."라는 말은 부러움과 희망을 동시에 품은 표현입니다. 그것을 단순한 감탄으로만 남길 것인지, 아니면 자신의 재능을 발견하고 끊임없이 발전시키는 동력으로 삼을 것인지는 전적으로 개인의 선택에 달려 있습니다. 각자의 자리에서 자신만의 빛을 찾아 나아갈 때, 우리는 비로소 '참 괜찮은 사람'으로 성장할 수 있을 것입니다.

> **Q27. 당신이 타고난 것은 무엇인가요?**

028

타고난 복

운명과 노력

우리는 종종 눈에 보이는 성공이나 풍요를 보며 "타고난 복이 많다."라
는 말을 합니다. 뛰어난 외모, 명석한 두뇌, 부유한 환경, 건강한 신체, 특
별한 재능 등은 분명 삶의 시작점에서 유리한 조건일 수 있습니다. 그러
나 겉으로 보이는 '복'이 전부는 아닙니다. 많은 경우, 그 뒤에는 보이지 않
는 땀과 인내, 반복된 실패와 도전이 숨어 있습니다. 단순히 결과만 보고
'운이 좋다'고 단정하는 것은 그 노력의 가치를 간과하는 일이며, 때로는
자신의 노력을 게을리하는 변명이 되기도 합니다.

또한 '타고난 복'을 가진 이들도 그만의 무게를 짊어집니다. 첫째, 주변
의 과도한 기대와 압박 속에서 실수나 실패가 곧 비난으로 이어질 수 있
습니다. 둘째, 특별한 위치로 인한 고독감이 있습니다. 자신의 고민을 이
해해 줄 사람이 적고, 부러움이 질투로 변하기도 합니다. 셋째, 가진 것을
잃을지 모른다는 불안은 새로운 도전을 주저하게 만들고 긴장 속에 살게
합니다. 이처럼 '복'은 축복이자 짐이 될 수 있습니다.

진정한 복은 거창한 성공이나 물질적 풍요만이 아닙니다. 아침에 느끼
는 상쾌함, 가족과의 식사, 친구와의 대화, 건강한 몸, 아름다운 풍경을 보
는 눈 등, 일상 속의 작은 순간들이 모두 복입니다. 그러나 우리는 이런 것
들을 너무 당연하게 여겨 그 가치를 잊곤 합니다.

따라서 타인을 부러워하기보다 자신의 삶 속 작은 복을 발견하는 시선이 필요합니다. 감사 일기 쓰기, 하루를 마치며 감사한 일 세 가지를 떠올리는 습관만으로도 삶은 훨씬 풍요로워집니다. 복은 외부에서 주어지는 행운뿐 아니라, 우리의 선택·노력·태도에서 비롯됩니다. 어려움 속에서도 포기하지 않는 용기, 타인에 대한 친절과 사랑, 끊임없는 배움과 자기 성찰, 주어진 자리에서 최선을 다하는 마음이 모여 결국 '복'이 됩니다.

삶에는 불운도 있지만, 그 속에서 배우고 성장하는 태도는 물질적 복보다 값진 자산이 됩니다. "나는 왜 복이 없을까?"보다 "나는 어떤 복을 만들어 갈 수 있을까?"라는 질문이 필요합니다. 복은 정해진 운명이 아니라 발견하고 빚어 가는 과정이기에, 매일 감사하며 성실히 살아가는 마음이 곧 가장 큰 복이 됩니다.

> Q28. 당신은 지금, 타고난 복을 찾고 있습니까, 아니면 스스로의 복을 만들고 있습니까?

029

한 끗빨 차이

성공과 실패, 평범함과 비범함 사이

우리의 인생은 수많은 선택과 결과의 연속이며, 그 결과는 때로 노력과 재능의 크기에서 갈리기도 하지만, 놀랍게도 종종 '한 끗빨'이라 불리는 아주 미세한 차이에서 결정됩니다. 이 '한 끗빨'은 겉으로 보기에는 사소해 보이나, 결과적으로는 극명한 차이를 만들어 내는 힘을 지니고 있습니다.

먼저, 노력의 한 끗빨은 99%와 100%의 차이처럼 보입니다. 수치로는 1%에 불과하지만, 성패를 결정하는 힘을 발휘합니다. 운동선수가 마지막 한 발을 더 내딛는 순간, 수험생이 마지막 개념 하나를 더 확인하는 과정에서 이 한 끗이 만들어집니다. 이는 단순한 시간의 투입이 아니라, 집중력과 끈기, 완벽을 향한 집념에서 비롯됩니다. 남들이 포기하는 지점에서 한 걸음 더 나아가는 그 순간이 비범함을 만들어 냅니다.

둘째, 태도의 한 끗빨은 인간관계의 질을 좌우합니다. 첫인사에 담긴 미소, 경청하는 자세, 사소한 배려는 관계를 긍정적으로 이끌지만, 무심한 표정이나 말을 끊는 습관은 미묘한 균열을 만듭니다. 특히 위기 상황에서 잘못을 인정하고 사과하는 용기, 어려움 속에서 내미는 도움의 손길은 관계를 회복시키고 더 단단하게 만듭니다. 이 태도는 단순한 예절이 아니라 상대방을 존중하는 진심에서 비롯됩니다.

잡상잡기 왜?

셋째, 선택의 한 끗빨은 삶의 방향을 완전히 바꿀 수 있습니다. 안정된 길 대신 새로운 도전을 택하는 용기, 다수의 시선보다 자신의 신념을 우선하는 결단, 익숙한 것을 버리고 미지로 나아가는 결심이 이에 해당합니다. 반대로 안일함과 미룸, 무비판적인 추종은 한 끗을 놓치게 하며, 그 결과는 무난하지만 변화 없는 삶일 수 있습니다.

이러한 한 끗빨을 만들기 위해서는 네 가지 지혜가 필요합니다. 첫째, 섬세한 관찰력으로 작은 차이를 인지하고, 둘째, 자기 성찰을 통해 부족한 부분을 정확히 파악하며, 셋째, 과감한 실행력으로 발견한 변화를 실천하고, 넷째, 지속적인 끈기로 작은 차이를 쌓아 가야 합니다. 한 끗은 단번에 완성되지 않으며, 반복과 개선이 필수입니다.

결국, 한 끗빨은 인생의 마무리를 완성하는 세밀한 붓 터치와 같습니다. 큰 윤곽을 잡는 능력만큼이나, 마지막에 더해지는 이 섬세한 차이가 전체의 완성도를 결정합니다. 우리의 삶 역시 이러한 미세한 차이를 알아보고 용기 있게 실행하며, 끈기 있게 이어갈 때 비로소 원하는 방향으로 한 걸음 더 나아갈 수 있을 것입니다.

> Q29. 지금 당신의 선택과 행동에는, 성공을 결정짓는 그 한 끗이 살아 있습니까?

030

행운은 총량이 있을까?

삶의 우연과 필연에 대한 성찰

사람들은 종종 "왜 저 사람은 운이 좋은가.", "나는 왜 이렇게 운이 없는가."라는 의문을 품습니다. 그러다 보면, 마치 행운이 정해진 양을 가진 자원처럼, 누군가가 더 가져가면 다른 누군가는 덜 가질 수밖에 없다는 '제로섬' 사고에 이르기도 합니다. 특히 경쟁이 치열한 사회에서는 이러한 생각이 강화되어, 타인의 행운을 축하하기보다 나의 몫이 줄었다는 박탈감을 느끼기 쉽습니다.

그러나 행운이 정말 총량을 가진 제한 자원일까요? 현실에서 행운은 종종 독립적인 사건입니다. 누군가 좋은 기회를 얻었다고 해서 다른 사람의 기회가 줄어드는 것은 아닙니다. 새로운 아이디어가 성공할 때는 기존의 파이를 나누는 것이 아니라 새로운 파이를 만드는 경우가 많습니다. 세상에는 우리가 미처 보지 못한 무수한 기회가 존재하며, 그것들은 서로 간섭하지 않고 발생하기도 합니다.

또한 행운은 준비된 사람에게 찾아옵니다. 표면적으로는 '우연'처럼 보이는 많은 행운 뒤에는 오랜 시간의 노력과 자기 계발이 숨겨져 있습니다. 기회는 누구에게나 찾아올 수 있지만, 이를 알아보고 잡아내는 것은 준비된 사람의 몫입니다.

행운은 인식의 문제이기도 합니다. 같은 사건을 누군가는 큰 행운으로 여기지만, 다른 누군가는 대수롭지 않게 넘길 수 있습니다. 긍정적인 태도와 감사하는 마음을 지닌 사람은 일상의 작은 기회도 행운으로 받아들이며, 이는 더 많은 긍정적 경험을 불러옵니다.

행운을 더 많이 경험하기 위해서는 확률과 태도를 바꾸어야 합니다. 새로운 사람과의 만남, 낯선 환경에서의 도전 등은 예기치 못한 우연을 만날 확률을 높입니다. 어려움 속에서도 기쁨과 감사를 발견하는 태도는 행운을 끌어당기며, 꾸준한 자기 계발은 찾아온 기회를 실제 성과로 전환시킵니다.

결국 행운은 빼앗거나 나누는 자원이 아니라, 각자가 스스로 만들어 갈 수 있는 가능성입니다. 타인의 행운을 시기하는 대신, 자신의 삶 속에서 행운을 발견하고 창조하는 것이 현명합니다. 불확실성을 받아들이고, 긍정적 마음으로 도전하며, 기회를 붙잡을 준비가 되어 있는 사람은 스스로를 '운이 좋은 사람'으로 만들 수 있습니다. 행운은 고정된 총량이 아니라, 우리의 손에서 무한히 피어날 수 있는 씨앗과 같습니다.

> Q30. 당신은 행운을 기다리고 있습니까, 아니면 직접 만들어 가고 있습니까?

雜

2. 개념과 정의

雜

031

계승(繼承)과 개선(改善)
과거를 품고 미래를 짓는 지혜

우리 삶은 끝없이 흐르는 강물과 같습니다. 그 흐름 속에서 우리는 늘 '계승'과 '개선'이라는 두 가지 선택 앞에 서곤 합니다. 하나는 물려받아 이어 가는 일이고, 다른 하나는 그것을 더 나은 방향으로 바꾸는 일이다. 얼핏 상반된 개념 같지만, 이 둘은 사실 삶이라는 날개를 이루는 양축이며, 조화를 이룰 때 비로소 진정한 발전이 시작됩니다.

계승은 단순한 반복이 아닙니다. 그것은 과거의 지혜, 경험, 전통, 가치, 시스템을 오늘의 삶에 들이는 일입니다. 우리는 부모로부터 사랑하는 방식을, 사회로부터 살아가는 방식을 물려받습니다. 이렇게 이어진 것들이 모여 우리의 정체성이 되고 삶의 뿌리가 됩니다. 계승의 가장 큰 장점은 검증된 경험이라는 점입니다. 이미 시행착오를 거친 방식은 우리에게 안전하고 효율적인 길을 안내해 줍니다. 계승은 공동체의 지속성과 안정감을 지키는 힘이 되며, '우리가 누구인지'를 되묻는 기준이 되어 줍니다.

하지만 계승만으로는 부족합니다. 시대는 끊임없이 변하고, 세상은 늘 새로운 문제를 우리에게 부여합니다. 변화에 응답하는 힘, 그것이 바로 개선입니다. 개선은 우리가 계승한 것을 토대로 부족함을 발견하고, 더 나은 방향을 모색하는 일입니다. 기존의 틀을 고치고 확장하며, 때로는 과감히 새로운 길을 걷는 것. 이 모든 과정이 개선입니다. 오늘날 우리가 누리는 기술, 제도, 삶의 방식 대부분은 모두 '계승된 것의 개선'으로 이루어진 결과입니다. 낡은 관습이나 불합리한 제도를 고치고, 비효율을 줄이며, 더 정의롭고 평등한 세상을 만들기 위한 노력도 바로 이 '개선'의 산물입니다.

　문제는 이 두 힘 사이의 균형에 있습니다. 계승만을 강조하면 우리는 시대에 뒤처지고, 변화에 둔감해집니다. 반면 개선만을 외치며 과거를 부정한다면 뿌리를 잃고 정체성의 혼란을 겪게 됩니다. 진정한 지혜는 바로 이 계승과 개선 사이에서 균형을 찾는 데 있습니다. 우리는 끊임없이 질문해야 합니다. 이 전통은 왜 지켜야 하는가? 이 방식은 정말로 최선인가? 어떤 것은 이어가고, 어떤 것은 바꿔야 하는가? 이런 질문을 던지고, 답을 찾아가는 과정이야말로 우리가 시대를 살아가는 이유인 것입니다. 그 질문에 대한 선택이 우리의 오늘을 만들고, 내일을 열어 줄 것입니다. 계승과 개선의 균형 속에서 뿌리를 내리고 날개를 펼 수 있는 삶. 그것이야말로 우리가 지향해야 할 지혜로운 인생의 여정입니다.

> Q31. 당신은 지금, 무엇을 지켜야 하고 무엇을 바꿔야 한다고 생각하나요?

032

넛지(Nudge)

조용한 개입이 삶을 바꾸는 방식

우리는 스스로를 합리적인 존재라 믿지만, 실상은 그렇지 않습니다. 건강에 해롭다는 걸 알면서도 야식을 먹고, 절약을 외치면서도 충동구매를 합니다. 이처럼 인간은 이성과 감정, 습관 사이에서 늘 흔들립니다. 이러한 인간의 불완전함을 전제로, 더 나은 선택을 유도하려는 방식이 바로 '넛지(Nudge)'입니다. 강요 없이 부드럽게 행동을 유도하는 넛지는 선택의 자유를 보장하면서도 방향을 제시하는 '친절한 개입'이다.

넛지는 이미 우리 일상 속 깊이 들어와 있습니다. 계단 옆에 적힌 "몇 칼로리 소모됩니다."라는 문구, 자동가입된 연금 시스템, 소변기에 그려진 파리 그림 등이 대표적입니다.

이는 행동을 억지로 바꾸는 것이 아니라, 가볍게 방향을 트는 설계입니다. 하지만 이 조용한 개입은 때때로 불편함을 유발하기도 합니다. "내가 선택한 줄 알았는데, 유도된 거였어?"라는 느낌은 자율성과 존엄성을 침해당한 듯한 감정을 만들 수 있습니다.

문제는 윤리입니다. 공익을 위한 넛지는 바람직하지만, 특정 이익을 위한 교묘한 유도는 기만입니다. '한정판', '오늘만' 같은 문구는 소비를 부추기는 심리 조작일 뿐입니다. 진짜 넛지는 선택지를 감추지 않고, 정보 제공을 통해 자율적인 판단을 돕는 설계여야 합니다. "담배를 끊으면 매달 이만큼 절약됩니다."처럼 말입니다.

넛지의 핵심은 인간에 대한 이해입니다. 사람은 완벽하지 않으며, 그 취약함을 돕기 위한 설계가 넛지의 본질입니다. 단지 데이터를 계산하는 시스템이 아니라, 사람의 마음을 고려한 따뜻한 설계가 되어야 합니다. 넛지는 선택을 빼앗는 것이 아니라, 선택을 돕는 도구가 되어야 합니다.

결국 넛지의 성패는 설계자의 의도와 수용자의 인식에 달려 있습니다. 설계자는 윤리와 투명성을 지켜야 하며, 시민은 그 유도를 자각하고 비판적으로 받아들일 수 있어야 합니다.

우리는 이미 수많은 데이터와 알고리즘에 둘러싸여 선택을 유도당하고 있습니다. 그래서 더더욱 묻고 성찰해야 합니다. 이 넛지는 누구를 위한 것인가? 그 질문에 정직하게 답할 수 있을 때, 우리는 강제 없는 변화의 힘을 진정으로 누릴 수 있을 것입니다.

> Q32. 당신은 오늘, 어떤 '넛지'에 의해 움직였고, 그 선택은 당신의 의지였다고 자신할 수 있나요?

033

능력(能力), 노력(努力), 실력(實力)
성공을 위한 삼위일체

"결국 실력이 있어야 살아남지." 우리는 종종 이런 말을 듣습니다. 하지만 이 말 속에는 능력, 노력, 실력이라는 세 가지 요소가 유기적으로 연결되어 있습니다. 능력은 타고난 잠재력, 노력은 그 잠재력을 깨우는 수단, 실력은 그 결과입니다. 이 셋은 선후가 아닌 순환하며 서로를 이끌어 가는 성장의 동력입니다.

능력은 빠른 이해력, 감각, 공감력처럼 눈에 띄는 것부터 섬세한 내면의 자질까지 다양합니다. 그러나 아무리 뛰어난 능력도 개발되지 않으면 빛을 발할 수 없습니다. 씨앗이 흙 속에만 머물러선 꽃을 피울 수 없듯, 능력도 노력이라는 물과 햇빛이 필요합니다.

노력은 단순한 열심이 아닌, 끈기와 반복, 자기 성찰이 포함된 과정입니다. 재능이 부족해 보여도 꾸준한 노력으로 한계를 넘어서는 이들이 많습니다. 노력은 모든 사람에게 열려 있으며, 누구든지 실력으로 이어질 수 있는 가능성입니다.

실력은 단순한 지식이 아닌, 문제를 해결하고, 결과를 만들어 내는 실제 역량입니다. 알고 있는 것을 상황에 맞게 쓰고, 창의적으로 전환하며, 협력 속에서 성과를 이끌어 낼 때 비로소 진짜 실력입니다. 실력은 시험과 현장에서, 그리고 삶의 문제 속에서 언제든 드러납니다.

이 세 요소는 끊임없이 순환합니다. 능력은 노력을 이끌고, 노력은 실력을 만들며, 실력은 새로운 능력을 자각하게 합니다. 어느 하나라도 부족하면 성장은 멈춥니다. 능력만 있으면 미완의 천재, 노력만 있으면 지친 도전자, 실력 없이 둘만 있으면 자신감 없는 구경꾼에 머물 수 있습니다.

우리는 늘 점검해야 합니다. 내 안의 능력은 무엇인가? 그것을 깨우기 위해 어떤 노력을 하고 있는가? 지금의 실력은 어디로 나를 이끌 수 있는가? 이 질문은 평생 반복해야 할 자기 점검이며, 이 세 가지를 의식하며 살아가는 삶이 곧 진정한 자기계발입니다.

Q33. 당신은 지금, 능력·노력·실력 중 무엇을 가장 소중히 여기며 살아가고 있나요?

034

댄디보수
스타일과 철학, 그 미학적 줄타기

'댄디보수'는 세련된 미학을 추구하는 '댄디'와 전통 및 질서를 중시하는 '보수'라는, 언뜻 모순적인 두 개념의 조합입니다. 이는 단순한 겉모습을 넘어선 삶의 철학을 담고 있습니다.

댄디즘은 단순히 유행을 좇는 것을 넘어, 자신을 예술 작품처럼 가꾸고 삶의 모든 영역에서 미학적 완성도를 추구하는 태도입니다. 이는 외부 압력에 굴하지 않고 자신의 확고한 기준과 취향에 따라 자신을 창조해 나가는 자율성의 발현입니다. 댄디는 자신만의 스타일을 고수하며, 끊임없이 자신을 성찰하고 다듬는 미학적 여정을 살아갑니다.

보수주의는 과거의 지혜를 존중하고 사회의 안정과 질서를 중요하게 여기며, 급진적 변화보다 점진적 개선을 선호하는 사상입니다. 이는 전통과 정통의 가치를 옹호하며, 예측 불가능성보다 안정적인 예측 가능성을 중시합니다. 보수주의는 기존 시스템을 유지하고 발전시키기 위한 꾸준한 노력을 강조하며, '가치 있는 것을 보존하고 발전시키는 것'을 의미합니다.

댄디보수는 미학적 가치와 전통적 가치를 동시에 추구합니다. 낡은 전통을 맹목적으로 따르기보다, 전통 속 아름다움을 현대적 감각으로 재해석하여 계승하는 성찰적인 계승을 지향합니다.

댄디보수는 개인의 품격과 자율성을 중시하되, 그것이 사회적 질서와 조화를 이루도록 합니다. 권력 남용이나 타인 억압을 경멸하며, 품격 있는 태도로 사회적 신뢰를 구축합니다.

댄디보수는 급진적 변화를 경계하지만 변화 자체를 부정하지 않으며, 사회의 근간을 흔들지 않는 점진적이고 안정적인 개선을 선호합니다.

댄디보수는 물질적 풍요를 추구할 수 있지만, 과시적 소비보다 절제된 미학으로 내면의 풍요를 추구하며, '잘 산다는 것'의 진정한 의미를 관계와 내면의 평화에서 찾습니다.

그러나 '댄디보수'라는 용어는 위선적으로 남용될 수도 있습니다. 겉모습만 세련되게 꾸미고 실제로는 보수주의 가치를 내면화하지 못하면 '허'가 됩니다. 전통 존중을 기득권 유지 수단으로 삼거나, 품격을 내세우면서 '갑질'을 한다면 경박한 오만에 불과합니다.

반면, 진정한 '댄디보수'는 자신의 삶을 미학적으로 가꾸는 동시에 사회의 가치 있는 전통과 질서를 존중하며 책임감 있게 살아갑니다. 솔직함과 정직함을 바탕으로 신념을 지키고, 사소한 약속에도 신의를 지키며 자신을 끊임없이 다듬고 발전시킵니다. 스타일을 넘어선 삶의 철학, 그리고 그 철학을 통해 자신과 사회를 더욱 아름답게 만들어 가는 지혜. 그것이야말로 '댄디보수'가 우리에게 던지는 중요한 메시지일 것입니다.

Q34. 당신은 스타일과 철학, 그 미학적 줄타기 가능한가요?

035

모든 문제의 답은 당사자가 알고 있다

내면의 지혜와 성장의 여정

우리는 살아가며 학업, 진로, 인간관계, 직업, 삶의 의미 같은 다양한 문제에 직면합니다. 이때 우리는 종종 답을 외부에서 찾으려 애씁니다. 전문가의 조언을 구하고, 책을 뒤적이며, 타인의 경험을 참고하기도 하지요. 하지만 가장 본질적이고 명확한 해답은 결국 문제의 당사자인 '나' 안에 존재한다는 점을 자주 간과합니다.

그 이유는 첫째, 삶의 경험과 축적된 기억입니다. 우리는 수많은 경험을 통해 내면에 하나의 거대한 '데이터베이스'를 쌓아 왔고, 그 안에는 반복된 문제 상황에서 느꼈던 직감과 판단 기준이 담겨 있습니다. 둘째, 우리는 양심과 가치관이라는 나침반을 지니고 있으며, 이것은 외부 규범 없이도 옳고 그름을 판단하게 합니다. 셋째, 문제를 가장 깊이 이해하는 이는 전문가가 아닌 바로 당사자 자신입니다. 문제의 복잡한 감정, 맥락, 이해관계를 가장 온전히 경험하고 있는 존재이기 때문입니다.

그렇다면 왜 답을 알고 있으면서도 우리는 흔들릴까요? 이는 주로 두려움, 자기기만, 책임 회피, 외부 의존 때문입니다. 당사자는 답을 어렴풋이 알고 있지만, 그 답이 가져올 변화나 손실이 두려워 외면하기도 하고, '이게 맞는 답일 리 없다'는 자기기만으로 진실을 회피합니다. 또한 결정의 무게를 타인에게 떠넘기고 싶어 하며, 사회적 기대나 기준에 휘둘려 자신의 내면의 소리를 묻어 버리기도 합니다.

하지만 진정한 해답은 외부가 아닌 내면에서 시작됩니다. 답을 찾기 위한 첫걸음은 성찰과 침묵입니다. '내가 진정 원하는 것은 무엇인가', '양심은 뭐라고 말하는가'라는 질문을 던지며 내면의 목소리를 경청해야 합니다. 다음으로는 용기 있게 진실을 직시하고, 책임감 있는 실행이 필요합니다. 불편한 진실일지라도 외면하지 않고 행동으로 옮겨야 답은 진짜 힘을 발휘합니다.

우리는 타인의 기준이나 사회적 압력보다 일관된 가치관을 중심에 두고, 자신의 삶을 주체적으로 살아야 합니다. 외부 조언은 참고일 뿐, 정답은 아닙니다. 스스로 답을 찾고 책임지는 삶은 어렵지만, 진정한 자율성과 성장, 그리고 평화를 안겨 줍니다.

'모든 문제의 답은 당사자가 알고 있다.' 이 말은 무책임한 방임이 아니라, 스스로의 내면을 들여다보라는 깊은 초대입니다. 당신은 이미 답을 알고 있을지도 모릅니다. 이제는 그 답을 마주할 용기와 실천이 필요한 때입니다.

> Q35. 당신은 정말 답을 모르는 건가요, 아니면 알고 있는 답을 외면하고 있는 건가요?

036

'못 하겠습니다'와 '안 하겠습니다'

의지와 능력의 경계

일상에서 자주 쓰는 '못 하겠습니다'와 '안 하겠습니다'는 비슷해 보이지만, 실제로는 중요한 차이를 지닌 표현입니다. '못 하겠습니다'는 능력의 한계, 즉 물리적·환경적 요인으로 인해 수행이 불가능함을 솔직히 인정하는 말입니다. 반면 '안 하겠습니다'는 의지의 부재, 다시 말해 할 수는 있지만 스스로의 판단과 선택에 따라 하지 않겠다는 선언입니다.

'못 하겠습니다'는 자신의 한계를 겸허히 받아들이고 현실을 직시하는 태도입니다. 예를 들어 "아직 배우지 못해서 이 문제를 풀지 못하겠습니다."는 표현은 자신의 현재 능력 수준을 인정하고 타인에게 도움을 요청하거나 대안을 찾는 여지를 제공합니다. 이는 책임 있는 태도로, 무리하게 '할 수 있다'고 거짓말하는 것보다 훨씬 성숙한 대응입니다. 하지만 '못 하겠습니다'를 반복적으로 남용하면 회피나 책임 전가로 보일 수 있으며, 실제로는 할 수 있음에도 이 표현을 쓴다면 자기기만이 될 수 있습니다. 따라서 스스로 진정 '못 하는' 것인지, 아니면 '하기 싫어서' 그런 것인지를 성찰하는 정직함이 필요합니다.

반대로 '안 하겠습니다'는 주체적인 의사 표현입니다. 신념이나 가치관에 따라 자신이 옳지 않다고 판단하는 일을 거부할 때 쓰입니다. 예컨대 "저는 부당한 지시에는 동참하지 않겠습니다."라는 말은 명확한 윤리 의식과 책임감을 반영합니다. 그러나 이 표현은 자칫 무례하거나 비협조적으로 비춰질 수 있으므로, 그 이유를 정중하고 명확하게 설명하는 태도가 동반되어야 합니다.

두 표현이 혼용되면 신뢰의 손상과 소통의 단절이 발생합니다. 할 수 있으면서 '못 하겠다'고 말하거나, 할 수 없는데도 '안 하겠다'고 고집하면 오해와 갈등이 커집니다. 또한 자신의 역할과 책임을 회피하거나 불필요한 고집을 부리게 되면 조직의 효율성도 저하됩니다.

성숙한 소통을 위해서는 자신에게 솔직해지기, 명확하고 정중한 설명, 대안 제시 또는 도움 요청 등이 필요합니다.

결국, 이 두 표현은 단순한 말이 아니라 개인의 태도, 책임감, 관계의 신뢰를 반영하는 지표입니다. 이를 분명히 이해하고 현명하게 사용할 때, 우리는 보다 성숙하고 투명한 사회적 소통을 이뤄 낼 수 있습니다.

> Q36. 지금 당신이 말하는 "못 하겠습니다"는 진짜 못 함입니까, 아니면 하고 싶지 않음입니까?

037

바람, 꿈, 이상, 목표
삶의 나침반을 찾아서

우리는 삶에서 끊임없이 무언가를 원하고 이루려 합니다. 이러한 열망은 '바람', '꿈', '이상', '목표'라는 네 가지 개념으로 구분할 수 있으며, 이들은 우리의 삶을 이끄는 나침반의 각기 다른 바늘과 같습니다. 이 네 가지 개념을 명확히 이해하는 것은 우리의 열망을 더 깊이 이해하고, 그것을 향해 나아가는 길을 선명하게 그리는 데 도움을 줍니다.

바람은 가장 원초적이고 막연한 희망입니다. "오늘 날씨가 좋았으면 좋겠다.", "로또에 당첨됐으면 좋겠다."와 같이, 현재 나의 통제 범위를 벗어난 그저 막연하게 원하는 상태나 상황을 의미합니다. 실현 가능성이나 구체적인 계획이 포함되지 않은, 마음속으로 조용히 속삭이는 희망의 씨앗과 같습니다. 바람은 삶의 방향을 제시해 주지는 못하지만, 욕망의 시작점이라고 할 수 있습니다.

꿈은 바람에 개인의 깊은 열망과 의미가 더해져 구체적인 형태를 띠기 시작한 미래의 모습입니다. "나는 무엇이 되고 싶다.", "나는 무엇을 하고 싶다."는 강렬한 열망과 비전을 담고 있습니다. 꿈은 우리에게 삶의 방향성을 제시하고, 좌절의 순간에도 다시 일어설 힘을 줍니다. 아직 구체적인 방법론이 정립되지 않았을 수 있지만, 꿈 안에 담긴 열정과 의지는 우리의 잠재력을 깨워 앞으로 나아가게 하는 동력이 됩니다.

이상은 꿈보다 한 단계 더 나아가, 가장 완벽하고 바람직하다고 생각하는 상태나 기준을 의미합니다. 현실적으로 도달하기 어렵거나 불가능할 수도 있는 궁극적인 가치나 목표에 가깝습니다. '모든 사람이 평등하게 살아가는 사회'와 같이 개인의 신념과 철학이 깊게 반영되어 있습니다. 이상은 우리가 어떤 가치를 추구하며 살아갈지에 대한 기준을 제시해 주고, 우리가 나아가야 할 방향을 끊임없이 일깨워 주는 정신적 등대 역할을 합니다.

목표는 바람, 꿈, 이상과는 달리 가장 구체적이고 측정 가능한 중간 단계입니다. 꿈이나 이상을 실현하기 위한 현실적인 디딤돌 역할을 하며, 명확한 기한과 달성 여부를 판단할 수 있는 기준을 가집니다. "내년까지 토익 900점을 달성하겠다."와 같이 구체적인 행동 계획이 수반됩니다. 목표는 막연한 꿈을 현실로 끌어와, 우리가 무엇을 해야 할지 명확하게 제시해 주고, 작은 성취감을 통해 더 큰 꿈으로 나아갈 동력을 얻게 합니다.

이 네 가지 개념은 서로 분리된 것이 아니라, 유기적으로 연결되어 삶의 나침반을 이룹니다. 바람이라는 씨앗이 꿈이라는 비전으로 자라나고, 이 꿈은 우리가 추구하는 이상적인 가치를 발견하게 합니다. 그리고 이 모든 것을 현실로 만들기 위해 목표라는 구체적인 이정표를 세우고 행동하는 것입니다. 이 모든 과정이 조화를 이룰 때, 우리는 후회 없는 삶을 살 수 있습니다.

> **Q37. 당신의 인생 나침반은 지금 어디를 향하고 있나요?**

038

성장과 분배

지속 가능한 번영을 향한 두 개의 축

인류 사회의 역사에서 자원의 배분 문제는 늘 핵심 과제였습니다. 근대 경제학이 발전한 이후, 성장(Growth)과 분배(Distribution)는 국가 운영과 사회 발전을 위한 가장 중요한 가치로 자리 잡았습니다. 성장은 전체 경제 규모를 키우는 것으로, 물질적 풍요와 일자리 창출, 세수 증가를 통해 국민 삶의 질을 향상시키는 동력이 됩니다. 특히 한국은 1960년대 이후 고도 성장을 통해 '한강의 기적'을 이루었고, 많은 국민이 절대 빈곤을 벗어나 삶의 기반을 다질 수 있었습니다.

그러나 성장이 모든 것을 해결해 주지는 않았습니다. 부의 편중, 소득 불균형, 계층 간 갈등, 세대 간 기회의 불균형 등 분배의 문제가 점차 심각해졌고, 사회 통합과 지속 가능성에 위협을 주기 시작했습니다. 이에 따라 성장 중심의 패러다임에서 벗어나 포용적 성장(Inclusive Growth)이라는 개념이 주목받기 시작했습니다. 이는 경제 성과가 특정 계층에 집중되지 않고, 모든 사회 구성원에게 공정하게 돌아가야 한다는 철학을 내포하고 있습니다.

성장과 분배는 대립되는 개념이 아니라, 선순환 구조를 이뤄야 합니다. 분배가 공정하게 이루어지면 저소득층의 소비 여력이 증가하고, 이는 내수를 활성화하며 기업의 생산과 투자를 자극해 다시 성장을 이끌 수 있습니다. 반대로, 성장이 지속되어야만 양질의 일자리가 창출되고, 복지 재정을 확보해 분배 정책을 실현할 수 있습니다. 교육, 의료, 주거 등의 기본 인프라에 대한 투자는 사람들의 역량을 키우고, 이는 장기적으로 사회 전체의 생산성을 높이는 데 기여합니다.

따라서 현대 사회는 성장을 통해 부를 창출하고, 분배를 통해 그 부의 혜택을 모두가 누릴 수 있도록 조화롭게 운영되어야 합니다. 이는 단순한 경제 정책의 문제를 넘어, 사회 전체의 지속 가능성과 공동체 정신을 유지하기 위한 과제이기도 합니다.

성장과 분배, 우리는 이제 어느 하나를 택할 것이 아니라, 어떻게 함께 이끌어 갈지를 고민해야 할 때입니다.

Q38. 지금 우리 사회 성장과 배분과 관련된 갈등, 정치가들이 매표 논리로 장난치고 있다는 생각은 하지 않나요?

039

성장보다는 생존
삶의 원초적 명령과 지속 가능한 여정

우리는 '성장'을 삶의 미덕처럼 여기며 살아갑니다. 더 나은 내가 되기 위해, 더 많은 성과를 내기 위해, 더 높은 목표를 향해 끊임없이 달립니다. 개인, 사회, 국가 모두가 '성장'이라는 이름 아래 속도와 효율을 추구합니다. 하지만 그 이면에는 종종 '생존'이라는 더 원초적이고 절박한 가치가 존재합니다. 생존은 모든 생명체의 가장 기본적인 명령이며, 성장보다 우선시되어야 할 절대적인 전제입니다.

현대 사회는 겉보기에 풍요로워 보이지만, 여전히 많은 이들이 생존의 경계에 서 있습니다. 경제적 불안, 정신적 소진, 사회적 고립 등은 눈에 보이지 않는 생존의 압박으로 작용합니다. 무한 경쟁 속에서 '성장'보다는 '버티기'가 더 절박한 목표가 되기도 합니다. 실제로 많은 사람들이 삶의 한복판에서 "이겨야 한다."가 아니라 "살아남아야 한다."는 절박함으로 하루를 시작합니다.

하지만 생존과 성장은 대립적인 개념이 아니라, 서로를 필요로 하는 관계입니다. 생존은 성장을 위한 기반이 되고, 성장은 생존을 더 풍요롭고 지속 가능하게 만드는 조건이 되기도 합니다. 중요한 것은 이 둘 사이에서 자신만의 균형을 찾는 일입니다. 때로는 성장을 멈추고 생존에 집중할 줄 아는 지혜가 필요하고, 또 때로는 생존을 넘어서는 작지만 지속적인 성장의 발걸음이 요구됩니다.

결국 삶은 '생존'과 '성장'이 맞물려 움직이는 이중의 축 위에서 굴러갑니다. 우리는 매일 그 축의 균형을 조정하며 살아갑니다. '성공'이라는 이름으로 포장된 성장만을 좇기보다, 살아 있다는 것 자체의 가치와 그 안에서의 의미 있는 성장을 함께 고민할 때, 비로소 삶은 더욱 단단해지고 깊어질 수 있습니다.

> Q39. 당신의 오늘은 '살아남기'인가요, '자라 가기'인가요?

040

업보(業報)

삶의 씨앗과 열매, 그리고 돌고 도는 인연

'업보(業報)'는 불교에서 유래한 개념으로, 우리가 행한 모든 말, 행동, 심지어 생각까지도 결국 자신에게 돌아온다는 인과의 법칙을 말합니다. 흔히 '나쁜 일의 대가'로만 오해되지만, 업보는 좋은 결과 또한 포함하는 보다 넓은 개념입니다. 씨앗을 뿌리면 열매를 거두듯, 우리 삶의 매 순간은 미래의 결과를 만들어 가는 과정이며, 그만큼 책임 있는 선택과 성찰이 중요하다는 깊은 통찰을 담고 있습니다.

개인의 업보는 우리가 일상에서 내리는 작은 결정 하나하나에 반영됩니다. 성실함은 긍정적 열매로, 무책임과 게으름은 부정적 결과로 이어질 수 있습니다. 문제는 단기 결과에만 집착하고 장기적 흐름을 보지 못할 때, '일희일비'나 '무리해서라도'의 압박 속에 소진되며 부정적인 업보를 쌓기 쉽다는 점입니다. 또한, 불행 앞에서 '왜 나에게?'라고 묻기보다, 그 상황에서 '무엇을 배울 수 있을까'라고 묻는 자세는 업보의 고리를 긍정적으로 바꾸는 전환점이 됩니다.

관계의 업보는 인간 사이의 인연에서 나타납니다. 누군가에게 베푼 선의가 다시 돌아오고, 무심코 뱉은 말이 관계를 병들게 합니다. '고마움'과 '미안함'은 관계의 업보를 정화하는 감정이며, 그것을 외면하면 상처는 깊어집니다. 관계 속 업보는 의도와 무관하게 돌아오는 순환의 고리이며,

그만큼 신중하고 배려 깊은 태도가 중요합니다.

사회적 업보는 공동체 차원에서 축적됩니다. 과거의 잘못된 선택, 차별, 무관심은 현재의 사회 문제로 되돌아옵니다. 예컨대, 교육 불평등이나 환경 파괴는 공동체가 뿌린 부정적인 씨앗이 초래한 결과입니다. 그러나 사회적 업보 또한 바꿀 수 있습니다. 과거를 직시하고, 잘못을 인정하며, 공동의 책임감과 실천을 통해 더 나은 사회를 만들어 가는 노력이 필요합니다.

업보는 결코 숙명론이 아닙니다. 그것은 우리가 현재를 통해 미래를 바꿀 수 있다는 희망의 언어입니다. 이를 위해서는 내 말과 행동이 어떤 결과를 낳는지 돌아보는 성찰, 과거의 업보를 회피하지 않고 받아들이는 용기, 지금 이 순간부터 새로운 긍정적 업보를 쌓는 의지. 통제할 수 없는 결과 앞에서 불필요한 집착을 내려놓는 평온의 자세가 필요합니다.

결국, 업보는 우리 삶의 모든 순간에 깃든 돌고 도는 인연의 법칙입니다. 그것을 이해하는 순간, 우리는 말과 행동 하나하나에 깊은 책임감을 가지게 되며, 비로소 더 나은 내일을 위한 씨앗을 뿌릴 수 있습니다. 오늘의 말과 행동이 미래의 나와 세상을 만든다는 믿음으로, 선한 업보를 쌓아 가는 삶은 결국 자신과 공동체 모두에게 풍요롭고 따뜻한 열매를 안겨줄 것입니다.

> Q40. 당신이 오늘 뿌린 말과 행동의 씨앗은, 어떤 열매로 돌아올 것 같습니까?

041

오피니언과 잡상잡기
생각의 두 가지 얼굴

우리는 매일 다양한 생각을 하며 살아갑니다. 그중에서도 '오피니언 (Opinion)'과 '잡상잡기(雜想雜記)'는 사고의 두 가지 중요한 형태입니다. 겉보기에 비슷해 보이지만, 이 둘은 목적과 형식, 방향성에서 분명한 차이를 지닙니다.

오피니언은 특정 주제에 대한 정제된 의견으로, 타인을 설득하거나 공적 영향력을 행사하고자 할 때 등장합니다. 신문의 사설, 전문가의 칼럼, 정치인의 연설 등이 대표적입니다. 오피니언은 논리적 근거와 구조를 갖추고 있어야 하며, 공적인 책임감이 동반됩니다. 이는 사회적 이슈에 대한 인식을 형성하고, 토론과 정책 결정에 영향을 미치는 중요한 도구입니다.

반면, 잡상잡기는 떠오르는 다양한 생각을 자유롭게 기록하는 것으로, 일기나 메모처럼 비구조적이며 감정적이고 개인적입니다. 타인에게 보여 주기 위한 것이 아니라, 자기 성찰과 창의적 발상을 위한 내면의 탐색입니다. 잡상잡기는 미완의 생각이 머무는 공간이자, 예기치 않은 통찰이 솟아나는 원천입니다.

이 두 사고 형태는 목적, 형식, 대상, 책임 등에서 분명한 차이가 있지만 이 둘은 대립하는 것이 아니라 상호보완적인 순환 구조를 이룹니다. 잡상잡기는 오피니언의 씨앗이 되며, 오피니언의 논리 구조는 잡상잡기의 깊이를 더합니다. 개인적인 잡상잡기가 공적인 오피니언으로 발전할 수 있고, 반대로 잘 정제된 오피니언도 내면에서 나온 잡상잡기에서 출발합니다.

현대 사회에서는 SNS 등의 발달로 인해 이 둘의 경계가 흐려지고 있습니다. 개인적인 감정의 표현이 오피니언처럼 받아들여지거나, 반대로 책임 있는 발언이 감정적 잡상잡기로 오해되는 경우도 있습니다. 이런 혼란 속에서 우리는 생각의 형태를 구분하고 균형 있게 다루는 태도를 길러야 합니다. 공적인 말은 신중하게, 사적인 생각은 자유롭게. 이 균형을 통해 우리는 더 깊이 성찰하고, 더 넓게 소통할 수 있습니다.

결국 오피니언과 잡상잡기는 바깥으로 향하는 생각과 안으로 향하는 생각입니다. 이 두 가지가 조화를 이룰 때, 우리의 사고는 풍성해지고 삶은 더욱 지혜롭게 확장될 것입니다.

Q41. 지금 당신이 말하려는 것은, 세상을 설득할 오피니언입니까, 아니면 당신 자신을 들여다볼 잡상잡기입니까?

042

인위적 도덕과 자연적 도덕
인간다움의 두 기둥

인간의 삶과 사회는 두 가지 도덕, 즉 인위적 도덕과 자연적 도덕에 의해 지탱됩니다. 인위적 도덕은 법, 제도, 관습 등 사회가 공동체 질서를 위해 인위적으로 설계하고 합의한 규범 체계입니다. 이는 교육을 통해 학습되며, 외부의 강제력과 처벌을 통해 실현됩니다. 사회가 복잡해질수록 그역할은 커지고, 시대 변화에 따라 조정되어야 합니다.

반면 자연적 도덕은 인간 내면에 선천적으로 내재된 윤리적 감각입니다. 이는 가르침이 없어도 작동하며, 공감, 양심, 정의감과 같은 감정으로 나타납니다. 어린아이의 분노, 죄책감, 연민은 자연적 도덕의 본성적 근거를 보여 줍니다. 자연적 도덕은 외적 강제가 아닌 자율성에 기반하며, 인간을 윤리적 존재로 만드는 뿌리입니다.

이 두 도덕은 이상적으로는 상호보완적이나, 현실에선 종종 충돌합니다. 경직되거나 기득권화된 인위적 도덕은 양심과 충돌하며, 개인의 자연적 도덕이 사회 규범과 어긋날 때 갈등이 발생합니다. '양심을 잃은 말 바꾸기 달인들', '도덕적 해이'는 인위적 도덕이 외형만 남고, 자연적 도덕이 마비된 사회의 병리 현상입니다.

그렇기에 조화와 균형이 중요합니다. 인위적 도덕은 끊임없는 성찰과 개선이 필요하며, 자연적 도덕은 양심을 경청하고 함양하는 노력이 따라야 합니다. 이 둘 사이의 괴리를 줄이기 위해선 솔직함, 정직함, 책임감이 반드시 전제돼야 하며, 사회 역시 자연적 도덕이 꽃필 수 있는 토양을 제공해야 합니다.

결국 인위적 도덕은 구조, 자연적 도덕은 온기입니다. 한쪽만 강조하면 인간다움이 왜곡될 수 있습니다. 두 도덕은 인간다움의 두 기둥이며, 이 균형 속에서야 우리는 더 윤리적인 인간, 더 정의로운 사회를 향해 나아갈 수 있습니다. 이 여정은 멈출 수 없는 인간다움의 길이며, 그 길은 오늘도 우리 앞에 놓여 있습니다.

> Q42. 당신이 따르는 도덕은, 외부의 규칙입니까? 아니면 내면의 양심입니까?

043

일본어 스나오(素直)

꾸밈없는 마음, 유연한 태도, 그리고 삶의 지혜

'스나오(素直)'는 일본어로 '본바탕 그대로, 곧음'을 뜻하지만, 단순히 '솔직함'이나 '정직함'에 그치지 않고, 유연함, 겸손, 배려까지 포괄하는 깊은 인간적 태도를 의미합니다. 자신의 감정을 꾸밈없이 드러내되, 상대방을 배려하며 표현하는 섬세함이 있고, 타인의 말이나 상황을 있는 그대로 받아들이는 유연한 자세를 포함합니다.

스나오는 관계에서 신뢰와 조화를 가능하게 합니다. 자신의 감정을 진솔하게 표현하면서도 타인의 감정에 귀 기울일 줄 알기에 깊이 있는 소통이 가능합니다. 오해와 갈등도 줄어들고, 피드백을 수용하며 스스로 변화하려는 태도는 건강한 인간관계를 형성합니다. 또한 타인의 다름을 받아들이는 포용력을 갖춘 사람은 주변을 편안하게 만들며, 공동체 속에서도 조화롭게 살아갑니다.

개인의 성장 측면에서 스나오는 끊임없는 배움과 자기 성찰의 태도를 의미합니다. 자신이 모든 것을 알지 못함을 인정하고, 새로운 지식이나 피드백을 받아들이며 발전해 나갑니다. 자신의 실수를 인정할 줄 아는 용기, 변화에 유연하게 대처하는 태도, 그리고 끊임없이 더 나은 방향으로 가려는 의지는 스나오의 핵심입니다.

그러나 스나오는 잘못 해석되면 나약함이나 무비판적인 순응으로 오해 받을 수 있습니다. 모든 것을 수용하면서도, 자기 기준과 판단력을 잃지 않는 균형이 필요합니다. 진정한 스나오는 무조건적인 수용이 아니라, 열린 마음과 깨어 있는 성찰을 바탕으로 한 단단한 겸손입니다.

결국 스나오는 자신을 진심으로 마주하고, 타인과의 관계 속에서 성숙한 유연함을 발휘하며, 내면의 성장을 가능하게 하는 태도입니다. 오늘날 같은 빠른 변화의 시대일수록, 우리에게 필요한 것은 강한 주장보다 스나오한 열린 태도일지 모릅니다.

Q43. 당신의 솔직함은 진실된 마음입니까, 아니면 포장을 벗긴 자기 고집입니까?

044

일본의 오모테나시(おもてなし)와 한국의 대접 문화
진심을 담은 환대의 미학

문화는 한 사회의 가치와 정신을 담아내며, 손님을 맞이하는 방식은 그 품격을 드러내는 창입니다. 일본의 오모테나시와 한국의 대접 문화는 모두 진심을 다한 환대를 핵심으로 하지만, 표현 방식과 지향점에서 차이를 보입니다.

오모테나시는 '표리(表裏)가 없다'는 의미나 '마음을 움직인다'는 뜻에서 유래하며, 손님이 요구하기 전 미리 준비하는 '보이지 않는 배려'와 '대가 없는 헌신'을 중시합니다. 이는 다도의 정신, 특히 일기일회(一期一會) 이 순간의 만남은 단 한 번뿐이라는 마음가짐에서 비롯되었으며, 세밀한 관찰과 완벽한 준비로 손님에게 불편함 없는 경험을 제공합니다. 물잔이 비기 전 채워 주는 세심함, 표정 변화를 읽는 섬세함 등이 대표적입니다.

반면, 한국의 대접 문화는 '정(情)'을 바탕으로 한 푸짐한 나눔과 관계 중심의 환대입니다. 손님을 가족처럼 맞이하며, 상다리가 휘어질 정도의 음식과 지속적인 권유로 마음을 표현합니다. 이는 농경 공동체에서 발전한 상부상조의 전통과 연결되어, 손님을 공동체의 일원으로 받아들이는 따뜻한 정서를 형성했습니다. 대접은 일회성이 아니라 관계의 시작이자 유지의 매개입니다.

두 문화 모두 진심을 담은 환대이지만, 오모테나시는 절제된 간접성 속에서 섬세함을, 대접은 적극적이고 직접적인 정을 강조합니다. 현대 사회에서 이 두 방식은 상호 보완적입니다. 한국의 대접 문화에 일본식 세심함을 더하면 품격 있는 서비스가 가능하고, 일본의 오모테나시에 한국적 온기를 더하면 인간미가 살아납니다.

결국, 두 문화의 핵심은 '상대방을 존중하고 진심으로 대하는 마음'입니다. 이는 상업적 서비스의 차원을 넘어, 인간관계와 공동체를 지탱하는 근본 가치입니다. 빠르게 변하는 시대에도 변치 않는 이 정신은 우리 사회를 더욱 따뜻하게 만드는 원동력입니다.

> Q44. 여러분은 손님을 맞이할 때, '형식'보다 '마음'이 먼저라고 자신 있게 말할 수 있죠?

045

일상오심(日常五心)

매일의 삶을 채우는 다섯 가지 마음

반복되는 일상 속에서 흔들리지 않고 의미를 채우기 위해, 우리는 다섯 가지 마음을 품을 수 있습니다. '일상오심(日常五心)'은 거창한 수행이 아니라 매일 의식적으로 실천할 수 있는 태도입니다.

첫째, 감사하는 마음입니다. 특별한 사건이 아니라, 아침 공기, 따뜻한 식사, 한 통의 안부 문자처럼 작은 순간에서 축복을 발견하는 눈입니다. 감사는 불만을 줄이고 삶을 긍정으로 채우며, 역경 속에서도 희망을 줍니다.

둘째, 배우는 마음입니다. 삶은 평생의 학교이고, 우리는 늘 학생입니다. 지식 습득을 넘어 경험과 실수, 타인의 지혜를 통해 성장하는 태도입니다. 변화가 빠른 세상에서 배우는 마음은 생존이자 즐거움이며, 시야를 넓히고 겸손하게 만듭니다.

셋째, 내려놓는 마음입니다. 돈, 명예, 인정 등 집착에서 벗어나 통제할 수 없는 것들을 비우는 태도입니다. 후회, 불안, 완벽주의를 내려놓으면 현재에 집중할 자유가 생깁니다. 이는 포기가 아닌 비움의 지혜이며 평화로 가는 길입니다.

넷째, 공감하는 마음입니다. 타인의 감정을 이해하고, 그들의 입장에서 세상을 바라보며 함께 기뻐하고 슬퍼하는 따뜻한 연결입니다. 각박한 사회에서 공감은 공동체를 지키는 다리이며, 관계를 풍요롭게 만듭니다.

다섯째, 성찰하는 마음입니다. 멈춰 서서 스스로를 돌아보고, 생각·감정·행동을 점검하며 방향을 바로잡는 지혜입니다. 성찰은 실수의 반복을 막고, 내면의 목소리에 귀 기울이게 하며, 삶의 주인이 될 힘을 줍니다.

이 다섯 마음은 완벽히 실천하기 어렵지만, 중요한 것은 포기하지 않고 매일 되새기며 작은 실천을 이어 가는 것입니다. 감사하고, 배우고, 내려놓고, 공감하며, 성찰하는 마음이 조화를 이룰 때, 우리는 더 풍요롭고 의미 있는 삶을 살 수 있습니다.

> Q45. 당신의 오늘은, 이 다섯 가지 마음 중 어느 것으로 가장 깊게 물들어 있습니까?

046

일심화쟁(一心和諍)
하나의 마음으로 갈등을 조화롭게 풀다

우리 삶은 내면·관계·사회 전반에 걸쳐 크고 작은 갈등으로 가득합니다. 신라 원효대사의 사상인 일심화쟁은 모든 갈등을 '하나의 마음(一心)'으로 '조화롭게(和)' 풀어내는 지혜를 제시합니다.

일심(一心)은 모두가 같은 생각을 갖는 획일성이 아니라, 모든 존재가 본래 하나의 근원에서 비롯되었다는 비이원론적 통찰입니다. '나'와 '타인', '옳음'과 '그름'의 구분을 넘어, 다름조차 전체의 일부로 이해합니다. 이를 위해선 고집을 내려놓고, 타인의 관점을 존중하며, 겸손과 열린 마음으로 배우는 태도가 필요합니다.

화쟁(和諍)은 갈등을 회피하지 않고, 그 속에서 더 나은 조화를 이루는 적극적인 평화입니다. 과정은 갈등을 인정하고 직시하기, 다양성을 존중하기, 적극적 소통과 경청, 공감과 배려, 모두에게 이로운 제3의 해법 모색으로 이어집니다. 이는 개인의 내면 통합, 인간관계의 조율, 사회적·역사적 갈등 해결에 모두 적용될 수 있습니다.

그러나 분별심과 고집은 일심화쟁을 가로막습니다. 자아 중심적 사고, 완벽주의와 집착, 편견, 소통의 부재가 대표적인 장애입니다. 이를 극복하려면 분별심을 내려놓고, '다름'을 받아들이기, 겸손과 열린 태도로 배우기, 공감과 사랑을 실천하기, 포용하는 원칙으로 삶을 일관되게 꿰뚫기, 지속적으로 소통하는 노력이 필요합니다.

일심화쟁은 완벽히 이루기 어렵지만, 삶의 나침반이 될 수 있습니다. 내면의 파편을 통합하고, 타인의 다름을 품으며, 모든 존재가 연결되어 있음을 자각할 때, 갈등은 관계를 단절시키는 칼날이 아니라 더 깊은 이해와 성장으로 이끄는 다리가 됩니다. 그 순간, 삶은 막힘 없이 흐르고, 갈등마저 조화의 일부가 됩니다.

> Q46. 당신은 지금 갈등 속에서 '이겨야 하는 상대'를 보고 있습니까, 아니면 '함께 풀어야 할 관계'를 보고 있습니까?

047

자식과 부모의 상호 자립과 독립
함께 서는 길, 함께 놓아주는 길

부모가 바라는 가장 큰 소망 중 하나는 자녀가 건강하고 행복하게 성장하여, 언젠가는 자신의 삶을 온전히 살아가는 것입니다. 자립(自立)은 타인에 의존하지 않고 스스로 설 수 있는 힘을, 독립(獨立)은 스스로 사고하고 결정하는 힘을 의미합니다.

자립은 기본적인 생활 능력과 경제적 책임을 포함하며, 어릴 때부터 스스로 시도하고 경험하도록 이끄는 것이 중요합니다. 무분별한 경제적 지원은 자립심을 약화시킬 수 있으므로, 자녀가 돈의 가치와 노동의 의미를 몸소 깨닫게 하는 것이 바람직합니다.

독립은 자립보다 한층 깊은 주체성의 단계입니다. 자녀가 자신의 가치관을 세우고, 스스로 판단하며, 그 결과에 책임질 수 있도록 하는 힘입니다. 부모는 자녀가 선택과 실패를 통해 배우는 시간을 충분히 허용해야하며, 자신의 뜻을 일방적으로 강요하기보다 자녀가 스스로 나침반을 만들어 항해하도록 돕는 역할을 맡아야 합니다. 진정한 독립은 외부의 구속으로부터의 자유와 스스로를 다스리는 자율이 함께할 때 완성됩니다.

그러나 부모의 사랑은 때로 역설을 지닙니다. 과잉보호는 자립심을 약화시키고, 과도한 기대는 자율성을 훼손하며, 지나친 통제는 주체성을 잃게 합니다. 진정한 사랑은 무엇을 해 주는 것보다, 무엇을 놓아주는 데서 완성됩니다. 자녀가 넘어지고 일어서는 과정을 묵묵히 지켜보는 인내와 용기가 필요합니다.

이 과정에서 부모 또한 자신의 자립과 독립을 잊지 않아야 합니다. 부모라는 역할 속에서도 개인의 정체성을 지키고, 잠시 접어 두었던 꿈과 목표를 다시 세우며, 경제적 자립을 유지해야 합니다. 자녀와의 관계를 성숙하게 재정립하고, 새로운 배움과 성장을 이어 가는 자세도 필요합니다.

현대 사회는 높은 주거비와 치열한 경쟁으로 자녀의 경제적 독립을 지연시키고, 정보 과잉과 세대 차이로 갈등을 심화시키기도 합니다. 그러나 다양한 직업과 교육 기회, 글로벌 환경은 새로운 독립의 가능성을 열어 줍니다. 변화에 유연하게 대응하고, 부모와 자녀 모두 주체적으로 삶을 설계할 수 있는 자율성을 기르는 것이 핵심입니다.

결국 자립과 독립은 단순한 물리적 분리를 넘어, 정신적·정서적 성숙을 포함합니다. 부모는 자녀에게 완성된 밥상을 제공하기보다, 스스로 밥상을 차리는 법을 가르쳐야 합니다. 그 과정에서 자녀는 '나'로서, 부모는 '부모'로서 성숙하며, 서로를 존중하는 동반자로 나아가게 됩니다.

> **Q47. 당신은 사랑의 이름으로 붙잡고 계십니까, 아니면 성장의 이름으로 놓아주고 계십니까?**

048

자연선택설과 현대 사회의 생존 경쟁
유연함과 주체성

찰스 다윈의 자연선택설은 모든 생명체가 한정된 자원을 두고 경쟁하며, 환경에 가장 잘 적응한 개체, 적자(適者)가 살아남아 번식한다는 원리입니다. 핵심 요소는 생존을 위한 투쟁, 개체 간의 변이, 환경에의 적응, 그리고 유전을 통한 점진적 진화입니다. 여기서 '적자'란 단순히 강한 존재가 아니라 변화하는 환경에 가장 잘 맞는 존재를 의미합니다.

이 원리는 현대 사회의 경쟁 구도에도 그대로 비유될 수 있습니다. 경제 시장에서는 기업이 기술 혁신과 고객 만족을 통해 생존하며, 개인은 취업·경력 경쟁 속에서 역량을 끊임없이 개발합니다. 사회 제도 또한 시대 변화에 맞추어 개혁되며, 새로운 가치관을 수용하지 못하는 조직이나 개인은 도태됩니다.

그러나 이를 인간 사회에 무비판적으로 적용하면 사회적 다윈주의라는 위험이 발생합니다. 약육강식 논리를 정당화하면 불평등과 소외가 심화되고, 권력 남용과 비윤리적 행위가 만연하며, 공감과 협력 같은 인간 고유의 가치가 훼손됩니다. 인간 사회는 단순 생존 경쟁이 아니라 윤리·정의·연대가 함께 작동하는 장이기에, 자연선택의 통찰과 윤리적 기준을 분리해 적용해야 합니다.

지혜로운 생존을 위해서는 첫 번째, 과거의 성공 방식에 안주하지 않고 새로운 지식·기술·가치를 수용하는 태도. 두 번째, 감정 기복에 휘둘리지 않고, 지속 가능한 속도로 노력하는 자세. 세 번째, 자신의 행동이 사회와 타인에 미치는 영향을 성찰하고 바른 선택을 하는 의지. 네 번째, 단순히 경쟁에서 이기는 것을 넘어 함께 성장하는 관계 구축. 다섯 번째, 생존 자체가 아니라 가치 있는 목표를 향해 나아가는 동기라는 요소가 필요합니다.

　자연선택설은 단순히 '강한 자의 생존'이 아니라 '적응하는 자의 번성'을 말합니다. 현대 사회의 경쟁 속에서도 우리는 환경 변화에 유연하게 대응하고, 다양성을 존중하며, 윤리와 협력을 기반으로 발전해야 합니다. 그렇게 할 때, 생존 경쟁은 파괴가 아니라 공존과 성장을 향한 진화의 춤이 될 수 있습니다.

> Q48. 당신은 지금 경쟁 속에서 단순히 버티고 있는가, 아니면 변화를 춤추듯 이끌고 있습니까?

049

자유(自由)와 자율(自律)
삶의 진정한 주인이 되는 길

자유(自由)와 자율(自律)은 유사하게 들리지만, 그 의미와 작용에는 분명한 차이가 있습니다. 자유는 외부의 구속에서 벗어난 상태, 즉 법·정치·경제 등 외적 조건이 억압하지 않는 상황을 의미합니다. 이는 인간다운 삶을 위한 필수적인 전제로서, 다양한 선택과 잠재력 실현의 기회를 제공합니다. 그러나 외부의 제약이 사라진다고 하여 모든 문제가 해결되는 것은 아니며, 방향을 잃거나 방종으로 흐를 위험이 있습니다. 따라서 '무엇으로부터의 자유'를 넘어 '무엇을 향한 자유'로 나아가는 노력이 필요합니다.

자율은 외부의 구속이 없는 상황에서도 스스로 세운 원칙과 규율에 따라 자신을 다스리는 태도를 뜻합니다. 자율적인 사람은 사회적 압력이나 타인의 시선에 쉽게 흔들리지 않으며, 자신이 옳다고 믿는 길을 선택하고 그 결과에 책임을 집니다. 내면의 동기에서 비롯된 노력, 장기적인 목표를 위해 단기적인 욕망을 절제하는 힘이 자율의 핵심입니다. 그러나 자율은 끊임없는 성찰과 절제를 요구하며, 지나치면 고립이나 자기 압박으로 이어질 수 있습니다.

자유와 자율은 서로를 전제로 하고 완성합니다. 자유가 없으면 자율을 실현하기 어렵고, 자율이 없으면 자유는 의미를 잃습니다. 자유는 자율의 토대가 되며, 자율은 자유를 책임감 있게 완성합니다. 책임 없는 자유는 방종이 되고, 외부 압력에 굴한 자율은 형식에 그칩니다.

현대 사회에서 두 개념은 더욱 복잡하게 얽혀 있습니다. 선택지가 많아질수록 '선택의 역설'에 빠져 결정이 어려워지고, 무한 경쟁과 사회적 압력은 겉으로는 자유를 보장하는 듯 보이나 실상은 순응을 강요합니다. 또한 디지털 환경에서는 알고리즘과 정보 편향이 우리의 선택과 사고에 영향을 미쳐 자율성을 침해할 수 있습니다. 그러므로 자유를 현명하게 활용하기 위해서는 자신의 가치관에 근거한 자율적 판단과 행동이 반드시 뒷받침되어야 합니다.

진정한 삶의 주인은 자유와 자율을 조화롭게 갖춘 사람입니다. 외부의 제약을 넘어 스스로의 원칙에 따라 선택하고, 그 결과를 책임지는 태도가 필요합니다. 자유가 기회의 문을 열어 준다면, 자율은 그 기회를 의미 있고 가치 있게 만듭니다. 두 요소의 균형을 통해서만 우리는 삶의 진정한 주인이 될 수 있습니다.

> Q49. 현재 당신이 누리고 있는 자유는, 자율로써 완성되고 있습니까?

050

전통(傳統)과 정통(正統)
시간과 기준의 두 축

우리가 일상에서 접하는 '전통(傳統)'은 오랜 세월 이어져 온 관습·문화·사상 등을 뜻하며, '정통(正統)'은 일정한 원칙과 기준에 의해 '옳다'고 인정받은 계보나 권위를 의미합니다. 두 단어 모두 과거와의 연결성을 내포하지만, 전통은 시간의 흐름 속에서 형성된 자연스러운 유산이고, 정통은 규범과 가치 판단을 거쳐 확립된 '바른 계통'이라는 점에서 차이가 있습니다.

전통은 세대와 공동체를 잇는 뿌리로서, 소속감과 안정감을 줍니다. 명절의 음식과 의례, 언어와 생활 습관 등은 선조의 지혜와 경험이 응축된 결과물입니다. 그러나 전통은 시대 변화에 맞지 않는 관습을 고수하거나 비판 없는 답습으로 이어질 때 발전을 저해할 수 있습니다. "옛날부터 그래 왔다."는 이유만으로 새로운 시도를 거부한다면, 전통은 창조의 토대가 아니라 정체의 원인이 될 수 있습니다.

정통은 혼란 속에서 무엇이 옳은 길인지 기준을 제시하고 질서를 부여합니다. 학문의 정통 이론, 예술의 정통파, 정치의 정통 계승 등은 방향성과 안정성을 제공합니다. 그러나 정통의 권위가 절대화되면 배타성과 경직성을 띠어 새로운 변화와 비판을 억압할 위험이 있습니다. 특정 집단이 자신들의 이해관계를 '정통'으로 포장하며 반대 세력을 배제하는 경우, 정통은 사회 발전을 가로막는 도구로 변질될 수 있습니다.

전통과 정통은 상호 영향을 주고받으며 때로는 갈등을 빚습니다. 정통이 시간이 지나 전통이 되기도 하고, 전통이 정통성을 주장하며 변화를 거부하기도 합니다. 가장 큰 충돌은 새로운 흐름이 나타날 때 기존 정통이 이를 인정하지 않으려 할 때 발생합니다. 예술, 학문, 사회 제도 등 여러 분야에서 이러한 대립은 반복되며, 이는 가치와 권위의 본질에 대한 질문을 던집니다.

현대 사회에서는 전통과 정통을 유연하게 대하는 태도가 요구됩니다. 첫째, 전통은 본질적 가치를 존중하되 시대에 맞게 재해석하고 창조적으로 계승해야 합니다. 둘째, 정통은 그 주장의 근거와 정당성을 비판적으로 검토해야 하며, 권위가 독선으로 흐르지 않도록 경계해야 합니다. 셋째, 다양한 전통과 가치가 공존할 수 있는 포용성이 필요합니다. 넷째, 전통과 정통 모두 인간 존엄과 보편 윤리를 훼손한다면 과감히 변화시켜야 합니다.

결국 전통과 정통은 과거의 뿌리와 현재의 기준이라는 두 축을 통해 우리 사회와 개인의 방향을 잡아 줍니다. 맹목적 답습도, 경직된 고집도 아닌, 재해석과 성찰 속에서 우리는 미래를 향한 길을 열어 갈 수 있습니다. 과거를 존중하되 현재의 가치와 조화를 이루고, 더 나은 미래로 이어지는 길을 모색하는 것이야말로 전통과 정통을 현명하게 다루는 자세입니다.

> Q50. 당신은 지금 지키고 있는 것이, 시대에 맞게 재해석된 살아 있는 전통입니까, 아니면 변화에 저항하는 경직된 정통입니까?

051

창의성과 자율성

자유로운 영혼이 피워 내는 혁신의 꽃

창의성과 자율성은 서로 깊이 맞물려 있는 가치입니다. 창의성은 새로운 것을 만들어 내는 힘이며, 자율성은 그 새로운 것을 향해 나아갈 자유와 주체적 의지입니다. 이 두 요소가 함께할 때, 개인과 사회 모두 진정한 혁신과 발전을 이룰 수 있습니다.

창의성은 특정 직업군의 전유물이 아니라 모든 사람이 지닌 잠재력입니다. 익숙한 사물이나 현상을 새로운 시각으로 보고, 기존의 틀을 넘어 새로운 해결책을 제시하는 능력입니다. 이를 위해서는 고정관념에서 벗어나 다양한 시각을 존중하고, 실패를 두려워하지 않으며, 끊임없이 질문하는 태도가 필요합니다. 빠르게 변화하는 사회에서 창의성은 변화에 적응하고 변화를 주도하는 핵심 역량입니다.

자율성은 외부의 강요 없이 스스로 판단하고 행동하는 자유와 책임을 말합니다. 이는 단순한 자기방임이 아니라, 자신의 가치와 목표에 맞추어 선택하고 그 결과를 책임지는 성숙한 능력입니다. 자율성은 개인에게 삶의 주인의식을 부여하며, 이는 곧 동기부여와 성취감으로 이어집니다. 조직 차원에서도 자율성이 보장될 때 구성원들은 더 능동적으로 문제 해결에 참여하고, 더 나은 결과를 위해 자발적으로 노력합니다.

창의성과 자율성은 상호 촉진 관계에 있습니다. 자율성은 창의성이 자라날 수 있는 토양을 제공합니다. 스스로 실험하고 실패할 자유가 있을 때, 사람들은 두려움 없이 새로운 시도를 할 수 있습니다. 반대로 창의성은 자율성을 확장합니다. 창의적인 해결책을 제시한 사람은 문제에 대한 통제권을 얻으며, 더 많은 선택의 자유를 확보합니다.

그러나 현대 사회에는 이를 저해하는 요소들이 많습니다. 획일적인 교육, 과도한 성과주의, 수직적 조직 문화는 창의성과 자율성을 억누릅니다. 정보 과잉과 즉각적인 만족 추구 경향은 깊이 있는 사고와 자율적 판단 능력을 약화시킬 수 있습니다. 이러한 환경 속에서는 의식적으로 창의성과 자율성을 지키려는 노력이 필요합니다.

이를 키우기 위해서는 첫째, 실패를 용인하는 문화가 필요합니다. 실패를 학습과 성장의 기회로 보는 태도가 창의적 도전을 촉진합니다. 둘째, 다양한 경험과 학습을 통해 시야를 넓혀야 합니다. 셋째, 선택권과 책임을 부여하는 환경이 조성되어야 합니다. 넷째, 사색과 자기 성찰을 통해 내면의 목소리에 귀 기울이는 시간이 필요합니다.

결국 창의성과 자율성은 개인의 성공을 넘어 사회 발전의 필수 조건입니다. 스스로 생각하고 결정하며 새로운 것을 시도할 수 있는 자율성이 보장될 때, 그 안에서 비로소 혁신의 꽃이 피어납니다.

> Q51. 당신의 창의성은 지금 자유롭게 숨 쉬고 있습니까, 아니면 보이지 않는 틀에 갇혀 있습니까?

052

청년들에게 들려주고 싶은
자유·자율·자립·자주의 의미

진정한 삶의 주체로 살아가기

사랑하는 청년 여러분, 인생의 가장 역동적인 시기를 보내고 있는 여러분께 네 가지 핵심 가치—자유(自由), 자율(自律), 자립(自立), 자주(自主)—의 의미를 전하고자 합니다. 이 네 가치는 단순한 단어가 아니라, 삶을 주체적으로 이끌고 행복과 성취로 나아가는 나침반입니다.

첫째, 자유는 외부의 구속 없이 자신의 의지에 따라 행동하는 상태입니다. 그러나 진정한 자유는 방종이 아니라 타인의 자유와 공동체의 질서를 존중하는 범위 안에서 책임 있게 행사되는 자유입니다. 선택에는 반드시 책임이 뒤따르며, 지식·표현·선택의 자유 모두 그 결과를 감당할 수 있을 때 비로소 의미를 가집니다.

둘째, 자율은 스스로 세운 원칙에 따라 자신을 다스리는 힘입니다. 자유가 외부의 구속이 없는 상태라면, 자율은 내면의 통제입니다. 충동이나 유혹에 흔들리지 않고, 자신의 가치와 목표에 따라 행동하는 능력입니다. 학습 계획을 세우고 실천하거나, 유혹을 이겨 내며 꾸준함을 유지하는 것, 감정을 절제하여 예의를 지키는 것 모두 자율의 모습입니다. 이는 삶의 주인이 되는 길이자 강한 내면을 형성하는 토대입니다.

셋째, 자립은 남에게 의존하지 않고 스스로 서는 것입니다. 경제적 자립은 노동을 통해 생계를 유지하고 미래를 설계하는 능력이며, 정신적·정서적 자립은 자신의 판단을 신뢰하고 문제 해결을 스스로 모색하는 힘입니다. 타인의 의견을 경청하되 맹목적으로 따르지 않고, 자신만의 가치관을 정립해야 합니다. 자립은 독립적인 인격체로서 세상과 당당히 맞설 수 있는 힘을 줍니다.

넷째, 자주는 외부 간섭 없이 스스로 결정하고 처리하는 태도입니다. 이는 앞선 세 가치가 종합적으로 발현된 상태로, 외부 압력이나 유행에 휘둘리지 않고 주체적으로 삶을 개척합니다. 개인적 영역을 넘어 사회와 정치에서도 자신의 목소리를 내고 참여하는 시민 의식으로 확장됩니다. 사회 문제를 비판적으로 바라보고 해결 방안을 찾거나, 공동체 발전을 위해 행동하는 것이 자주의 실천입니다.

이 네 가치는 분리되어 존재하는 것이 아니라 긴밀하게 연결됩니다. 자유는 자율적 통제 속에서 빛나고, 자율은 자립을 기반으로 더욱 견고해지며, 이 모든 것이 통합될 때 비로소 자주적인 삶이 완성됩니다. 청년 여러분, 앞으로 맞이할 도전과 기회 속에서 이 네 가치를 마음에 새기고 실천하십시오. 스스로에게 진실하며, 스스로를 다스리고, 스스로 서며, 스스로의 의지로 행동하는 삶을 살아간다면, 어떠한 어려움 속에서도 흔들리지 않고 자신만의 길을 걸어갈 수 있을 것입니다. 그 길 끝에서 여러분은 진정한 행복과 성취를 경험하고, 더 나아가 사회와 인류에 기여하는 주체적인 존재로 성장할 것입니다.

> Q52. 당신은 지금 자유롭고, 스스로를 다스리며, 홀로 서 있습니까? 그리고 주체적으로 살고 있습니까?

053

한국어의 '열심히'와 일본어의 '잇쇼켄메이'

노력의 두 얼굴, 문화의 깊이

한국어의 '열심히'와 일본어의 '잇쇼켄메이(一生懸命)'는 모두 최선을 다해 노력하는 태도를 뜻하지만, 그 뿌리와 문화적 배경은 상당히 다릅니다.

'열심히'는 '열(熱)'에서 알 수 있듯 뜨거운 열정과 에너지를 담아 속도와 성과를 중시하는 개념입니다. 한국 사회에서 이는 미덕이자 의무처럼 여겨지며, 경쟁 속에서 더 빨리·더 많이 성취하는 것을 독려합니다. 이러한 '열심히'는 빠른 성장과 발전의 원동력이 되었지만, 결과 중심주의로 인한 번아웃과 내적 소진이라는 부작용을 낳기도 합니다.

반면, '잇쇼켄메이(一生懸命)'는 일본 중세 무사들이 영지를 지키기 위해 목숨을 걸었던 데서 비롯된 말로, 평생을 걸고 한 일에 몰입하는 장인 정신을 담고 있습니다. 속도보다 과정과 완성도, 그리고 꾸준함을 중시하며, 외부의 평가보다 자기 기준과 내적 만족을 중요시합니다. 이는 일본 특유의 '모노즈쿠리(物作り)'정신과 맞닿아 있으며, 높은 품질과 지속적인 개선을 가능하게 합니다. 그러나 지나친 완벽주의로 속도가 느려지거나 변화에 둔감해질 수 있다는 한계도 있습니다.

두 개념의 차이는 마치 불꽃과 숯불의 대비와 같습니다. '열심히'가 빠른 추진력과 에너지를 상징한다면, '잇쇼켄메이'는 깊이와 내실을 상징합니다. 전자는 성과 달성을 위해 전력 질주하는 힘을 주지만, 과도하면 소진으로 이어질 수 있습니다. 후자는 장기적인 완성도를 높이고 의미를 부여하지만, 변화 속도에 뒤처질 우려가 있습니다.

오늘날과 같이 변화가 빠른 사회에서는 두 노력의 장점을 균형 있게 결합할 필요가 있습니다. 목표 달성을 위해 '열심히'의 역동성과 추진력을 발휘하되, 과정의 질과 지속성을 위해 '잇쇼켄메이'의 몰입과 꾸준함을 더하는 것입니다. 나아가 단순히 '얼마나' 노력했는지가 아니라, '어떻게'와 '왜' 노력하는지에 대한 성찰이 동반되어야 합니다.

이 두 단어는 단순한 어휘의 차이를 넘어, 한국과 일본이라는 두 문화의 가치관과 삶의 방식을 보여 주는 창입니다. 우리는 이 차이를 이해함으로써, 자신의 삶과 일에 대한 태도를 다시 점검하고, 속도와 깊이를 아우르는 자기만의 노력의 미학을 완성할 수 있을 것입니다.

Q53. 당신의 노력은 지금, 불꽃처럼 타오르고 있습니까, 아니면 숯불처럼 오래가고 있습니까?

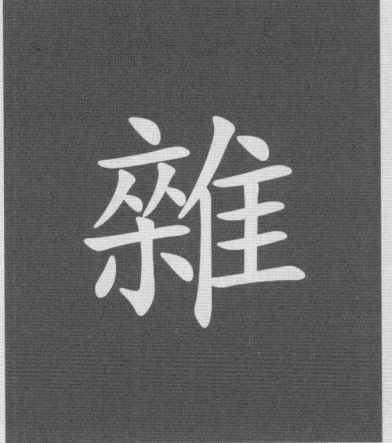

3. 관계와 소통

054

기분이 태도가 되어서는 안 된다
성숙한 삶을 위한 첫걸음

누구나 하루에도 몇 번씩 감정의 물결을 겪습니다. 아침의 따뜻한 햇살에 기분이 좋아졌다가도, 예상치 못한 한마디에 갑자기 마음이 무너집니다. 기쁨, 분노, 슬픔, 피로, 설렘… 이 감정들은 우리의 삶을 다채롭고 인간답게 만들어 주지만, 이 감정이 고스란히 '태도'로 이어질 때, 문제는 시작됩니다.

"기분이 태도가 되어서는 안 된다."는 말은 감정을 억누르라는 말이 아닙니다. 오히려 감정을 있는 그대로 받아들이되, 그것이 타인에게 상처가 되거나 자신의 삶을 흐트러뜨리지 않도록 다스릴 줄 알아야 한다는 지혜라고 생각합니다. 감정은 순간적이고 유동적이지만, 태도는 오랜 시간 쌓여 만들어지는 '나'라는 사람의 이미지이자 인격의 표현이기 때문입니다.

기분이 좋지 않다고 퉁명스러운 말투로 대하고, 짜증이 난다고 얼굴을 찌푸리며 무례하게 행동하면, 상대방은 그 감정의 이유를 따지기보다 그 태도를 기억합니다. 특히 가까운 사람일수록 우리는 감정을 거리낌 없이 드러내지만, 그것이 오히려 더 깊은 상처를 남기기도 합니다. 직장에서, 가정에서, 친구 사이에서 "오늘은 왜 저래?"라는 말을 듣지 않기 위해서라도, 감정과 태도는 구분되어야 합니다.

자기 감정에 휩쓸리는 사람은 예측이 어렵습니다. 한결같지 못한 모습은 신뢰를 잃게 만들고, 전문성과 인격에 의문을 갖게 만듭니다. 반면, 감정을 인식하고도 차분하게 태도를 유지할 수 있는 사람은 품격을 갖춘 사람으로 기억됩니다. 결국 성숙함은 감정 없는 얼굴이 아니라, 감정이 있더라도 그것에 휘둘리지 않는 마음에서 비롯됩니다.

더 나아가, 우리는 어떤 기분에도 불구하고 의도적으로 '좋은 태도'를 선택할 수 있어야 합니다. "오늘만큼은 웃으며 인사하자.", "이 피곤함 속에서도 정중하게 말하자."는 작은 결심들이 모여 우리의 이미지를 만들고, 더 나아가 관계와 인생을 변화시킵니다. 이는 연습이 필요합니다. 그러나 연습은 습관이 되고, 습관은 결국 나 자신이 됩니다.

삶은 늘 감정의 연속입니다. 우리는 누군가에게 상처를 줄 수도 있고, 반대로 아무 이유 없이 상처받을 수도 있습니다. 하지만 그 속에서도 자신의 감정을 알아차리고, 그것이 자신과 타인에게 어떤 영향을 미칠지를 고려하는 태도야말로 인격의 깊이를 말해 줍니다.

감정은 나를 표현하는 색이라면, 태도는 내가 남에게 남기는 빛이라고 합니다. 우리는 매일 선택의 순간에 서 있습니다. 기분이 아닌 신념으로, 충동이 아닌 품격으로 반응하는 사람이 되어 가기를, 나부터 다짐해 봅니다.

> **Q54. 당신은 오늘, 기분이 아닌 의지로 선택한 태도를 보여 주었나요?**

055

나 너 믿는 거 알지?

신뢰의 두 얼굴과 관계의 무게

"나 너 믿는 거 알지?"

짧지만 강한 이 문장은 우리가 관계 속에서 얼마나 자주 듣고, 또 얼마나 자주 사용하는 말일까요. 친구에게 부탁할 때, 연인과 감정을 나눌 때, 동료에게 책임을 맡길 때 이 말은 마치 따뜻한 위로처럼, 혹은 굳건한 유대의 증표처럼 사용됩니다. 그러나 저는 이 말에 담긴 뜻을 곱씹을수록, 그 안에 담긴 이중성과 무게를 느끼지 않을 수 없습니다. 과연 이 말은 언제나 순수한 신뢰의 표현일까요? 아니면 때때로 그 안에 교묘한 책임 전가와 감정의 압박이 숨어 있는 건 아닐까요?

먼저, 이 말이 가진 긍정적인 힘을 부정할 수는 없습니다. "나 너 믿는 거 알지?"는 어떤 이에게는 든든한 지지이자, 용기의 불씨가 됩니다. 누군가가 나를 전적으로 신뢰한다는 사실은, 때로 스스로조차 자신을 의심할 때 큰 위안이 됩니다. 이 말은 인간관계의 윤활유로 작용하며, 서로 간의 안정감과 유대감을 확인하는 역할을 합니다. 신뢰는 말로 시작되어 행동으로 완성되는, 관계의 가장 근본적인 기반이니까요.

그러나 이 말이 항상 그렇게 순수하게 쓰이는 것만은 아닙니다. 신뢰라는 단어는 때때로 압박과 책임의 전가, 혹은 심리적 조작의 도구로 변질되기도 합니다.

"나 너 믿는 거 알지?"라는 말이 실은 "그러니까 이번엔 무조건 네가 책임져야 해.", 혹은 "내가 틀릴 리 없으니 네가 맞춰."라는 강요로 쓰이는 경우도 있죠. 그것은 신뢰가 아니라 기대의 강요이며, 상대방의 자유를 은근히 제한하는 무언의 통제입니다. 이렇게 될 때, 신뢰는 따뜻한 말이 아니라 부담의 포장지가 되어 버립니다.

더 나아가, 이 말은 자기기만이나 위선으로도 사용될 수 있습니다. 실제로는 믿지 않으면서 겉으로만 "믿는다."고 말하며 자신의 의무를 피해 가려 하거나, 신뢰라는 명분 아래 상대를 조종하려는 경우입니다. 가끔은 "내가 너를 믿는다는 걸 기억해."라는 말이, 사실은 "넌 실망시키지 말아야 해."라는 은근한 감정적 압박일 수 있다는 걸 우리는 종종 잊습니다. 가장 극단적인 경우에는 이 말이 가스라이팅의 도구가 되기도 합니다.

그렇다면 우리는 이 말을 어떻게 다뤄야 할까요? 진정한 신뢰는 말로만 이뤄지는 것이 아니라, 행동의 일관성, 약속의 실천, 상호 존중을 통해 서서히 쌓여 가는 것입니다. "나 너 믿는 거 알지?"라고 말하기 전에, 내가 과연 그 사람에게 믿음을 줄 수 있는 삶의 태도를 보여 주었는지를 먼저 돌아봐야 합니다. 이 말이 관계의 축복이 될지, 아니면 함정이 될지는 그것을 사용하는 우리의 태도에 달려 있습니다. 믿는다고 말하기에 앞서, 나는 그만큼 책임지고 있으며, 상대의 자율성을 존중하고 있는지를 늘 점검해야 합니다. 신뢰는 결코 말로 완성되지 않습니다. 그것은 결국 삶으로 증명되는 것입니다.

> Q55. 당신이 누군가에게 "나 너 믿는 거 알지?"라고 말할 때, 그 말의 무게를 스스로 느끼고 있나요?

056

남의 자식은 가르쳐도 내 자식은 못 가르친다

내 아이 앞에서 작아지는 나

학교에서는 백전노장 교사입니다. 수많은 아이들을 만나며 때로는 따끔한 질책으로, 때로는 따뜻한 격려로 그들의 성장을 도왔습니다. 교육의 원칙과 경험, 객관적 시선과 노련함이 어우러져 나름 존경받는 교사로 살아왔습니다. 하지만 집으로 돌아와 내 아이를 마주할 때면, 그 모든 교사로서의 무기가 무색해집니다. 말 한마디에 감정이 앞서고, 따지고 설득하기보다 소리부터 커지곤 합니다. "남의 자식은 가르쳐도 내 자식은 못 가르친다."는 말이 결코 우스갯소리로 들리지 않는 이유입니다.

왜 그럴까요? 교단 위에서는 아이들의 삶에 일정한 거리를 두고 이성적으로 접근합니다. 그 거리는 내가 흔들리지 않도록 지탱해 주는 안전장치가 됩니다. 하지만 내 자식에게는 그 거리가 없습니다. 아이의 행동 하나, 말투 하나, 표정 하나에 감정이 요동칩니다. 아이가 성공하면 세상이 다 내 것 같고, 실패하면 온몸이 무너지는 듯 아픕니다. 이런 절절한 사랑은 때로 객관성을 흐립니다. 그래서 내 아이의 행동에는 유난히 민감하게 반응하고, 작은 실수도 용납이 되지 않는 자신을 발견하곤 합니다.

또한 교사로서 갖는 역할의 명확함과는 달리, 부모로서의 역할은 복잡하고 다층적입니다. 교사로서 나는 '가르치는 자'로 일관되지만, 부모는 친구, 조언자, 응원자, 때론 잔소리꾼이 되기도 해야 합니다. 그런데 이 복잡한 역할들이 경계를 잃고 섞일 때, 아이는 부모의 말을 '사랑'보다는 '지시'로, '조언'보다는 '간섭'으로 받아들이곤 합니다. 아이에게 필요한 것은 가르침보다도 공감과 기다림인데, 나는 자꾸 설명하고 설득하려 합니다.

이런 모순은 결국 기대에서 비롯됩니다. 다른 아이에겐 "이 정도면 충분해."라며 격려를 아끼지 않으면서도, 내 아이에게는 더 높고 더 완벽한 모습을 요구합니다. 그 기대가 사랑이라는 이름을 쓰고 아이를 조급하게 만들고, 나 자신도 조급해집니다. 그렇게 우리는 서로의 감정을 상하게 하고, 대화는 단절되며, 상처가 남습니다.

내 아이에게는 교사의 눈으로 보기보다, 부모의 가슴으로 마주해야 합니다. '무엇을 가르칠까'보다 '어떻게 함께 걸어갈까'를 먼저 고민해야 합니다. 내 아이도, 나도 모두 서툴고 불완전합니다. 그 사실을 인정하는 겸손이 진짜 교육의 시작일지도 모릅니다.

가장 가깝기에 더 어려운 관계, 가장 사랑하기에 더 조심스러운 관계. 그 속에서 오늘도 나는 부모로서, 한 사람의 교사로서 조금씩 배우며 성장합니다. 결국 내 아이와 함께 성장하는 이 여정이야말로 가장 값진 배움 아닐까요? 근데 알면서도 잘 안됩니다.

> **Q56. 그래도 남의 자식 이상으로 내 자식을 가르치고 싶겠죠?**

057

다음에 술 한잔하자
가벼운 말에 담긴 무거운 진심

"다음에 술 한잔하자." 이 말은 우리 사회에서 가장 흔하게 주고받는 인사말 중 하나입니다. 회식 자리에서, 오랜만에 만난 동창에게, 혹은 우연히 마주친 지인에게 우리는 습관처럼 이 말을 던집니다. 말끝이 어색하거나, 지금은 시간이 없거나, 구체적인 약속을 잡기 애매할 때 상황을 정리하곤 하죠. 그런데 이 익숙한 말 속에는 우리가 간과하고 있는 '약속의 무게'가 담겨 있습니다.

처음에는 저도 이 말을 형식적인 인사말이나 관계를 부드럽게 이어가는 윤활유쯤으로 여겼습니다. 하지만 어느 날, 제 입에서 나온 이 말에 진심을 기대했던 상대방의 눈빛을 마주친 순간이 있었습니다. 저는 무심코 말했지만, 그는 진심으로 받아들였습니다. 그리고 그 만남은 이루어지지 않았고, 한동안 마음이 무거웠습니다.

우리는 왜 이렇게 가볍게 약속하고 쉽게 잊을까요? 바쁘기 때문이고, 시간이 없기 때문일 겁니다. 어쩌면 상대방이 정말 그렇게까지 기다릴 거라고 생각하지 않아서일 수도 있습니다. 그러나 이런 이유야말로 우리가 관계에서 진심을 놓치고 있다는 증거이기도 합니다. 관계의 온도는 말과 행동 사이의 거리에 따라 결정됩니다. 말은 따뜻했지만 행동은 차가웠다면, 상대방은 결국 그 온도를 느끼게 됩니다. 이 말 한마디에는 진심, 의례, 혹은 애매한 유예 등 여러 층위의 의미가 담겨 있습니다. 문제는 이 말을 꺼낸 사람과 듣는 사람의 해석이 다를 때 발생합니다.

그렇다면 우리는 어떻게 이 말의 무게를 책임질 수 있을까요? 우선, 그 말을 하지 않을 자유를 인식하는 것부터 시작해야 합니다. 마음이 없다면, 굳이 말하지 않아도 됩니다. 차라리 "요즘 너무 바빠서 당분간은 어렵겠다."고 솔직하게 말하는 것이 서로를 위해 더 낫습니다. 반대로 정말 마음이 있다면, 그 진심을 구체적으로 표현해야 합니다. "다음 주 금요일 저녁 어때?"와 같이 구체적인 제안을 더한다면 그 말은 공허한 인사가 아니라 현실이 됩니다.

또한, 우리는 상대방이 던진 말이 진심이었는지, 아니면 형식이었는지를 예민하게 판단하기보다, 그 마음을 따뜻하게 이해하려는 태도도 필요합니다. 그리고 이행되지 않은 약속에 너무 큰 기대를 걸지 않는 균형 감각도 필요합니다. 삶은 불완전하고, 사람도 불완전하며, 관계 또한 그 속에서 만들어지는 것이니까요.

결국, "다음에 술 한잔하자."는 말은 우리 시대의 인간관계가 얼마나 불확실하고 유동적인지를 보여 주는 하나의 상징입니다. 그리고 그 말 속에 진심을 담고 행동으로 실현하려는 노력은, 단순한 만남 이상의 가치를 만들어 냅니다. 그것은 곧 '내가 너를 기억하고 있다', '나는 너와의 시간을 소중하게 여긴다'는 마음의 표현입니다. 그렇게 우리는 바쁜 일상 속에서도 누군가와 연결되어 있다는 안도감을, 그리고 그 관계 속에서 작은 행복을 발견하게 되는 것입니다.

Q57. 오늘 당신이 건넨 "다음에 술 한잔하자."는 말, 진심이셨나요?

058

단합(團合)과 담합(談合) 사이
공동체의 두 얼굴, 신뢰의 시험대

우리는 수많은 관계와 집단 속에서 살아갑니다. 공동체의 힘은 위기를 극복하고 변화를 이끌어 내지만, '하나 됨' 속에는 '단합'과 '담합'이라는 이중성이 존재합니다. 단어 하나 차이지만, 그 속에 담긴 공동체의 윤리성과 신뢰는 극명하게 갈립니다.

단합은 공동의 가치와 목표를 향해 사람들이 자발적으로 힘을 모으는 행위입니다. 각자의 능력을 존중하며 서로를 북돋우는 관계를 의미하죠. 위기 상황에서의 시민 단합, 직장에서의 팀워크, 정의를 위한 시민 행동 등이 대표적인 예입니다. 단합은 사회적 유대감을 높이고 공동체를 한 방향으로 이끄는 원동력이 됩니다. 무엇보다 단합은 투명하고 포용적인 과정을 전제로 하며, 구성원 모두가 정보에 접근하고 자유롭게 의견을 나눌 수 있을 때 진정한 힘을 발휘합니다.

반면, 담합은 소수의 집단이 몰래 합의하여 자신들의 이익을 극대화하는 행위입니다. 이는 배제와 은폐를 특징으로 하며, 결과적으로 구성원 간 신뢰를 무너뜨리고 공동체 전체를 병들게 합니다. 기업 간 가격 담합, 권력층의 이권 거래, 조직 내 파벌 형성 등이 전형적인 예시죠. 담합은 표면적으로 단합처럼 보일 수 있으나, 실제로는 특정 계층이나 소수만을 위한 '폐쇄적 연대'에 불과합니다. 이는 공정한 경쟁을 방해하고, 정직하게 노력하는 이들을 소외시킵니다.

단합과 담합의 가장 큰 차이점은 '누구를 위한 것이냐'에 있습니다. 단합은 '모두'를 위한 것이고, 담합은 '우리만'을 위한 것입니다. 단합은 모두의 목소리를 반영하려 노력하고 과정의 정당성을 중시하지만, 담합은 소수의 목소리만을 듣고 과정을 감춥니다.

문제는 이 둘 사이의 경계가 매우 흐릿해질 수 있다는 점입니다. 잘 의도된 단합도 감시와 투명성이 사라질 때 담합으로 변질될 수 있습니다. 공동의 목표를 위한다는 명분 아래 내부 비판을 억압하거나 외부인을 배척하는 일이 벌어지면, 건강한 공동체는 폐쇄적 카르텔로 변질되어 활력을 잃고 썩어 갑니다.

이러한 위험을 피하기 위해 우리는 다음을 실천해야 합니다. 첫째, 공동체 내 의사결정 과정의 투명성을 확보해야 합니다. 둘째, 구성원 모두가 공정성과 윤리의식을 공유해야 합니다. 셋째, 개인의 양심과 집단의 책임의식이 균형을 이뤄야 합니다. 마지막으로, 단합의 이름으로 누군가를 침묵하게 만들고 있지 않은지 스스로 돌아봐야 합니다.

진정한 공동체는 각자의 기여가 존중되고, 아무도 배제되지 않으며, 노력과 결과가 공정하게 연결되는 곳에서 시작됩니다. 단합과 담합 사이, 그 미묘한 경계에서 우리가 무엇을 선택하느냐는 질문은 오늘도 우리 앞에 놓여 있습니다.

> Q58. 당신이 속한 '우리'는 지금 단합하고 있습니까, 아니면 담합하고 있습니까?

059

친구들 간의 심리적 지배(가스라이팅)

보이지 않는 폭력의 그림자

친구는 서로의 기쁨과 슬픔을 나누고 성장을 돕는 소중한 존재입니다. 그러나 이 관계 안에서도 보이지 않는 폭력, 즉 가스라이팅이 발생할 수 있습니다. 가스라이팅은 상대방이 자신의 기억과 판단을 의심하게 만들어, 결국 가해자에게 의존하도록 만드는 심리적 조작입니다. 연인이나 가족뿐 아니라 친구 관계에서도 은밀하게 나타나며, "너 너무 예민한 거 아니야?", "그건 네가 오해한 거야."와 같은 말로 현실 감각을 흔듭니다.

친구 관계에서 가스라이팅이 특히 위험한 이유는, 친구에 대한 신뢰가 방어막을 무너뜨리기 때문입니다. 피해자는 친구의 말에 의심 없이 귀 기울이다가, 감정이 축소되고 기억이 왜곡되며, 자신이 과민하거나 잘못된 것처럼 느끼게 됩니다. 시간이 지나면 자기 의심이 깊어지고, 자존감이 하락하며, 다른 사람과의 관계에서 고립됩니다. 심리적 지배가 지속되면 무기력과 우울감에 빠지고, 아이러니하게도 가해자에게 더 의존하게 되는 관계 중독이 발생할 수 있습니다.

가스라이팅을 하는 이유는 다양합니다. 낮은 자존감과 불안감을 해소하기 위해 타인을 통제하려는 경우, 관계에서 우위를 점하려는 권력욕, 공감 능력 부족, 과거에 학습된 행동 패턴, 혹은 '너를 위해서'라는 명목의 선의로 포장된 강요 등이 있습니다.

이러한 관계에서 벗어나기 위해서는 다음과 같은 노력이 필요합니다. 첫째, 나의 감정과 기억을 스스로 신뢰하는 태도가 중요합니다. 둘째, 현실 왜곡을 막고 사실관계를 확인할 수 있는 대화와 감정을 기록이 필요합니다. 셋째, 다른 친구, 가족, 전문가 등 제3자의 의견을 통해 상황을 객관적으로 바라볼 필요가 있습니다. 넷째, 감정이나 기억을 무시하려 할 때 단호하게 의견을 밝히는 상대와의 경계를 설정하는 연습이 필요합니다. 다섯째, 관계가 지속적으로 해롭다면 거리 두기나 관계 단절을 선택해야 합니다.

가스라이팅은 눈에 보이는 상처는 없지만, 자존감을 갉아먹고 현실 감각을 흐리게 하며 피해자를 고립시킵니다. 그러나 진정한 우정은 서로를 통제하지 않고, 있는 그대로 존중하며, 잠재력을 믿어 주는 관계입니다. "내가 이상한가?"라는 의심이 든다면, 관계를 점검하고 내면의 목소리에 귀 기울여야 합니다. 자신을 지키고, 나를 빛나게 하는 사람들과 함께할 때 우리의 삶은 한층 건강하고 풍요로워질 것입니다.

> Q59. 그 친구의 말이 당신을 살리고 있습니까, 아니면 조금씩 죽이고 있습니까?

060

화이부동(和而不同) 동이불화(同而不和)
조화 속의 다양성, 획일 속의 불화

공자는 "군자는 화이부동(和而不同)하고, 소인은 동이불화(同而不和)한다."라고 하였습니다. 화이부동은 서로 조화를 이루되 같아지려 하지 않는다는 뜻이며, 동이불화는 겉으로 같아 보이지만 실제로는 조화를 이루지 못한다는 의미입니다. 이 두 개념은 개인의 관계, 사회 조직, 나아가 삶의 본질에 관한 깊은 통찰을 담고 있습니다.

화이부동은 다양성 속에서 조화를 이루는 상태를 말합니다. 이는 오케스트라의 연주처럼 각기 다른 음색이 어우러져 하나의 하모니를 만들어 내는 모습과 같습니다. 다른 의견과 시각이 모여 문제를 다각도로 분석하고 창의적인 해결책을 찾게 합니다. 인간관계에서도 다름을 존중하는 태도는 건강하고 성숙한 관계를 형성합니다. 조직에서도 구성원의 개성과 강점을 살리면서 공동의 목표를 향해 나아가게 하는 것이 리더의 역할입니다. 이러한 조화는 다양성의 힘을 극대화하며 공동체를 더욱 풍요롭게 합니다.

동이불화는 표면적인 같음이 실질적인 조화를 가로막는 상태입니다. 모두가 똑같은 목표를 추구하고 방식마저 획일화될 때, 개성과 창의성이 억압되고 비판적 사고가 사라집니다. 겉으로는 평화롭지만 내면에는 불만과 불신이 쌓여, 언젠가 갈등으로 폭발할 수 있습니다. 획일적 경쟁, 형식적 소통, 진심 없는 관계가 지속되면 공동체는 활력을 잃고 퇴보의 길로 들어섭니다.

화이부동의 삶을 위해서는 몇 가지 노력이 필요합니다. 첫째, 다양성을 존중하고 포용하는 열린 마음을 가져야 합니다. 둘째, 맹목적 순응에서 벗어나 소신과 비판적 사고를 유지해야 합니다. 셋째, 진정성을 담은 소통을 통해 서로의 신뢰를 쌓아야 합니다. 넷째, 외부의 변화에도 흔들리지 않는 내면의 중심을 세워야 합니다. 다섯째, '무엇을 위하여'라는 목적의식을 가지고 능동적으로 삶을 살아가야 합니다.

결론적으로, 획일적 같음은 겉모습만 평화로울 뿐 내면에 불화를 품게 하지만, 다양성을 존중하는 조화 속에서는 진정한 평화와 창조성이 피어납니다. 각자의 고유한 빛깔이 존중받을 때, 사회와 개인은 함께 성장할 수 있습니다.

> Q60. 당신이 속한 공동체의 평화는 진정한 조화입니까, 아니면 잘 숨겨진 불화입니까?

4. 자아의 내면의 성찰

061

나의 가치 기준이 세상 사람들과
다름을 받아들여야 하는 순간
내 안의 낯선 풍경

살다 보면 문득, 나 자신을 낯설게 느끼는 순간이 찾아옵니다. 그중에서도 가장 아릿하고 불편한 경험은 아마도 나의 가치 기준이 세상 사람들과 다르다는 것을 인지하는 순간일 것입니다. 이 깨달음은 거창한 사건이나 극적인 계기에서 오는 것이 아닙니다. 오히려 지극히 평범한 일상 속, 스쳐 지나가는 대화나 무심코 접한 뉴스 기사, 혹은 동료들과의 사소한 의견 차이 속에서 조용히 싹틉니다. 마치 잔잔한 수면에 돌멩이가 던져지듯, 내 안의 평온함에 작은 파문이 일고, 그 파문이 점차 커져 거대한 물결이 되는 식입니다.

우리는 알게 모르게 '평균'이라는 보이지 않는 잣대를 들고 살아갑니다. 학창 시절의 성적 평균부터 시작해, 사회에 나와서는 소득이나 자산의 평균, 심지어는 '일반적인' 인간관계의 모습까지, 이 평균이라는 기준은 우리를 끊임없이 재단합니다. 이러한 평균은 때로는 나아가야 할 방향을 제시해 주는 이정표가 되기도 하지만, 가치관에 있어서만큼은 날카로운 칼날이 되어 돌아오곤 합니다.

어느 날 문득, 내가 당연하다고 믿어 왔던 윤리적 판단이 주변 사람들에게는 너무나 낯설게 들릴 때가 있습니다. 모두가 분노하는 지점에서 나는 오히려 연민을 느끼거나, 모두가 환호하는 성공 방식에 대해 나는 회의적인 시선을 보낼 때. 혹은 직장에서 동료들이 열렬히 추구하는 목표가 나에게는 그다지 중요하지 않게 느껴질 때, 나는 어렴풋이 그 균열을 감지합니다. 처음에는 '내가 잘못 생각하고 있나?' 하는 의구심이 들고, 이내 '나의 가치 기준이 다른 사람들의 평균보다 뒤떨어지는 것인가?' 하는 섬뜩한 질문과 마주하게 됩니다. 그 순간, 내 안의 풍경은 낯설고 불안하게 변모합니다.

이 불편한 인지의 순간은 우리에게 중요한 내면의 갈등을 안겨 줍니다. 바로 '세상의 평균에 순응할 것인가, 아니면 나의 가치관을 고수할 것인가' 하는 선택의 기로에 서게 되는 것입니다.

결국, 이 불편한 인지의 순간은 우리에게 '평균'이라는 개념을 재정의할 기회를 제공합니다. 가치관에 과연 절대적인 '평균'이라는 것이 존재할까? 사회가 정해 놓은 '평균'은 시대와 문화, 그리고 개인의 경험에 따라 끊임없이 변화하는 상대적인 개념일 뿐입니다. 어쩌면 나의 가치 기준이 '평균 이하'가 아니라, 단순히 '평균과 다른' 것일 수도 있다고 생각하고 싶습니다.

나는 무엇을 진정으로 중요하게 여기는가? 나의 가치관은 어디에서 비롯되었는가? 이러한 질문에 대한 답을 찾아가는 과정에서 우리는 '평균'이라는 잣대에 갇히지 않고, 나만의 길을 찾아 나설 용기를 얻게 됩니다. 불편함 속에서 피어나는 자기 발견의 아름다움, 그것이 바로 이 인지의 순간이 우리에게 주는 가장 큰 선물일 것입니다.

> **Q61. 당신의 가치 기준은 평균을 상회합니까?**

062

나이는 숫자에 불과하다! 정말?

인생 문제? 산수 문제?

우리는 종종 '나이는 숫자에 불과하다'는 말을 위로처럼 건넵니다. 나이 든 이들에게는 용기를, 젊은 이들에게는 불안의 해소를 주는 말이지요. 특히 나이를 잊은 듯 열정적으로 살아가는 사람들을 보면 이 말이 실감 나기도 합니다. 칠십에 학문을 시작하고, 여든에 세계 여행을 떠나며, 아 흔에 첫 전시회를 여는 사람들. 그들의 눈빛과 호기심, 도전은 나이를 초 월합니다. 이처럼 '나이는 숫자에 불과하다'는 말은 단순한 수사가 아닌, 정신의 태도를 강조하는 말입니다.

하지만 동시에 나는 '정말?'이라는 질문을 계속 던지게 됩니다. 솔직히 말해서, 나이가 숫자에만 불과하다고 하기엔 현실은 그리 녹록지 않습니 다. 서른이 되면 스무 살 때와는 다른 체력을 느끼고, 마흔이 되면 서른 때 와는 또 다른 더딘 회복력을 경험합니다. 오십, 육십이 되면 몸의 변화는 더욱 확연해집니다. 이러한 신체적인 변화는 나이가 단순한 숫자가 아님 을 여실히 보여 줍니다.

더 나아가, 나이는 사회적인 측면에서도 단순히 숫자에 머무르지 않습 니다. 우리는 알게 모르게 나이에 따른 사회적 기대와 편견 속에서 살아 갑니다. '그 나이에 뭘 하겠다고?', '아직 젊으니까 괜찮아', '이제는 좀 쉬어 야지' 같은 말들은 나이가 단순한 숫자가 아니라, 사회적인 역할과 책임,

그리고 기회를 규정하는 중요한 척도가 될 수 있음을 시사합니다. 특히 현대 사회의 연령 차별(Ageism)은 나이가 단순한 숫자가 아님을 더욱 분명히 보여 주는 비극적인 현실입니다. 특정 나이가 되면 은퇴를 강요받거나, 새로운 직무에 도전할 기회조차 얻지 못하는 경우가 허다합니다. 이는 나이가 개인의 능력이나 열정보다 우선시되는 사회의 단면을 보여 줍니다.

그럼에도 나이는 단순한 쇠퇴가 아닙니다. 그것은 시간과 경험의 축적이며, 삶의 무게와 깊이를 더해 주는 지표입니다. 실패와 성취, 기쁨과 상실을 겪으며 형성된 지혜는 젊음이 가진 열정과는 또 다른 가치입니다. 중요한 건, 나이를 어떻게 받아들이고 살아가느냐입니다.

'나이는 숫자에 불과하다'는 말은 나이 듦을 부정하라는 뜻이 아닙니다. 오히려 그 현실 속에서도 배움과 성장을 이어 가겠다는 태도, 자신만의 삶을 능동적으로 살아가겠다는 선언입니다. 결국 우리는 숫자가 아닌, 살아온 이야기로 나이를 말하게 되는 존재일지도 모릅니다.

> **Q62. 당신에 있어 나이라는 숫자는 두려움인가요? 희망인가요?**

063

낙심(落心)
그림자 속에 숨은 희망의 씨앗

살다 보면 누구나 마음이 툭, 아래로 떨어지는 듯한 느낌을 받을 때가 있습니다. 기대했던 일이 어긋나거나, 한껏 달려온 길에서 뜻하지 않게 길을 잃을 때, 우리는 말없이 주저앉습니다. 이때 찾아오는 감정, 그것이 바로 '낙심'입니다.

'떨어질 낙(落)'과 '마음 심(心)'. 말 그대로 '마음이 떨어진 상태'입니다. 낙심은 단순한 실망이나 슬픔을 넘어, 삶의 동력을 빼앗아 가고 방향감각마저 잃게 만듭니다. 그러나 이 낙심이라는 감정의 밑바닥에, 때때로 희망이라는 씨앗이 조용히 자라고 있다는 것을 우리는 종종 잊고 삽니다.

낙심은 삶의 크고 작은 장면에서 등장합니다. 시험을 위해 밤을 새웠지만 낙방의 결과를 받았을 때, 오랜 시간 준비한 프로젝트가 아무런 성과 없이 끝났을 때, 아니면 소중히 여긴 관계가 돌이킬 수 없이 틀어졌을 때. 애초에 '노력한 만큼 결과가 따라야 한다'는 믿음이 있었기에, 기대가 무너지는 그 순간 우리의 마음은 더 크게 내려앉습니다. 특히 정직하고 성실하게 살아온 이들이 부조리한 현실에 맞닥뜨릴 때의 낙심은 더 큽니다. 불공정한 세상에서 "내가 왜 이렇게까지 해야 하나."라는 자조 섞인 탄식은, 그저 개인의 감정이 아닌 사회적 절망으로 이어지기도 합니다.

낙심은 우리를 조용히 갉아먹습니다. 처음에는 실망으로 시작되지만, 이내 무기력과 자책, 고립, 그리고 우울로 이어질 수 있습니다. 사람들과의 대화는 피하게 되고, 도움을 청하는 것도 두려워집니다. 그런 상황에서는 작은 일에도 좌절하고, 스스로를 실패자처럼 느끼며 자존감마저 잃기 쉽습니다.

하지만 낙심은 끝이 아닙니다. 오히려 그것은 변화와 회복이 시작되는 신호일 수 있습니다. 중요한 것은 그 감정을 부정하지 않고, 있는 그대로 인정하는 것입니다. 감정을 바라보고 인정하는 순간, 우리는 그 안에서 작지만 강한 회복의 실마리를 찾을 수 있습니다.

그리고 질문을 바꾸는 것이 중요합니다. '왜 나에게 이런 일이 생긴 걸까'라는 질문에서 '이 상황에서 내가 무엇을 배울 수 있을까'로, '이것이 나에게 무엇을 말해 주는 걸까'로 바꿔 보는 것입니다. 삶은 종종 우리가 원하지 않았던 방식으로 가르침을 줍니다. 낙심은 그 가르침의 언어일 수 있습니다.

낙심은 삶의 한 장면일 뿐, 삶 전체를 설명하지는 않습니다. 우리는 누구나 그 그림자를 통과해야 하며, 그 속에서 자신을 더 깊이 들여다보고 더 성숙하게 만들어 갈 수 있습니다. 중요한 것은 그 감정에 갇히지 않고, 다시 고개를 들고 나아가는 것입니다. 그리고 그 과정 속에서 우리는 조금씩 더 강해질 것입니다.

> Q63. 당신은 지금 어떤 낙심 속에 있고, 그 속에서 무엇을 배우고 있나요?

064

내가 뭘 안다는 생각 버리기
겸손의 지혜와 진정한 배움의 시작

우리는 살아가며 끊임없이 배우고 경험하며 성장합니다. 그리고 어느 순간, 우리는 스스로 '안다'고 믿게 됩니다. "나는 이 분야를 잘 알아.", "이 상황은 익숙해."라는 생각은 자신감과 안정감을 줍니다. 하지만 동시에 그것은 새로운 배움을 가로막고, 타인의 의견을 무시하게 만들며, 때로는 오만에 빠지게 합니다.

'내가 안다'는 생각은 확증 편향을 낳습니다. 자신의 믿음을 뒷받침하는 정보만 수용하고, 반대되는 증거는 무시합니다. 이는 변화에 둔감해지고, 실수를 반복하게 만들며, 결국 배움의 문을 닫아 버리게 합니다. 타인의 말을 귀담아듣지 않고, 자신만의 경험을 절대화하면 인간관계에서도 소통의 단절이 생깁니다.

진정한 배움은 '모른다'는 태도에서 시작됩니다. 나이와 경험, 지위를 떠나 모든 사람에게서 배울 수 있다는 열린 마음이 중요합니다. '내가 안다'는 생각을 버린다는 것은 자신의 지식이나 경험을 부정하는 것이 아니라, 그것에 안주하지 않고 끊임없이 질문하고 반성하며 성장하겠다는 의지입니다.

자신에게 솔직하게 "나는 아직 모른다."고 말할 수 있는 용기, 다양한 관점에 귀 기울이는 경청의 태도, 익숙한 경험조차도 다시 바라보려는 성찰의 자세. 이 모든 것이 우리가 진정으로 배움을 이어 가는 데 필요한 조건입니다.

'내가 뭘 안다는 생각 버리기'는 비어 있는 잔에 새로운 것을 채울 수 있는 기회를 제공합니다. 잔이 가득 차 있으면 아무리 좋은 것을 부어도 흘러넘칠 뿐입니다. 하지만 잔을 비울 때, 우리는 새로운 지식과 경험을 받아들이고 진정으로 성장할 수 있습니다.

이 지혜는 우리에게 끊임없이 겸손하고, 열린 마음으로 배우며, 자신의 한계를 인정하는 용기를 가질 것을 요구합니다. 완벽하게 아는 사람은 없으며, 세상은 끊임없이 변화하고 새로운 지식을 요구합니다. '내가 뭘 안다는 생각'을 버릴 때, 우리는 비로소 진정한 배움의 길에 들어서고, 삶의 무한한 가능성을 마주할 수 있을 것입니다.

> Q64. 당신은 '안다고 생각했던 것' 중 무엇을 비워 내실 건가요?

065

내 인생 상도 벌도 주지 마오
존재의 자유를 향한 외침

살다 보면 문득 모든 것으로부터 자유롭고 싶다는 열망이 찾아옵니다. 특히 타인의 시선, 사회의 평가, 그리고 그에 따르는 상(賞)과 벌(罰)에서 벗어나고 싶은 마음이 들 때가 있습니다. "내 인생 상도 벌도 주지 마오." 라는 말에는 외부의 잣대가 아닌, 오롯이 자신의 기준으로 살아가고자 하는 간절한 바람이 담겨 있습니다. 이는 방종이 아니라, 주체적 삶을 향한 선언입니다.

'상'은 칭찬, 성적, 명예처럼 우리를 움직이는 동력이지만, 지나치면 타인의 기대에 얽매이게 만듭니다. 결과만 중시한 행위는 진정성을 잃고, 점점 더 큰 보상을 갈구하게 됩니다. 이는 결국 우리를 피로하게 만들고, 삶의 방향을 외부에 맡기게 합니다.

'벌' 역시 문제입니다. 비난, 낙인, 처벌 등은 우리를 위축시키고 도전을 가로막습니다. 벌을 피하려다 보면 자신의 신념을 굽히고, 하고 싶은 일도 포기하게 됩니다. 사회적 시선이 두려워 침묵하고, 안전한 길만을 택하며 사는 삶은 결국 자신을 잃게 만듭니다.

그래서 "상도 벌도 주지 마오."는 외부의 평가가 아닌 내면의 나침반을 따르겠다는 다짐입니다. 내 가치와 신념을 기준으로 삶을 선택하고, 그 결과를 기꺼이 감내하겠다는 책임 있는 자유의지입니다. 이는 게으름이 아니라, 더 깊은 성찰과 자기주도적 행동을 전제로 합니다.

이러한 태도는 행위 그 자체에서 의미를 찾게 만듭니다. 결과나 보상이 아닌 과정의 기쁨, 몰입의 만족이 삶을 채웁니다. 마치 자연이 상이나 벌 없이 존재하듯, 우리도 있는 그대로의 삶을 수용하며 고요한 자유에 이를 수 있습니다.

결국 이 외침은 타인의 평가가 아닌, 내 존재의 가치를 지키기 위한 용기 있는 선언인 것입니다. 상과 벌의 굴레를 벗어날 때, 우리는 비로소 나다운 삶에 가까워질 것입니다.

> Q65. 그래도 당신이 받고 싶은 상, 받고 싶지 않은 벌이 있다면 무엇인가요?

066

너가 나에 대해서 무얼 안다고
나는 나를 아는가

"너가 나에 대해서 무얼 안다고." 이 짧은 말은 억울함과 분노, 때로는 단절과 체념의 감정을 담고 터져 나옵니다. 우리는 살면서 타인의 섣부른 판단에 상처받고, 그 앞에서 방어적인 태도를 취하거나 마음을 닫기도 합니다. 이 말은 단순한 반박이 아니라, 인간 존재의 복잡성과 고유성을 인정해 달라는 절규에 가깝습니다.

우리가 보여 주는 모습은 빙산의 일각일 뿐입니다. 말투, 표정, SNS, 직업 등 외부에 드러난 정보만으로는 '나'를 제대로 이해할 수 없습니다. 그러나 사람들은 그 작은 조각들로 전체를 판단하고, '늘 웃으니 행복한 사람', '몇 번 실수했으니 부주의한 사람'이라 단정 지어 버립니다. 하지만 그 웃음 뒤에 숨겨진 슬픔이나, 실수 속에 담긴 고뇌를 그들은 모릅니다.

우리는 각기 다른 역할을 수행하며 살아갑니다. 자식, 부모, 친구, 동료, 상사 등 다양한 관계 속에서 여러 가면을 쓰고 살아가며, 때로는 스스로도 '진짜 나'가 누구인지 혼란스럽습니다. 타인은 그중 일부 모습만 보고 나를 판단하고, 그것이 때론 억울함과 고립감을 낳습니다.

우리 각자의 과거는 '지금의 나'를 만든 중요한 요소입니다. 어린 시절의 상처, 실패의 기억, 삶을 바꾼 선택의 순간들. 그러나 타인은 결과만 보고 그 과정을 알지 못한 채 쉽게 말합니다. "쟤는 원래 그래.", "그럴 줄 알았어." 같은 말은 나를 고정된 틀에 가두고, 오해를 심화시킵니다.

그럼에도 불구하고 인간은 이해받고 싶은 존재입니다. "너가 나에 대해서 무얼 안다고."라는 말은 역설적으로 "나를 진심으로 이해해 줄 수는 없을까?"라는 간절한 바람을 담고 있습니다. 진정한 이해는 단순한 정보 수집이 아니라, 공감과 인내, 그리고 마음의 노력이 필요합니다.

결국 이 말은 타인에게는 겸손을, 자신에게는 자기를 향한 지속적인 탐색을 요구하는 메시지입니다. 우리는 서로에게 완전히 알려질 수 없는 미지의 존재지만, 그 미지의 영역을 향해 다가가려는 시도 속에 진정한 관계의 가능성이 있습니다.

Q66. 당신은 이 말을 언제, 어떤 감정으로 사용하시나요? 혹은 이 말을 들었을 때 어떤 생각이 드시나요?

067

두려운 것은 상대가 아니라 나 자신이다
내면의 적과 싸우는 지혜

"두려운 것은 상대가 아니라 나 자신이다." 이 말은 경쟁을 넘어 우리 삶의 모든 영역에 적용되는 깊은 지혜를 담고 있습니다. 우리가 진정으로 두려워해야 할 대상은 외부의 적이나 예측 불가능한 상황이 아니라, 바로 우리 자신의 나약함과 불완전함, 그리고 그로 인해 발생하는 '나의 실수'입니다. 삶의 모든 싸움은 결국 자기 자신과의 싸움임을 깨닫게 합니다.

우리는 종종 두려움의 화살을 외부로 돌립니다. 시험, 직장, 사업 등 모든 상황에서 '경쟁자', '까다로운 상사', '불안정한 시장' 등 외부 요인을 두려워하죠. 이러한 외부 지향적인 두려움은 우리를 수동적으로 만들고, 통제할 수 없는 것에 집중하게 하여 무력감에 빠뜨립니다. 외부의 상대는 바꿀 수 없기에, 진정한 문제 해결의 기회를 놓치게 됩니다.

진정으로 두려워해야 할 것은 외부의 상대가 아니라, 바로 '나의 실수'입니다. 나의 실수는 나의 통제 범위 안에 있으며, 노력하면 충분히 개선할 수 있습니다. 나의 실수는 노력 부족과 게으름, 자기 과신과 오만함, 감정적 동요와 판단력 상실, 윤리적 타협과 원칙 위반, 소통 부재와 관계 소홀, 변화 거부와 안주 등의 다양한 형태로 나타납니다. 이처럼 '나의 실수'는 외부의 적보다 훨씬 강력하고 파괴적이며, 나 스스로를 무너뜨릴 수 있습니다.

'나의 실수'를 깨달았다면, 두려움의 방향을 바꾸고 내면의 적과 싸우는 지혜를 길러야 합니다. 철저한 자기 성찰, 꾸준한 노력과 자기 계발, 감정 조절과 평정심 유지, 윤리적 기준 확립, 실패를 통한 배움 등을 통한 나를 이기는 자가 세상을 얻을 수 있습니다.

"두려운 것은 상대가 아니라 나 자신이다." 이 말은 우리에게 삶의 모든 싸움이 결국 자기 자신과의 싸움임을 일깨워 줍니다. 외부의 적을 이기는 것보다, 내 안의 나약함과 실수를 극복하는 것이 훨씬 더 어렵고 중요한 일입니다. 나의 실수를 직시하고, 그것을 줄이기 위해 끊임없이 노력하며 내면의 강인함을 길러낼 때, 우리는 어떤 외부적인 어려움에도 흔들리지 않는 단단한 존재가 될 수 있습니다. 진정한 승리는 남을 이기는 것이 아니라, 자기 자신을 이기는 데 있습니다.

> Q67. 당신은 당신 자신과의 시합에서 몇 승 몇 패입니까?

068

사유(思惟)
삶을 꿰뚫는 빛

우리는 매 순간 생각하며 살아가지만, 이 모든 생각이 '사유(思惟)'는 아 닙니다. 사유는 단순히 정보를 처리하는 것을 넘어, 삶의 본질과 숨겨진 의미를 탐색하는 능동적인 여정입니다. 이는 자신과 세상을 깊이 이해하 려는 깊은 질문과 성찰을 포함합니다.

사유는 표면적인 현상 뒤에 숨겨진 진실을 찾아가는 여정입니다. 바쁘 게 돌아가는 일상 속에서 잠시 멈춰 서서 '왜'라는 질문을 던지는 것, 익숙 한 것을 낯설게 보고 의문을 제기하는 것이 바로 사유의 시작입니다. 이 는 마치 거울을 통해 우리의 내면과 우리가 속한 세계의 본질을 비춰 보 는 것과 같습니다. 책을 읽거나 음악을 듣는 순간, 혹은 고독 속에서 걷는 길 위에서 문득 떠오르는 깨달음 속에서 사유는 꽃을 피웁니다. 단순히 정보를 습득하는 것을 넘어, 그 정보를 자신의 경험과 연결하고 고유한 의미를 부여하는 과정이 사유의 핵심입니다.

사유는 개인의 성장을 이끄는 강력한 동력입니다. 사유를 통해 우리는 자신의 가치관을 정립하고, 실패와 좌절 속에서 교훈을 얻어 다시 일어설 힘을 얻습니다. 또한 타인의 시선이나 사회적 통념에 휩쓸리지 않고, 자 신만의 목소리를 내고 길을 걸어갈 수 있는 용기를 얻습니다. 사유는 우 리를 더욱 단단하고 지혜로운 존재로 만들어 줍니다.

그러나 현대 사회는 사유를 방해하는 요소들로 가득합니다. 넘쳐나는 정보의 홍수와 즉각적인 만족을 추구하는 문화는 깊이 있는 사고를 할 시간을 빼앗습니다. 소셜 미디어는 우리의 생각을 파편화시키고 타인의 의견에 쉽게 동조하게 만들며, 고독 속에서 자신을 들여다볼 기회를 줄입니다.

이러한 환경 속에서 의식적으로 사유의 시간을 확보하는 노력이 더욱 중요합니다. 잠시 스마트폰을 내려놓고 고요한 시간을 갖거나, 일기를 쓰며 하루를 돌아보는 것은 사유의 근육을 단련하는 좋은 방법입니다. 또한 논쟁적인 주제에 대해 다양한 관점을 찾아보고 스스로 비판적인 질문을 던져 보는 것도 사유의 폭을 넓히는 데 도움이 됩니다. 중요한 것은 '생각하는 행위' 자체를 즐기고, 그 과정에서 얻는 깨달음을 소중히 여기는 태도입니다.

결론적으로, 사유는 지적인 유희를 넘어 삶을 풍요롭게 하고 우리를 더 나은 인간으로 만드는 필수적인 활동입니다. 급변하는 세상 속에서 우리는 사유의 빛을 통해 혼돈 속에서도 길을 찾고, 불확실성 속에서도 의미를 발견할 수 있습니다. 끊임없이 질문하고 성찰하며, 자신과 세상을 깊이 이해하려는 노력을 멈추지 않을 때, 우리는 비로소 진정한 삶의 주인이 될 수 있을 것입니다.

Q68. 결국 당신을 멈춰 세우고 깊이 생각하게 만든, 당신만의 '사유'는 무엇이었나요?

069

솔직함과 정직함
진실의 두 얼굴, 삶의 지혜

우리는 살아가며 수많은 관계 속에서 '진실'을 중요하게 여깁니다. 그 과정에서 자주 사용하는 말이 "솔직해라.", "정직하게 행동하라."입니다. 얼핏 비슷해 보이는 '솔직함'과 '정직함'은 모두 거짓 없이 진실하게 살아가는 태도처럼 보이지만, 실제로는 서로 다른 지향과 방식, 그리고 사회적 의미를 지닌 덕목입니다.

솔직함은 자신의 감정과 생각을 꾸밈없이 드러내는 태도입니다. 진정성을 바탕으로 한 솔직함은 타인과의 신뢰를 구축하고, 친밀한 관계를 가능하게 합니다. 친구에게 고민을 털어놓거나, 배우자에게 속마음을 공유하는 일들은 모두 솔직함에서 비롯됩니다. 그러나 솔직함은 날카로운 칼날처럼, 잘못 사용될 경우 타인에게 상처를 줄 수도 있습니다. 상대의 감정을 고려하지 않고 감정이나 생각을 그대로 말하는 것은 무례함으로 보일 수 있으며, 오히려 관계를 해치는 결과를 낳기도 합니다. 따라서 솔직함에는 반드시 배려와 지혜가 함께 수반되어야 진정한 의미를 가집니다.

반면 정직함은 윤리적 바름과 사실에 대한 진실성을 중시합니다. 약속을 지키고, 거짓말을 하지 않으며, 실수를 인정하고 책임을 지는 태도는 정직함의 핵심입니다. 정직한 사람은 타인의 신뢰를 얻고, 이는 사회 전체의 기초가 됩니다. 기업의 투명성, 정치인의 청렴성, 언론의 정확한 보도 등 모든 공적 영역에서 정직함은 필수불가결한 가치입니다. 때로는 정직함이 손해를 감수하게 만들기도 하지만, 장기적으로는 개인의 양심을 지키고 사회의 질서를 유지하는 데 중요한 역할을 합니다.

두 덕목은 표현의 방식과 진실의 방향에서 다릅니다. 솔직함은 '내면의 진실'을, 정직함은 '사실의 진실'을 지향합니다. 솔직하지만 정직하지 않을 수 있고, 정직하지만 솔직하지 않을 수도 있습니다. 예를 들어, 자신의 감정을 솔직하게 표현하지만 그것이 편견에 기반한 것이라면 정직하다고 볼 수 없습니다. 반대로, 누군가의 감정을 배려해 자신의 진심을 말하지 않더라도 거짓말을 하지 않았다면 정직한 태도일 수 있습니다.

이상적인 삶은 정직함을 기반으로 솔직함을 실천하는 것입니다. 진실에 기반해 내 생각과 감정을 표현하되, 타인을 배려하고 관계의 맥락을 고려하는 성숙함이 요구됩니다. 이는 단순히 '있는 그대로 말하기'를 넘어, '어떻게 말할 것인가'에 대한 고민과 책임이 따르는 태도입니다.

> Q69. 당신의 솔직함은 정직함 위에 놓여 있습니까, 아니면 그저 감정의 분출에 머물러 있습니까?

070

신독(愼獨)
홀로 있을 때의 지혜, 진정한 성장의 시작

우리는 타인의 시선 속에서 살아갑니다. 학교, 직장, SNS에서 끊임없이 '보여지는 나'를 연출하며 평가받고, 그 과정에서 종종 진정한 자아를 잃기도 합니다.

이러한 삶 속에서 유교의 신독(愼獨), 즉 '홀로 있을 때의 삼감'은 우리에게 중요한 성찰을 제공합니다. 신독은 타인의 시선이 닿지 않는 순간에도 자신의 마음과 행동을 바르게 다스리는 태도를 말하며, 외부 강요가 아닌 내면의 윤리와 정직함에 기초한 진정한 나를 추구하는 삶의 방식입니다.

그러나 신독을 실천하기란 결코 쉽지 않습니다. 사람은 인정 욕구에 취약하고, 외부의 보상 없는 정직은 종종 외면당하기 마련입니다. 또한 편의 추구와 자기합리화, 무의식적 자기기만, 사회적 순응의 압력은 우리를 내면의 기준에서 멀어지게 만듭니다. 그래서 신독은 '진실한 나와 마주할 용기' 없이는 실현되기 어렵습니다.

그럼에도 신독은 강력한 내면의 힘을 길러 줍니다. 첫째, 외부의 조건에 흔들리지 않는 단단한 중심을 만들어 주며, 둘째, 외부 인정이 아닌 내면의 떳떳함을 통해 진정한 자존감을 확립하게 해 줍니다. 셋째, 일관된 자기 성찰과 실천을 통해 지속 가능한 성장을 가능하게 하고, 넷째, 타인과의 깊은 신뢰를 구축하게 합니다. 마지막으로, 외부 기준에서 벗어난 자율적 자유와 평화를 선사합니다.

신독은 거창한 수행이 아니라 매일의 작고 조용한 실천입니다. 스스로를 성찰하는 시간을 갖고, 작은 유혹 앞에서 양심의 목소리에 귀 기울이며, 외부가 보지 않아도 작은 정직함을 지키는 것, 이것이 바로 신독의 시작입니다. 내면의 목소리를 따르고, 겸손하게 성장하려는 자세는 오히려 세상의 복잡함 속에서 진정한 나를 잃지 않는 지혜가 됩니다.

결국 신독은 나만 아는 나, 가장 솔직하고 외면하기 쉬운 나를 다스리는 태도입니다. 진정한 인격은 무대 위의 연기가 아니라, 무대 뒤에서의 태도로 결정됩니다. 누구도 보지 않는 그 순간, 나의 선택이 곧 나의 인생을 말해 줍니다.

> Q70. 아무도 보지 않는 그 순간, 당신은 정말 당신답게 행동하고 있습니까?

071

"알았어, 그만하면 됐어. 그만하라니까"

균형과 절제

"알았어, 그만하면 됐어. 그만하라니까." 이 짧은 외침은 단순한 짜증이 아닌, 지쳐 버린 마음의 경고이자 절제와 멈춤을 요구하는 깊은 외침입니다.

반복되는 잔소리, 끝나지 않는 논쟁, 실망의 반복 속에서 인내심은 고갈되고, 결국 이 말은 감정의 폭발로 터져 나옵니다. 관계 속에서, 사회 속에서, 정보의 홍수 속에서 우리는 점점 피로해지고, 어느 순간 "이젠 그만."을 외치게 되는 것입니다.

이 말은 또한 선을 넘는 행동에 대한 단호한 거부를 의미합니다. 모든 관계에는 보이지 않는 경계가 존재하며, 그것이 반복적으로 침해될 때 우리는 더 이상 참지 못하고 경고합니다. 이는 자기방어이자, 관계의 파국을 막기 위한 마지막 외침이기도 합니다.

그러나 이 외침 속에는 무력감과 체념도 숨어 있습니다. 수많은 노력과 설득에도 변화가 없을 때, 우리는 "그만하라니까."라는 말로 체념을 표현합니다. 특히 정치와 사회 문제에 대한 무기력은 시민 참여를 위축시키고 공동체의 활력을 떨어뜨립니다. 이 말은 단호하지만, 때로는 포기와 단절의 신호이기도 합니다.

잡상잡기 왜?

그럼에도 "그만."은 포기가 아니라 절제와 회복의 출발점이 될 수 있습니다. 자신을 너무 몰아붙일 때, 관계가 에너지를 고갈시킬 때, 혹은 사회가 끝없는 갈등 속에 있을 때, 우리는 멈출 줄 아는 지혜가 필요합니다. 과유불급이라는 말처럼, 지나침은 모자람보다 해로울 수 있습니다. '그만'은 자기 보호이자, 더 나은 선택을 위한 용기입니다.

사회적으로도 '그만'의 미학은 중요합니다. 진영 간 끝없는 비난을 멈추고, 불필요한 소모전을 중단해야 소통과 협력의 길이 열립니다. "그만하라니까."라는 외침은 단순한 종료가 아니라, 삶과 관계, 사회 전체에 균형과 절제를 촉구하는 성찰의 언어입니다.

> Q71. 지금 당신이 멈춰야 할 대상은 타인입니까, 아니면 지쳐 가는 자신입니까?

072

예지(叡智)
경험과 성찰을 통한 미래 통찰

오늘날 우리는 지식을 쌓고 지능을 키우며 복잡한 사회를 살아갑니다. 그러나 삶의 본질을 꿰뚫고 미래를 통찰하는 힘은 단순한 지식이나 지능이 아닌, 예지(叡智)에 있습니다. 예지는 단순한 정보를 아는 것에서 그치지 않고, 사물의 본질을 꿰뚫어 보고, 현상을 깊이 이해하며, 미래를 통찰하는 능력을 의미합니다. 그것은 이성적 분석을 넘어선 따뜻한 통찰과 삶의 방향성을 제시하는 힘입니다.

우리가 흔히 혼동하는 개념인 지식·지능·예지는 다음과 같이 구분됩니다. 지식은 사실과 정보를 아는 것, 지능은 그것을 논리적으로 분석하고 문제를 해결하는 능력, 예지는 이 둘을 넘어, 지식을 삶의 맥락 속에서 적용하고 해석하는 통찰력입니다.

예지는 단순히 아는 것을 넘어, 타인을 공감하고, 삶의 맥락을 이해하며, 보다 본질적인 판단을 내리는 힘입니다. 이를테면, 어떤 의사가 뛰어난 의학 지식과 진단 능력을 가졌다고 해도, 환자의 아픔을 진심으로 이해하고 그 삶 전체를 돌보려는 마음이 없다면, 그는 '예지'가 아닌 지식과 기술만을 가진 사람일 수 있습니다.

예지는 오랜 경험과 깊은 성찰, 그리고 겸손한 태도에서 비롯됩니다. 삶의 고비마다 얻은 깨달음들이 쌓이고, 자신이 모르는 것이 많음을 인정할 때, 우리는 더 깊은 통찰에 도달할 수 있습니다. 반대로, 오만함은 예지의 길을 가로막습니다.

예지의 핵심은 미래를 통찰하는 힘에 있습니다. 이는 단순한 예측 능력이 아니라, 과거의 흐름과 현재의 징후를 종합해, 장기적이고 지속 가능한 판단을 내리는 능력입니다. 예지를 갖춘 리더는 단기 성과보다는 장기 비전을 세우고, 사회적 책임을 고려한 결정을 내릴 수 있습니다. 개인 역시 예지를 통해 즉흥적인 감정이나 욕망에 휘둘리지 않고, 자신의 삶을 조망하며 의미 있는 선택을 할 수 있습니다.

예지는 개인뿐 아니라 사회 전반에도 반드시 필요한 가치입니다. 기술이나 자원만으로는 해결할 수 없는 문제들, 예컨대 환경위기, 불평등, 사회 갈등 등은 깊은 통찰력과 책임 있는 판단을 요구합니다. 예지를 갖춘 사회는 감정적 대립보다는 대화와 이해를, 단기 이익보다는 공동체의 미래를 바라보며 정책과 문화를 형성해 갑니다.

예지는 완성된 능력이 아니라 평생에 걸쳐 길러야 할 삶의 태도입니다. 실패와 상처, 성찰과 경청, 배움과 실천을 반복하며 우리는 예지에 조금씩 다가갑니다. 하루하루의 선택 속에서 우리는 예지를 향한 씨앗을 뿌리고, 그것이 언젠가 우리 삶의 등불이 되기를 기대합니다. 예지는 지식의 끝이 아니라, 지혜로운 시작입니다.

> Q72. 당신은 지식을 쌓고 있습니까, 아니면 삶을 꿰뚫는 예지를 기르고 있습니까?

073

일희일비(一喜一悲)
삶의 롤러코스터, 그 속에서 중심 잡기

우리는 하루에도 수십 번, 작은 기쁨과 사소한 슬픔에 마음이 요동칩니다. '일희일비(一喜一悲)'란 바로 이러한 감정의 기복을 뜻하며, 성적 변화나 직장 내 칭찬·비난, 주식 시세처럼 사소한 자극에도 크게 반응하는 모습을 말합니다. 현대 사회는 소셜 미디어와 즉각적인 정보·결과를 통해 이런 경향을 더욱 부추깁니다. '좋아요' 하나에 기뻐하고 댓글 하나에 상처받는 일상이 익숙해진 것입니다.

우리가 일희일비하는 이유에는 네 가지가 있습니다. 첫째, 결과 중심 사고방식으로 작은 성과에도 감정이 매여 버립니다. 둘째, 불안감과 통제 욕구로 작은 결과에 의지해 안도하거나 좌절합니다. 셋째, 자기 가치의 외부 의존으로 타인의 평가에 자신을 맡깁니다. 넷째, 즉각적인 만족을 추구하는 습관이 감정의 폭을 키웁니다.

과도한 일희일비는 감정적 소진, 장기적 목표 상실, 인간관계 악화, 행복의 단절을 초래하기도 합니다. 기쁨은 오래가지 못하고 불안과 실망으로 이어지는 '행복의 역설'에 빠질 위험도 있습니다.

이를 극복하기 위해서는 과정에 집중하여 결과에 덜 흔들리고, 장기적 관점으로 작은 성패에 매몰되지 않으며, 자기 성찰과 감정 조절로 상황을 객관화하고, 감사하는 마음으로 부정적 감정을 완화하며, 내려놓음을 통해 집착을 줄이고, 건강한 비교로 성장의 척도를 자기 자신에게 두는 것이 필요합니다.

일희일비는 인간적인 감정이지만, 그 파도가 삶을 지배하게 두어서는 안 됩니다. 감정을 억누르기보다 주인이 되는 것, 작은 기쁨과 슬픔을 인정하되 중심을 잃지 않는 것이 성숙한 삶의 지혜입니다. 흔들림 속에서 평정을 지키는 힘이야말로 진정한 행복으로 가는 길이라고 생각합니다.

> Q73. 당신은 지금, 감정의 파도에 흔들리는가 아니면 그 파도를 타고 나아가고 있습니까?

074

자기 자신을 소중히 여기는 사람은 자신을 위한 일을 한다

이기심과 자기애 사이의 경계

"자기 자신을 소중히 여기는 사람은 결국 자신을 위한 일을 한다."는 말은 당연해 보이지만, 그 속에는 건강한 자기애와 파괴적인 이기심 사이의 미묘한 경계가 숨어 있습니다.

건강한 자기애는 자기 돌봄, 경계 설정, 내면의 평화를 통해 나타납니다. 자신을 소중히 여기는 사람은 몸과 마음의 건강을 챙기고, 불필요한 요구를 거절하며, 외부 평가에 흔들리지 않습니다. 이는 꾸준한 성장과 삶의 주체성을 강화하며, 결과적으로 자신과 주변을 긍정적으로 변화시킵니다.

그러나 이기심은 타인의 희생을 강요하고, 관계를 파괴하며, 사회적 불공정을 조장하고, 오만함으로 이어집니다. 남의 노력에 무임승차하거나 약속을 가볍게 여기고, 불공정한 이익 구조를 묵인하는 행위가 전형적인 예입니다. 이런 태도는 결국 신뢰 상실과 고립을 부릅니다.

두 태도의 차이는 네 가지 지점에서 드러납니다. 첫 번째, 자기애는 해를 끼치지 않지만, 이기심은 타인의 손해를 감수합니다. 두 번째, 자기애는 관계를 풍요롭게 하고, 이기심은 단절시킵니다. 세 번째, 자기애는 지속 가능한 행복을 지향하지만, 이기심은 단기 이익에 매몰됩니다. 네 번째, 자기애는 양심과 도덕을 지키지만, 이기심은 이를 저버립니다. 다섯 번째, 건강한 자기애를 실천하려면 자기 성찰, 공감 능력, 책임 있는 선택, 관계의 가치 인정, 겸손이 필요합니다.

자신의 행동이 이기심인지 자기애인지 점검하며, 타인의 감정을 이해하고, 윤리적 기준에 부합하는 결정을 내려야 합니다. 또한 나를 사랑하는 만큼 타인과의 관계도 소중히 여기고, 겸손하게 배우는 자세를 잃지 않아야 합니다.

결국, 진정한 자기 존중은 자신만을 위한 것이 아니라 타인과 공동체에도 긍정적인 영향을 미치는 사랑이겠지요. 나를 사랑하는 마음이 타인을 배려하고 세상을 이롭게 할 때, 그것은 가장 의미 있는 삶이 되는 까닭입니다.

> Q74. 당신의 '나를 사랑함'은 지금, 세상을 따뜻하게 만들고 있나요?

075

주제와 분수를 아는 삶
지혜와 겸손의 미덕

인간은 사회 속에서 역할과 위치를 인식하며 살아갑니다. 이때 '주제를 안다'는 것은 상황의 핵심과 본질을 정확히 파악하는 통찰력을, '분수를 안다'는 것은 자신의 처지·능력·한계를 인식하는 겸손을 뜻합니다. 두 덕목은 불필요한 오류와 갈등을 줄이고, 개인과 공동체 모두의 성장을 이끕니다.

주제를 아는 삶은 피상적인 정보나 감정에 흔들리지 않고 핵심을 꿰뚫는 능력입니다. 회의나 대화에서 논점에서 벗어나지 않고 생산적인 논의를 이끌며, 글쓰기·교육 등에서도 본질에 집중하게 합니다. 이는 지식의 양이 아니라 비판적 사고, 분석력, 맥락 이해, 열린 마음에서 비롯됩니다.

분수를 아는 삶은 자신의 능력과 한계를 객관적으로 평가하고 그에 맞게 행동하는 태도입니다. 무리한 시도나 불가능한 약속을 피하고, 필요한 경우 도움을 구할 줄 알며, 타인의 영역을 침범하지 않습니다. 이는 책임감과 타인 존중으로 이어지며, 공동체의 질서와 신뢰를 유지합니다. '군자구제기 소인구제인'처럼 스스로 부족함을 인정하는 태도가 핵심입니다.

두 덕목은 상호 보완적입니다. 주제를 아는 통찰은 분수 이상의 무리한 행동을 막고, 분수를 아는 겸손은 주제에 대한 더 깊은 탐구를 가능하게 합니다. 예컨대 리더가 과제를 명확히 파악했더라도 자신의 한계를 인정하지 않으면 실패할 수 있습니다. 반대로 적절히 권한을 위임하면 더 효과적인 해결이 가능합니다.

이처럼 주제와 분수를 아는 삶은 첫째, 자신의 강점과 약점을 명확히 알고, 본질에 집중하여 노력함으로써 불필요한 시행착오를 줄이고 효율적으로 성장할 수 있습니다. 둘째, 대화의 주제를 벗어나지 않고, 각자의 역할과 한계를 인지하며 소통할 때 오해를 줄이고 건설적인 협업이 가능해집니다. 셋째, 각 구성원이 자신의 분수를 알고 책임감을 다하며, 본질적인 목표에 집중할 때 조직은 불필요한 갈등 없이 시너지를 창출할 수 있습니다. 넷째, 정치, 경제, 문화 등 모든 분야에서 각자의 역할과 한계를 인지하고, 본질적인 문제 해결에 집중할 때 사회는 혼란을 줄이고 안정적으로 발전할 수 있습니다.

결국 '주제와 분수를 아는 삶'은 소극적 태도가 아니라, 현명한 판단과 겸손한 학습, 그리고 지속적인 자기 성찰을 바탕으로 한 적극적인 지혜입니다. 자신의 위치와 한계를 인식하면 불필요한 욕심을 버리고 중요한 것에 집중할 수 있으며, 이는 자신에게는 진실하고 타인에게는 존중을 보내는 삶을 가능하게 합니다. 혼란 속에서도 나침반처럼 흔들리지 않는 삶의 기준이 됩니다.

> Q75. 당신은 지금, 본질을 정확히 붙잡고 있습니까? 아니면 자신의 분수를 잊은 채 주제 밖을 헤매고 있습니까?

076

진(眞), 진(盡), 진(進), 진(振)

삶을 이끄는 네 가지 기준

우리의 삶은 선택과 노력, 그리고 성장을 거듭하는 여정입니다. 이러한 과정 속에서 삶의 방향과 태도를 정립하는 데 도움이 되는 네 가지 한자가 있습니다. 바로 진(眞), 진(盡), 진(進), 진(振)입니다. 이 네 가지는 각기 다른 의미를 지니면서도 서로 유기적으로 연결되어, 개인의 인격과 행동을 규정하고, 나아가 사회적 영향력으로 이어집니다.

첫째, 진(眞)은 '참되다, 진실하다'는 뜻으로, 모든 가치의 근원이며 본질을 상징합니다. 이는 자신에게 거짓 없이, 겉과 속이 다르지 않은 태도를 의미합니다. 사회생활 속에서 가면을 쓰거나 타인의 시선을 의식하는 경우가 많지만, 진정한 관계와 신뢰는 오직 '眞'에서 비롯됩니다. 자기 내면을 성찰하고 가치관과 신념에 맞게 행동하는 삶은 때로 고독할 수 있으나, 궁극적으로 가장 평화롭고 만족스럽습니다. '성어중형어외(誠於中形於外)'라는 말처럼, 마음속의 진실함은 외면에 드러나 인격과 매력을 형성합니다.

둘째, 진(盡)은 '다하다, 최선을 다하다'는 의미입니다. '진인사대천명(盡人事待天命)'이라는 말처럼, 할 수 있는 모든 노력을 다한 뒤 결과를 겸허히 받아들이는 자세입니다. 우리는 결과를 완전히 통제할 수 없지만, 노력과 태도만큼은 스스로 결정할 수 있습니다. 한계에 부딪혔을 때 포기하지 않고 모든 역량을 쏟아붓는 '盡'의 정신은 성장과 성취를 가능하게 하며, 결과가 기대에 미치지 못하더라도 후회 없는 도전의 밑거름이 됩니다.

셋째, 진(進)은 '나아가다, 발전하다'를 뜻하며, 현재에 안주하지 않고 지속적으로 배우고 성장하려는 의지를 나타냅니다. 급변하는 사회에서 어제의 지식과 방법은 금세 낡아질 수 있습니다. 그러므로 우리는 끊임없이 새로운 것을 탐구하고, 기술을 습득하며, 한계를 넘어설 수 있는 노력을 지속해야 합니다. 이는 단순한 전진이 아니라 정신적·지적 성장을 통해 더 나은 자신을 만들어 가는 과정이며, 개인과 사회의 발전을 이끄는 원동력이 됩니다.

넷째, 진(振)은 '떨치다, 일으키다'의 의미를 지니며, 개인의 성취를 넘어 공동체와 사회에 긍정적 영향을 미치는 것을 말합니다. '眞'의 진실함, '盡'의 헌신, '進'의 성장이 결합될 때 '振'의 영향력이 발휘됩니다. 진정한 리더는 공동체를 위해 헌신하고 구성원들의 잠재력을 끌어내며, 사회적 약자를 돕고 불의에 맞서 더 나은 세상을 위해 행동합니다.

결론적으로, 眞·盡·進·振은 진실함, 최선, 성장, 영향력이라는 네 축으로 우리의 삶을 풍요롭게 하고 의미를 부여합니다. 자신에게 진실하고(眞), 모든 일에 최선을 다하며(盡), 끊임없이 발전하고(進), 공동체를 일으키는(振) 삶이야말로 진정한 자아와 더 나은 세상을 만드는 길이라 할 수 있습니다.

> Q76. 지금의 당신은 네 가지 '진' 중 어느 것을 가장 소홀히 하고 있는 것은 무엇입니까?

077

확증편향성을 가지지 않은 사람이 있을까?

완벽이 아닌 노력을 향해

확증편향성(Confirmation Bias)이란 자신의 기존 신념을 뒷받침하는 정보만 선택적으로 수용하고, 그렇지 않은 정보는 무시하거나 왜곡하는 경향을 말합니다. 심리학자 피터 웨이슨이 개념화한 이 현상은 인간의 인지구조와 깊이 연관되어 있습니다.

첫째, 인지적 효율성이 그 원인입니다. 인간의 뇌는 주어지는 정보를 모두 객관적으로 처리하기 어렵기 때문에, 기존 신념에 부합하는 정보는 쉽게 받아들이고 그렇지 않은 정보는 배제하는 '지름길'을 택합니다.

둘째, 정서적 안정과도 관련됩니다. 기존 신념과 상반된 정보는 '인지부조화'를 유발하며, 이를 피하고자 우리는 무의식적으로 신념을 유지하는 방향으로 해석합니다.

셋째, 정체성과 소속감이 결부됩니다. 정치·종교·가치관은 개인의 정체성과 집단 소속의 핵심이므로, 이를 위협하는 정보는 거부하는 경향이 강합니다.

이 편향은 정치·사회 문제에서 '메아리방' 현상을 만들고, 과학 연구에서도 가설에 유리한 데이터에 주목하게 만들며, 인간관계에서는 첫인상에 맞춰 상대의 행동을 해석하게 합니다. 결과적으로 사회적 갈등이 심화되고, 객관적 판단이 어려워집니다.

그렇다면 확증편향성에서 완전히 자유로운 사람이 있을까요? 인지심리학과 뇌과학은 부정적인 답을 제시합니다. 인간은 태어나면서부터 경험과 학습을 통해 '세상을 해석하는 틀'을 만들고, 새로운 정보 역시 그 틀 속에서 처리합니다. 완벽한 객관성은 현실적으로 불가능하며, 확증편향성은 빠른 판단과 생존을 돕는 진화적 산물일 가능성이 큽니다.

그러나 완전한 제거가 불가능하더라도, 그 영향은 완화할 수 있습니다. 첫째, 자기 인식과 성찰이 필요합니다. 자신의 신념이 정보 해석에 미치는 영향을 인지하고, 반대 정보에 직면했을 때 왜 불편함을 느끼는지 질문해야 합니다. 둘째, 다양한 관점과 정보원에 노출되는 습관을 길러야 합니다. 의도적으로 다른 의견을 수용하면 시야가 넓어집니다. 셋째, 지적 겸손을 유지해야 합니다. 자신의 신념이 틀릴 수 있다는 가능성을 인정하고, 학습에 열려 있어야 합니다.

결론적으로, 확증편향성은 인간의 본성에 깊이 뿌리내린 경향으로, 이를 전혀 갖지 않은 사람은 존재하기 어렵습니다. 그러나 우리는 그 존재를 인식하고, 다양한 시각을 받아들이며, 비판적으로 사고하려는 노력을 통해 더 합리적이고 개방적인 사회를 지향할 수 있습니다. 편향성은 우리의 그림자이지만, 그 그림자를 자각하는 순간 우리는 한 걸음 더 나아갈 수 있습니다.

> Q77. 당신이 옳다고 믿는 그 생각, 혹시 단단한 진실이 아니라 오래 쌓인 편향의 벽은 아닙니까?

5. 교육의 본질과 방향

078

교사에게 있어서의 오상(五常)

교육의 본질을 지탱하는 다섯 가지 덕목

동양 철학에서 인간이 마땅히 지켜야 할 다섯 가지 도리이자 덕목을 일컫는 '오상(五常)'은 인(仁), 의(義), 예(禮), 지(智), 신(信)을 말합니다. 이 고귀한 가치들은 오랜 세월 동안 개인의 수양과 사회의 질서를 유지하는 근간이 되어 왔습니다. 특히, 미래 세대를 양성하는 숭고한 직업인 교사에게 있어서 오상은 단순한 윤리적 지침을 넘어, 교육의 본질을 지탱하고 학생들의 전인적 성장을 이끄는 핵심적인 덕목이라 할 수 있습니다. AI 시대를 맞아 교사의 역할이 재정의되는 오늘날에도, 오상의 가치는 변함없이 교사 전문성의 중요한 축을 이룹니다.

첫 번째 덕목인 인(仁)은 '어질 인'으로, 인간에 대한 사랑과 자비를 의미합니다. 교사에게 인은 학생 개개인을 존중하고 사랑하는 마음에서 출발합니다. 단순히 지식을 전달하는 것을 넘어, 학생의 아픔에 공감하고, 그들의 잠재력을 믿어 주며, 따뜻한 마음으로 보듬어 주는 태도입니다.

두 번째 덕목인 의(義)는 '옳을 의'로, 정의로움과 올바른 판단을 의미합니다. 교사에게 의는 교육 현장에서 공정하고 합리적인 원칙을 지키는 태도입니다.

세 번째 덕목인 예(禮)는 '예도 예'로, 예의와 규범을 의미합니다. 교사에게 예는 학생들과의 관계에서 존중과 배려를 바탕으로 한 품격 있는 태도를 유지하는 것입니다.

네 번째 덕목인 지(智)는 '지혜 지'로, 지식과 통찰력을 의미합니다. 교사에게 지는 자신이 가르치는 교과 내용에 대한 깊이 있는 이해와 더불어, 교육 방법론에 대한 끊임없는 탐구, 그리고 학생들의 특성과 시대적 흐름을 읽어 내는 통찰력을 포함합니다.

마지막 덕목인 신(信)은 '믿을 신'으로, 신뢰와 믿음을 의미합니다. 교사에게 신은 학생들과의 약속을 지키고, 일관성 있는 태도를 유지하며, 학생들의 가능성을 믿어 주는 것입니다.

AI 시대의 도래는 교사에게 새로운 도전과 함께 본질적인 역할에 대한 성찰을 요구합니다. AI가 아무리 발전해도 인간적인 공감, 윤리적 판단, 그리고 전인적인 성장을 돕는 역할은 교사만이 할 수 있는 고유한 영역으로 남을 것입니다. 이러한 영역에서 교사의 전문성을 더욱 빛나게 하는 것이 바로 오상(五常)의 가치입니다. 인(仁)으로 학생을 사랑하고, 의(義)로 공정함을 지키며, 예(禮)로 존중을 가르치고, 지(智)로 현명하게 이끌며, 신(信)으로 믿음을 주는 교사야말로 시대를 초월하여 존경받는 진정한 교육자입니다.

오상은 교사 개인의 인격을 완성할 뿐만 아니라, 학생들이 건강한 사회 구성원으로 성장하는 데 필요한 핵심적인 가치관을 심어 주는 교육의 나침반이 될 것입니다.

Q78. 당신이 가장 존경하는 선생님은, 어떤 오상의 덕목을 실천한 분이었나요?

079

교육계의 죄수의 딜레마
학부모의 한숨과 나의 고민

수많은 아이들의 눈빛을 마주할 때마다, 그리고 학부모님들과 상담을 할 때마다 저는 문득, 우리 교육이 참으로 묘한 덫에 걸려 있다는 생각을 하곤 합니다. 모두가 원하지 않는 결과로 치닫고 있는데, 누구도 그 흐름을 멈추지 못하는 이상한 현실. 마치 보이지 않는 거대한 손에 이끌려 가는 듯한 이 상황을 설명할 때, 저는 종종 '죄수의 딜레마'라는 말을 떠올립니다. 이 게임 이론의 개념이, 우리 교육의 가장 아프고 복잡한 단면을 너무나 정확하게 짚어 낸다는 사실에 놀라곤 합니다.

'죄수의 딜레마'는 사실 간단한 이야기에서 시작됩니다. 두 명의 공범이 잡혀가 서로 격리된 채 심문을 받습니다. 경찰은 각각에게 이런 조건을 제시합니다. "너희 둘 다 끝까지 침묵하면 1년만 살고 나올 거야. 그런데 만약 너만 자백하고 저 녀석이 침묵하면, 너는 바로 풀려나고 저 녀석은 10년 형이야. 반대로 저 녀석이 자백하고 네가 침묵하면, 저 녀석은 풀려나고 너는 10년 형이지. 만약 둘 다 자백하면, 둘 다 5년 형을 받게 될 거야." 여기서 딜레마가 시작됩니다. 각 죄수는 '나'의 입장에서 가장 합리적인 선택을 고민합니다. '만약 저 녀석이 침묵한다면, 내가 자백해서 풀려나는 게 이득이지. 1년보다 낫잖아?' '만약 저 녀석이 자백한다면, 나도 자백해서 5년 형을 받는 게 10년 형보다 낫지.' 결국, 상대방이 어떤 선택을 하든, '나'에게 가장 유리한 선택은 '자백'이 됩니다. 그래서 두 죄수 모두 '자백'을 선택하고, 결과적으로 둘 다 5년 형을 받게 되죠. 아이러니하게도, 둘이 서로를 믿고 침묵했더라면 1년 형으로 끝났을 것을, 각자의 이익만을 좇다 보니 모두에게 더 나쁜 결과인 5년 형을 받게 되는 겁니다.

학부모님들은 자녀의 행복을 바라지만, 현실적인 '미래 경쟁력'이라는 압박 속에서 '죄수의 딜레마'라는 덫에 갇혀 있습니다. 하지만 이 딜레마는 특정 개인만의 책임이 아닙니다. 이 딜레마를 해결하고, 아이들이 진정으로 행복하게 성장할 수 있는 교육을 실현하기 위해서는, 학부모 개개인의 용기 있는 선택과 함께 사회 전체의 구조적인 변화가 반드시 동반되어야 합니다. 결국 이 악순환을 끊기 위해선, 사회 전체의 시스템적 변화와 더불어 우리 모두의 용기 있는 선택이 필요합니다.

저는 아직 희망을 봅니다. 아이들이 자신의 속도와 방식으로 성장할 수 있는 교육, 그것이 우리 모두가 함께 만들어야 할 미래입니다.

> Q79. 교육의 이상 실현, 내 자식 문제가 되면 어렵겠죠?

080

꿈이 없는 교사가
학생들에게 꿈을 가져라고 지도하는 모순
'꿈을 가지라' 말할 자격

"얘들아, 꿈을 가져야 해. 꿈이 있는 사람은 멈추지 않는단다."

희망을 전하고 미래를 준비시키는 교육자의 역할로서, 학생들에게 '꿈'의 가치를 이야기하는 것은 어쩌면 너무도 당연해 보입니다. 그러나 어느 날 문득, 이런 질문이 나 자신에게 돌아올 때가 있습니다. "나는 지금 어떤 꿈을 꾸고 있는가?" 그 물음 앞에서 침묵하게 된다면, 우리는 깊은 모순과 마주 서게 됩니다.

꿈이 없는 교사가 학생들에게 꿈을 이야기하는 것은 마치 물이 마른 우물에서 물을 퍼내려는 것과 같습니다. 말은 할 수 있어도, 그 말에 담긴 진정성은 전달되지 않습니다. 학생들은 교사의 눈빛과 태도, 말의 온도까지 감지합니다. 교사가 정체되어 있다면, 학생들은 본능적으로 그것을 읽어 냅니다. 그리고 이렇게 묻습니다. "선생님은 꿈이 있으세요?" 그 순간 우리는 당황하거나 회피하고 싶은 마음에 휩싸이기도 합니다.

꿈 없는 교사의 말은 공허하며 학생들에게 몇 가지 부정적인 영향을 미칩니다. 첫째는 교육 메시지에 대한 신뢰의 상실입니다. 말과 삶이 따로 노는 모습을 보게 되면, 학생은 그 말에 귀를 기울이지 않습니다. '해야 하니까 하는 말이구나'라는 인식은 교사에 대한 실망감으로 이어지죠.

둘째는 꿈에 대한 무관심과 냉소입니다. '선생님도 꿈 없이 사는 걸 보니, 꿈이란 게 정말 필요한 걸까?'라는 의문이 싹틉니다. 결국 그들에게 '꿈'은 현실과는 거리가 먼 이상론처럼 느껴질 수도 있습니다.

셋째는 무력감과 체념입니다. 어릴 때부터 '어른이 되면 다 그런 거야'라는 체념을 배우게 되는 것입니다.

"얘들아, 꿈을 가져야 해." 이 말은 학생들에게 하는 말이자, 스스로에게거는 다짐이어야 합니다. 교사는 가르치는 자이기 전에, 함께 배우는 사람입니다. 꿈을 다시 품고, 그것을 향해 멈추지 않는 모습으로 살아가는 것. 그것이야말로 학생들에게 가장 강력한 교육이 될 것입니다.

선생님이 먼저 꿈을 품고 살아갈 때, 아이들도 자신만의 꿈을 찾아 나설 수 있습니다. 교사와 학생이 함께 꿈꾸고 함께 성장하는 교실, 그것이 진정한 교육의 모습이며, 우리가 지향해야 할 길일 것입니다.

> Q80. 지금 당신은, 다음 세대에게 떳떳하게 '꿈을 가져라'고 말할 수 있을 만큼, 자신만의 꿈을 살아가고 있나요?

081

수월성(秀越性)과 평등성(平等性) 교육
조화로운 발전을 향한 교육의 길

교육은 개인의 성장뿐 아니라 사회의 미래를 결정짓는 핵심 요소입니다. 이 과정에서 우리는 종종 '수월성(秀越性)'과 '평등성(平等性)'이라는 두 가치 사이에서 고민에 빠지게 됩니다.

수월성 교육은 학생 개개인의 재능과 잠재력을 최대한 계발해 사회 발전을 이끌 인재를 양성하는 데 초점을 둡니다. 이를 통해 학업 성취도와 자기실현을 촉진하고, 사회 경쟁력을 높이는 데 기여합니다. 그러나 자원과 기회가 특정 집단에 집중될 경우 교육 양극화를 심화시키고, 경쟁과 스트레스를 유발할 수 있다는 한계도 지닙니다.

반면, 평등성 교육은 모든 학생에게 동등한 교육 기회를 보장하고, 배경과 조건에 관계없이 공정하게 성장할 수 있도록 합니다. 이는 사회통합과 계층 간 격차 해소에 기여하며, 민주 시민 의식을 기르는 데 중요한 역할을 합니다. 그러나 획일화된 방식이 우수 학생의 동기 저하나 하향 평준화로 이어질 수 있다는 비판도 존재합니다.

이 두 가치는 대립적인 것이 아니라 상호 보완적입니다. '모두를 위한 수월성'과 '수월성을 위한 평등'을 동시에 실현하기 위해, 개별 맞춤형 교육, 수준별 수업, 다양한 평가 방식, 교사의 전문성 강화, 사회적 지원이 필요합니다. 우수 학생에게는 심화 학습의 기회를, 학습 부진 학생에게는 보충 지원을 제공하여 모두가 자신의 수준에서 최대한 성장할 수 있어야 합니다.

진정한 교육은 누구도 소외되지 않고, 누구도 잠재력을 억제당하지 않는 환경에서 실현됩니다. 수월성과 평등성이 조화롭게 통합될 때, 학생들은 행복하게 배우고 성장하며, 사회는 더 지속 가능하고 건강한 방향으로 나아갈 수 있습니다.

> Q81. 당신이 꿈꾸는 교육은 누구의 성장을, 누구의 기회를 놓치고 있지 않습니까?

082

어떻게 학생이 선생님을 평가할 수 있나요?

성장의 거울 vs 감정의 배출구

'학생이 선생님을 평가할 수 있을까?'

학생이 선생님을 평가하는 것은 때론 논란의 여지가 있지만, 교육의 질을 높이는 중요한 과정입니다. 학생은 수업의 직접적인 수혜자이자 경험자로서, 교실에서 벌어지는 학습 과정에 대한 독특하고 가치 있는 시각을 제공할 수 있습니다. 이는 단순히 선생님의 인기를 측정하는 것이 아니라, 건설적인 피드백을 통해 상호 성장을 도모하는 데 목적이 있습니다.

학생 평가는 선생님의 수업 방식 개선에 초점을 맞춰야 합니다. 학생들은 다음 영역에서 의미 있는 피드백을 줄 수 있습니다.

첫째, 설명이 명확했는지, 이해하기 쉬웠는지, 난이도 조절은 적절했는지를 평가하는 수업 전달력입니다.

둘째, 학생들이 수업에 적극적으로 참여하도록 독려했는지, 질문에 대한 반응은 어떠했는지를 평가하는 참여 유도입니다.

셋째, 학생들을 공정하게 대했는지, 평가 기준이 명확했는지를 평가하는 공정성입니다.

넷째, 학생들의 질문이나 고민에 귀 기울였는지, 소통은 원활했는지를 평가하는 소통 및 접근성입니다.

다섯째, 긍정적이고 학습에 집중할 수 있는 분위기를 조성했는지를 평가하는 수업 분위기입니다.

선생님의 인성이나 개인적인 감정보다는, '어떻게 가르쳤는가'에 집중하여 구체적인 학습 경험을 바탕으로 평가하는 것이 중요합니다. 교과 내용 전문성은 동료 평가나 관리자의 영역입니다.

학생들은 책임감을 가지고 다음과 같은 사항을 염두에 두고서 평가에 임해야 합니다.

첫째, 객관적이고 구체적인 피드백입니다. '지루했다' 대신 '예시가 부족하여 개념 이해가 어려웠다'처럼 구체적인 상황을 제시해야 합니다.

둘째, 건설적인 비판입니다. 문제점만 나열하기보다, '이런 방식으로 개선하면 더 좋을 것 같다'는 제안을 포함해야 합니다.

셋째, 정중한 태도입니다. 개인적인 비난이나 감정적인 표현은 피하고, 존중하는 태도로 의견을 전달해야 합니다.

학생의 평가는 선생님이 자신의 강점을 인식하고 약점을 보완하며 성장하는 데 큰 도움이 됩니다. 이는 궁극적으로 학생들에게 더 나은 학습 경험을 제공하고, 학교 전체의 교육 환경을 향상시키는 데 기여합니다. 인기 투표형 평가가 아닌 학생 평가를 통해 선생님과 학생이 함께 발전하는 협력적인 교육 공동체를 만들어 갈 수 있었으면 좋겠습니다.

> **Q82. 당신의 평가는 선생님을 성장시키는 거울입니까, 아니면 감정의 배출구입니까?**

083

재임용 심사 없는 교사들의 '철밥통 의식'

안정성 속의 책임감 강화

'재임용 심사 없는 교사들의 철밥통 의식'이라는 다소 자극적인 표현은 우리 사회에 만연한 교직에 대한 특정 시선을 반영합니다. 교사는 한번 임용되면 특별한 문제가 없는 한 정년까지 신분이 보장됩니다. 이러한 신분 안정성은 교직의 큰 장점이지만, 동시에 '철밥통'이라는 비판적 시선을 낳기도 합니다.

일부에서는 이러한 안정성이 안주와 나태로 이어져 교육의 질을 저하시킬 수 있다고 우려합니다. 끊임없이 변화하는 교육 환경 속에서 자기계발이나 수업 개선에 대한 의지가 부족해질 수 있다는 것이죠. 특히, 학생이나 학부모의 불만이 있어도 신분상의 불이익이 크지 않으니 '배 째라'는 식으로 대응하는 교사가 있다는 비판은, 교육 현장에 대한 불신으로 이어지기도 합니다. 이러한 인식은 교직에 대한 존중감을 떨어뜨리고, 교사들의 사명감마저 의심하게 만드는 그림자로 작용합니다.

하지만 모든 교사를 '철밥통'으로 매도하는 것은 지나친 일반화일 수 있습니다. 절대다수의 교사는 사명감을 가지고 학생들을 위해 헌신하며, 치열하게 고민하고 노력합니다. 교직은 단순히 지식을 전달하는 것을 넘어 학생의 인성과 성장을 다루는 복합적인 역할이기에, 단기적인 성과나 재임용 심사만으로 그 가치를 평가하기 어렵습니다. 오히려 안정적인 신분은 교사들이 교육 본연의 역할에 집중하고, 장기적인 관점에서 학생들을 지도할 수 있는 기반이 되기도 합니다.

현재도 교원능력개발평가나 근무성적평정 등 다양한 평가 제도가 존재하지만, 그 실효성에 대한 논란은 여전합니다. 이러한 평가들이 교사의 진정한 역량 향상과 동기부여로 이어지기보다는, 형식적인 절차로 흐르는 경우가 많다는 지적도 있습니다.

결국 중요한 것은 교사들이 안정적인 환경 속에서 자율성과 전문성을 발휘하며, 동시에 지속적인 자기 성찰과 발전을 꾀할 수 있는 시스템을 만드는 것입니다. 단순히 '철밥통'을 깨는 것이 아니라, 교사들이 자발적으로 역량을 강화하고 학생들에게 더 나은 교육을 제공하도록 격려하는, 건설적인 평가와 지원 체계를 고민해야 할 때입니다. 무엇보다도 너무나도 바람직한 방향으로 사도의 길을 걷고 있는 절대다수의 교사들이 도매급으로 평가되지 않도록 자신의 의무는 도외시한 채 철 지난 교사의 권리만을 내세우는 소위 '철밥통' 교사들을 분리할 수 있는 실질적인 평가 시스템이 마련되어야 합니다.

교사의 신분 안정성은 교육의 연속성과 전문성을 담보하는 중요한 가치입니다. 이 가치를 훼손하지 않으면서도, 모든 교사가 끊임없이 배우고 성장하며 학생들에게 최고의 교육을 제공할 수 있도록 하는 지혜로운 방안을 함께 모색해야 할 것입니다.

Q83. 교사의 신분 안정성 보장, 약일까요? 독일까요?

084

직장인으로서의 교사와 직업인으로서의 교사
교육의 본질을 향한 두 가지 시선

교사는 지식과 가치를 전달하고 미래 세대의 인격 형성에 중대한 영향을 미치는 중요한 존재입니다. 그러나 교사를 바라보는 시선은 크게 두 가지로 나눌 수 있습니다. 첫째, '직장인으로서의 교사'는 근무 시간, 업무, 급여, 평가 등 일반 직업인과 유사한 현실을 공유합니다. 이 관점은 교사의 노동권 보장, 공정한 평가, 합리적인 근무 환경 조성, 복지 증진의 필요성을 강조합니다. 과도한 행정 업무를 줄이고 전문성 개발 기회를 확대하는 것은 교육의 질을 높이는 데 필수적입니다. 다만, 이 시선이 지나치게 강조되면 성과 중심의 문화가 강화되어 교육의 본질이 훼손되고 교사의 소명의식이 약화될 위험이 있습니다.

둘째, '직업인으로서의 교사'는 고도의 전문성, 윤리의식, 그리고 소명의식을 전제로 합니다. 교사는 지식 전달을 넘어 학생들의 가치관과 인성을 함양하며, 자신의 삶과 태도를 통해 모범을 보여야 합니다. 교육과정 설계와 학생 지도에 있어 자율성이 보장되어야 하며, 의사·변호사와 같은 전문직과 마찬가지로 독립적인 판단이 존중되어야 합니다. 그러나 이 시선이 과도하게 부각될 경우, 교사에게 과도한 헌신과 희생을 요구하거나 열악한 처우를 정당화하는 결과를 초래할 수 있습니다.

이상적인 교사상은 두 시선이 조화롭게 결합될 때 구현됩니다.

전문성을 갖춘 직장인으로서의 교사는 시대 변화에 부응하여 교수법을 개선하고, 학생의 다양한 요구에 대응할 수 있는 역량을 지속적으로 강화합니다.

소명의식을 지닌 직업인으로서의 교사는 학생의 성장과 발전을 최우선으로 생각하며, 교육의 숭고한 가치를 실현합니다.

교사는 타 직종에 비해 노동권과 복지를 보장받으면서, 교육 현장에서의 전문적 자율성을 인정받고 있다고 생각합니다. AI 시대의 도래로 교사의 역할은 더욱 복합적이고 심화되고 있습니다. 지식 전달이 AI에 의해 대체될수록, 교사는 정서적 교감, 창의성 함양, 인성 교육, 그리고 학생 개개인의 삶을 이해하고 이끌어주는 역할에 집중해야 합니다. 이를 위해 학교와 사회는 교사가 직장인으로서의 현실적 기반 위에서 직업인으로서의 전문성과 소명의식을 꽃피울 수 있도록 적극 지원해야 합니다. 교사의 헌신과 전문성이 존중받고 합당한 보상을 받을 때, 교육은 더욱 밝은 미래를 맞이할 수 있을 것입니다.

> Q84. 당신은 선생님들이 교단에 서는 이유는 월급을 받기 위함, 아니면 아이들을 위함이라고 생각합니까?

085

평준화 교육의 허상
획일의 그늘을 넘어, 진정한 교육 평등을 향하여

1970년대 도입된 평준화 교육은 과열된 입시 경쟁 완화, 교육 기회의 균등, 그리고 학교 간 격차 해소를 목표로 하였습니다. '명문고' 집중 현상을 줄이고, 학생들이 보다 심리적 안정을 누리며 학업에 임할 수 있도록 하려는 취지는 시대적으로 큰 호응을 받았습니다. 초기에는 학교 서열 완화와 고교 입시 부담 경감이라는 긍정적 효과도 있었습니다. 그러나 반세기 가까운 시행 이후, 이 제도가 과연 이상을 실현했는지에 대해서는 의문이 커졌습니다.

첫째, 사교육 시장의 팽창입니다. 학교 간 경쟁이 약화되자 경쟁은 학교 밖으로 옮겨 갔습니다. 평균 수준에 맞춘 학교 교육에 만족하지 못한 학부모들은 심화 학습과 맞춤 교육을 위해 학원과 과외에 의존하였습니다. 그 결과, 가정의 경제력이 학생의 성취를 좌우하는 구조가 강화되고 교육 불평등은 심화되었습니다.

둘째, 획일화된 교육과 개성 억압입니다. 동일한 커리큘럼과 평가 기준 속에서 학생 개개인의 재능과 흥미는 충분히 발휘되지 못했습니다. 수학·과학, 예체능, 문학 등 각기 다른 강점을 가진 학생들이 모두 같은 속도로 학습하며, 주입식 교육에 익숙해졌습니다. 교사들 역시 개별화 수업보다 정해진 진도와 평가에 맞추는 데 집중하게 되었고, 교육 현장의 다양성과 창의성은 위축되었습니다.

셋째, 하향 평준화 우려입니다. 평균 수준에 맞춘 수업은 상위권 학생의 잠재력을 충분히 개발하지 못하게 하고, 학습 의욕을 떨어뜨릴 수 있습니다. 차별화된 교육 기회를 얻기 위해 다시 사교육에 의존하는 학생이 늘면서, 학교 교육의 의미와 가치는 더욱 약화되었습니다.

넷째, 입시 경쟁의 변형입니다. 고교 입시 부담은 줄었으나, 경쟁은 대입으로 옮겨 가며 더 복잡해졌습니다. 특목고·자사고 등 비평준화 학교로의 진학 경쟁, 스펙 쌓기, 다양한 전형 대비 등이 심화되었고, 이는 다시 경제력과 정보력의 격차를 드러냈습니다. 이상의 문제들은 평준화 교육이 경쟁을 없앤 것이 아니라, 그 양상을 변화시키고 때로는 더욱 은밀하고 불평등한 형태로 만들었음을 보여 줍니다.

진정한 교육 평등은 획일적 동일함이 아니라, 학생 개개인의 잠재력을 극대화하는 맞춤형 지원에서 시작됩니다. 다양한 재능을 존중하고, 실패 속에서도 도전할 수 있는 기회를 보장하며, 사교육에 의존하지 않아도 양질의 교육을 받을 수 있는 환경을 조성해야 합니다. 사회적 인식 변화와 함께, 학교 교육이 본연의 공공성과 다양성을 되찾을 때 비로소 이상에 가까워질 것입니다.

> Q85. 우리는 지금 학생들을 평등하게 교육하고 있습니까, 아니면 똑같이 가두고 있습니까?

086

화수분 교육 시스템
마르지 않는 배움의 샘, 성장의 가능성

현대 사회에서 교육은 끊임없는 논의와 개혁의 대상이지만, 여전히 학생·학부모·교사 모두 경쟁과 불안 속에 놓여 있습니다. 이에 대한 대안으로 제시되는 '화수분 교육 시스템'은 지식을 단순 소비하는 것이 아니라, 배움의 샘을 끊임없이 솟아나게 하여 학생이 스스로 배우고 성장할 역량을 기르는 것을 목표로 합니다.

첫째, '화수분 교육'은 지식의 무한 확장성을 전제로 합니다. 단순 암기식 학습을 넘어, 필요한 정보를 스스로 찾고 분석하며 창조적으로 재구성하는 능력을 길러 줍니다. 이는 물을 길어 마시는 수준을 넘어 스스로 우물을 파는 법을 배우게 하는 교육입니다.

둘째, 학생 개개인의 잠재력을 최대한 끌어내는 것을 중시합니다. 획일적 평가 대신, 각자의 재능과 속도를 존중하며 성장 경로를 맞춤 지원합니다. 이는 씨앗이 각기 다른 꽃을 피우도록 돕는 정성 어린 돌봄과 유사합니다.

셋째, 배움의 즐거움을 지속시키는 환경을 조성합니다. 학습을 고통스러운 의무가 아닌, 의미 있고 몰입할 수 있는 과정으로 만들어 배움 자체가 보상이 되도록 합니다.

이러한 '화수분 교육'은 교육의 여러 문제를 완화할 가능성을 지닙니다. 무한 경쟁을 줄이고, 학생이 자기 성장에 책임감을 갖게 하며, 다양한 인재를 길러 내고, 졸업 이후에도 지속적으로 학습할 수 있는 평생 학습 역량을 형성합니다.

그러나 현실적 장벽도 큽니다. 사회의 획일적 평가 기준, 학부모의 불안, 제도적 제약이 변화를 가로막습니다. 이를 극복하기 위해서는 시험 위주의 평가에서 벗어나 종합적 성장을 반영하는 평가제도, 교사의 역할을 '지식 전달자'에서 '멘토·조력자'로 재정립, 온라인·프로젝트 기반·토론형 등 유연한 학습 환경 조성, 성공 기준의 다양화와 사회 인식 개선, 장기적 투자와 정책 지원이 필요합니다.

결국 '화수분 교육'은 환상이 아니라 교육의 본질과 미래 방향을 제시하는 나침반입니다. 완벽한 계획보다 일단 시도하는 용기, 작은 변화라도 반복하여 개선하는 끈기가 필요합니다. 이를 통해 아이들이 경쟁과 불안을 넘어, 배움의 기쁨 속에서 잠재력을 온전히 발휘하며 행복하게 성장하는 교육을 구현할 수 있을 것입니다.

> Q86. 우리는 지금, 아이들에게 샘물을 주고 있습니까, 아니면 우물을 파는 법을 가르치고 있습니까?

087

교사와 선생님
호칭을 넘어선 의미

우리 사회에서 학생들을 가르치는 사람을 부르는 말은 크게 두 가지입니다. 바로 '교사'와 '선생님'이죠. 언뜻 보면 같은 의미인 듯하지만, 이 두 단어 속에는 단순히 직업을 지칭하는 것을 넘어선 깊은 의미와 사회적 인식이 담겨 있습니다.

'교사'는 법적으로 규정된 직업으로서의 명칭입니다. 교육이라는 전문적인 영역에서 특정 자격을 갖추고 학생들을 지도하는 사람을 의미하죠. 이 단어는 교육 과정의 이수, 임용 시험 합격 등 객관적인 기준과 제도적인 틀 안에서 부여되는 자격을 강조합니다. 교사는 교육 목표를 달성하기 위해 교과 내용을 가르치고, 생활 지도를 하며, 학교 행정 업무를 수행하는 등 명확한 역할과 책임을 가집니다. '교사'라는 호칭은 그들이 수행하는 전문적인 역할과 사회적 기능에 초점을 맞춥니다.

반면 '선생님'은 훨씬 더 폭넓고 정서적인 의미를 지닙니다. 이는 단순히 가르치는 사람을 넘어, 존경과 신뢰를 바탕으로 한 관계 속에서 자연스럽게 우러나오는 호칭입니다. 학생들은 자신을 가르치는 사람에게 '선생님'이라 부르며, 이는 지식 전달자를 넘어선 멘토이자 조언자, 때로는 인생의 길잡이로서의 역할을 기대하고 존중한다는 의미를 내포합니다. '선생님'은 학교를 넘어 사회 각 분야에서 전문성을 가지고 타인을 이끄는 사람에게도 사용되며, 이는 인격적인 존경과 배움에 대한 감사의 표현이기도 합니다.

결국 '교사'가 직업적 전문성을 나타낸다면, '선생님'은 그 전문성을 바탕으로 한 인격적인 영향력과 관계의 깊이를 상징합니다. 모든 교사가 '선생님'으로 불리기를 원하지만, 그 호칭은 단순히 직위에 따라 주어지는 것이 아니라, 학생들과의 진정한 소통, 헌신적인 가르침, 그리고 올바른 인성으로 얻어지는 존경의 증표입니다.

이상적인 교육 현장은 '교사'로서의 전문성을 갖추고, 동시에 '선생님'으로서 존경받는 이들이 함께하는 곳일 것입니다. 호칭 하나하나에 담긴 의미를 되새기며, 교육의 참된 가치를 실현하기 위한 노력이 계속되기를 바랍니다.

Q87. 당신이 성함을 기억하고 있는 선생님은 몇 분인가요?

6. 리더십과 조직 문화

088

따로 또 같이의 조직 문화

조화와 성장을 위한 지혜

현대 조직은 급변하는 환경 속에서 개인의 자율성과 창의성을 살리면서도, 공동의 목표를 달성해야 하는 과제를 안고 있습니다. 이때 '따로 또 같이'라는 표현은 우리가 지향해야 할 조직 문화의 이상을 잘 담고 있습니다. '따로'는 각자의 고유성과 독립성을, '같이'는 협력과 공동체 의식을 의미합니다.

'따로'를 존중하는 문화는 획일적 사고에서 벗어나 구성원의 다양성과 자율성을 인정합니다. 이는 개인의 자율적 판단과 주체성을 강화하고, 다양한 아이디어와 혁신이 살아나는 조직을 만듭니다. 각자의 속도와 방식에 맞춘 성장이 가능할 때, 구성원은 몰입과 열정을 스스로 찾아갑니다.

그러나 '같이'의 가치 또한 중요합니다. 조직은 공동의 목표와 비전을 통해 구성원들을 하나로 연결하며, 상호 신뢰와 협력을 통해 시너지를 창출합니다. 공동의 책임을 나누고 함께 성과를 이루어 낼 때 조직은 더욱 단단해지고 지속 가능해집니다.

이 두 가치가 조화롭게 작동하려면 명확한 비전 공유, 자율과 책임의 균형, 다양성 존중, 유연한 소통, 계승과 개선의 노력이 필요합니다. 반면, 지나친 개별주의, 겉치레뿐인 자율, 책임 회피 등의 함정은 경계해야 합니다.

'따로 또 같이'의 조직 문화는 단순히 유행하는 경영 트렌드를 넘어, 현대 사회가 요구하는 조직의 본질적인 모습입니다. 개인의 고유한 빛깔을 존중하고 그들의 성장을 지원하면서도, 공동의 목표를 향해 함께 나아가며 시너지를 창출하는 것. 이는 결코 쉽지 않은 과제이지만, 그만큼 큰 가치와 잠재력을 가지고 있습니다.

우리는 '따로'의 강점을 살려 혁신을 이끌어 내고, '같이'의 힘으로 더 큰 목표를 달성할 수 있습니다. 이 두 가지가 조화롭게 춤을 출 때, 조직은 단순한 집합체를 넘어 살아 숨 쉬는 유기체처럼 성장하고 발전할 것입니다. '따로 또 같이'의 지혜로운 조직 문화가 우리 사회 곳곳에 뿌리내려, 모든 구성원이 행복하게 일하고 성장하며, 더 나아가 사회에 긍정적인 영향을 미칠 수 있기를 진심으로 바랍니다.

> Q88. 당신이 속한 조직은 지금, '따로'와 '같이' 사이에서 진짜 균형을 이루고 있습니까?

089

믿는 구석

삶의 든든한 버팀목, 혹은 숨겨진 그림자

우리 삶의 예측 불가능한 파도 속에서 우리는 무의식적으로 '믿는 구석'을 갈망합니다. 이 표현은 위기 상황에서 기댈 수 있는 든든한 버팀목을 의미하며, 크게 두 가지 형태로 나타납니다.

첫째, 물질적이고 외적인 '믿는 구석'입니다. 경제적 안정, 안정적인 직업, 부동산 같은 자산은 최악의 상황에서도 삶의 큰 불안감을 덜어 줍니다. 또한 든든한 가족, 친구, 사회적 관계도 중요한 외적 버팀목이 되어, 어려울 때 큰 위안을 줍니다. 흔히 '빽'이라고 불리는 것도 이러한 외적 믿음의 갈망을 담고 있습니다.

둘째, 내면적이고 심리적인 '믿는 구석'입니다. 눈에 보이지 않지만, 우리를 더욱 단단하게 지탱해 주는 힘입니다. 강한 자존감, 자기 확신, 특정 분야의 전문성과 지식은 외부 상황에 흔들리지 않는 중심을 만들어 줍니다. 굳건한 신념이나 가치관, 종교적 믿음 또한 삶의 방향을 잃었을 때 큰 위안과 힘을 제공합니다.

우리가 이토록 '믿는 구석'을 찾는 가장 큰 이유는 불안감 해소와 심리적 안정 때문입니다. 삶은 불확실성의 연속이기에, 우리는 본능적으로 안전망을 구축하려 합니다. '믿는 구석'은 이러한 불안감을 줄여 주고 예측 불가능한 상황 속에서도 '괜찮다'는 안정감을 제공합니다. 또한, 든든한 안전망이 있다고 느낄 때 우리는 더 과감하게 새로운 도전을 하거나 위험을 감수할 용기를 얻습니다. 실패하더라도 다시 일어설 수 있다는 확신은 우리를 성장하게 만듭니다. 마지막으로, 실패와 좌절의 순간에도 '아직 나에게는 이것이 남아 있다'는 믿음은 우리에게 다시 일어설 힘을 주는 회복탄력성의 자양분이 됩니다.

하지만 '믿는 구석'이 항상 긍정적인 역할만 하는 것은 아닙니다. 때로는 우리를 안주하게 만들거나, 위험한 착각에 빠뜨리기도 합니다. '믿는 구석'에 대한 과도한 의존은 스스로 노력하고 성장하려는 의지를 잃게 만듭니다. 또한, '믿는 구석'이 영원할 것이라는 맹신과 착각은 위험합니다. 경제적 안정, 관계, 심지어 나의 전문성조차도 언제든 변할 수 있기 때문입니다. 이러한 착각은 갑작스러운 위기 앞에서 더 큰 좌절감을 안겨 줄 수 있습니다.

'믿는 구석'은 안정감과 용기를 주지만, 동시에 안주와 착각의 그림자도 드리웁니다. 우리는 이 양면성을 이해하고, 스스로의 노력으로 내면과 외면의 '믿는 구석'을 단단하게 만들어 가야 합니다. 삶의 파도가 거세질 때, 당신의 '믿는 구석'이 진정으로 당신을 지탱해 줄 견고한 버팀목인지, 아니면 성장을 가로막는 안주의 덫은 아닌지 성찰해 보시기 바랍니다.

> Q89. 방구석 말고 당신이 믿는 구석 마련하셨나요?

090

반듯하고 당당한 사람

품위, 깔끔, 단정, 떳떳, 확신, 자존감, 준비성

이 글에서는 '반듯하고 당당한 사람'이 갖춰야 할 내면과 외면의 덕목들을 품위, 단정함, 질서정연함, 직업 적합성, 떳떳함, 확신, 준비성, 자존감이라는 핵심 키워드를 중심으로 생각해 보고자 합니다. 이 모든 특성들은 서로 유기적으로 연결되어, 단순히 외적인 모습뿐 아니라 내면의 깊이와 견고함을 갖춘 이상적인 인물상을 만들어 냅니다.

'품위'는 내면의 깊이와 가치가 외적으로 표현되는 방식입니다. 이는 격조 있는 언행과 사려 깊은 태도, 그리고 자신과 타인을 존중하는 마음에서 우러나오는 깔끔하고 단정한 외모로 나타납니다. 이러한 외적인 단정함은 내면의 질서와 성실함을 반영하며, 신뢰감을 형성하는 기반이 됩니다.

'질서정연함'은 사고의 체계성, 업무 처리의 효율성, 그리고 삶의 전반적인 계획성을 의미합니다. 이러한 반듯함은 직업의 본질을 이해하고 헌신하는 태도와 연결되어, 특정 직업군에서 신뢰와 모범이 되는 인물로 인정받게 합니다.

'떳떳함'은 양심에 거리낄 것 없는 정직한 태도로, 자신의 신념과 원칙을 지키는 힘입니다. 이는 흔들림 없는 확신으로 이어지고, 불확실한 상황에서도 결단력 있게 나아갈 수 있는 힘을 줍니다. 이러한 확신은 끊임없는 자기 계발과 노력으로 준비된 모습을 통해 드러나며, 타인에게 신뢰와 리더십을 부여합니다.

이 모든 덕목의 정점에는 자존감이 있습니다. 자신을 존중하고 사랑하는 마음에서 비롯된 강한 자존감은 타인의 평가에 흔들리지 않고 자신의 가치를 스스로 인정하게 합니다. 이 내면의 충만함은 외적으로 당당함으로 표현되며, 주변에 긍정적인 영향을 미치고 사회의 활력을 불어넣는 원천이 됩니다.

이러한 품성들은 타고나는 것이 아니라, 끊임없는 자기 성찰, 노력, 확고한 신념을 통해 갈고닦아지는 것입니다. 반듯하고 당당한 인물은 사회가 요구하는 진정한 리더이자 모범이며, 이러한 이상적인 인물상을 지향하는 노력은 개인의 삶을 풍요롭게 하고 공동체를 발전시키게 될 것입니다.

Q90. 당신의 내면의 깊이와 견고함은 어느 수준인가요?

091

앞선 자, 가진 자, 아는 자의 사회적 순기능
책임감 있는 기여

인류 사회의 발전은 시간의 흐름만으로 이루어진 것이 아니라, 앞선 자, 가진 자, 아는 자라는 세 부류의 사람들의 의도적이고 책임 있는 기여에서 비롯됩니다. 이들은 사회 불평등의 상징으로 인식되기도 하지만, 그들의 순기능에 주목하면, 사회 발전과 공동 번영을 이끄는 중요한 축이라는 사실을 알 수 있습니다.

'앞선 자'는 변화를 주도하는 선구자들입니다. 새로운 아이디어를 실현하고, 기존의 한계를 돌파하며, 미지의 영역에 도전합니다. 이들은 실패를 감수하면서도 사회에 변화의 씨앗을 심고, 패러다임을 전환시킵니다. 과학자, 예술가, 혁신가, 활동가 등은 앞선 자로서, 개인의 성공을 넘어 집단 전체의 진보를 이끄는 사회적 촉매 역할을 합니다.

'가진 자'는 단지 부유한 존재가 아니라, 자본과 인프라, 조직, 네트워크 등 자원을 보유하고 이를 통해 사회적 가치를 창출할 수 있는 자들입니다. 이들은 생산과 고용을 창출하고, 공익적 활동을 후원하며, 자원의 선순환 구조를 형성합니다. 자선가로서의 기부나 사회적 투자 등을 통해 공동체를 보호하고, 혁신이 뿌리내릴 수 있도록 현실적 기반을 제공합니다. 물론 자원의 편중이 불평등을 낳을 수 있지만, 사회적 책임을 자각한 가진 자는 공동체의 지속 가능성에 핵심적인 역할을 합니다.

'아는 자'는 지식과 전문성을 통해 사회의 등대 역할을 하는 존재들입니다. 학자, 교육자, 기술자, 전문가들은 지식의 생산, 보존, 전파를 통해 다음 세대를 양성하고, 복잡한 문제를 해결하는 데 기여합니다. 이들은 단순한 정보 전달자가 아닌, 깊은 분석과 비판을 통해 사회가 나아갈 방향을 제시하고, 타인의 성장과 공동체의 지적 자산을 키우는 지혜의 근원입니다.

이 세 부류는 독립된 집단이 아니라 유기적으로 연결되어 있습니다. 앞선 자의 혁신은 아는 자의 지식 위에서 가능하고, 가진 자의 자원으로 실현됩니다. 가진 자의 투자는 아는 자의 연구를 뒷받침하고, 앞선 자의 아이디어를 현실로 전환시킵니다. 아는 자의 지혜는 사회 문제를 분석하고, 혁신과 투자가 나아갈 길을 제시합니다. 이처럼 상호 보완적 협력이 있을 때, 사회는 정체되지 않고 유기적으로 진화할 수 있습니다.

그러나 이들의 영향력이 항상 순기능으로만 작동하는 것은 아닙니다. 책임 없는 혁신, 윤리 없는 자본 축적, 소외된 지식은 사회적 불평등과 분열을 유발할 수 있습니다. 따라서 이들이 각자의 위치에서 책임감 있는 기여를 해야 진정한 사회적 진보가 가능합니다. 결국 이 세 부류의 조화로운 상호작용과 책임 있는 태도가 오늘날 우리가 당면한 문제를 해결하고, 다음 세대에 더 나은 사회를 물려줄 수 있는 열쇠입니다. 그들이 각자의 자리에서 자기 역할을 다할 때, 우리는 개인의 번영을 넘어 공동체 전체의 품격 있는 진보를 이룰 수 있습니다.

> Q91. 당신이 속한 자리는 세상의 무엇을 더 낫게 만들고 있습니까, 아니면 조용히 누리고만 있습니까?

092

잘 차려진 밥상에 수저 올리기
노력과 기여, 그리고 삶의 지혜

"잘 차려진 밥상에 수저 올리기."라는 표현은 타인의 노력으로 마련된 결과물에 별다른 기여 없이 이익을 얻는 상황을 비유적으로 나타냅니다. 대체로 부정적인 뉘앙스를 지니지만, 맥락에 따라 다른 의미로도 해석될 수 있습니다.

부정적인 경우, 이는 누군가의 시간과 정성, 희생을 존중하지 않은 채 성과만을 취하는 행위로, 공정성을 해치고 사회적 신뢰를 약화시킵니다. 이러한 태도는 성실한 사람들의 의욕을 꺾고 '열심히 해도 소용없다'는 패배주의를 확산시킵니다. 실제로 학업이나 직장에서 막바지에 나타나 성과를 가로채는 사례는 깊은 좌절감을 안겨 줍니다.

그러나 이 표현이 항상 부정적으로만 쓰이는 것은 아닙니다. 이미 마련된 기반이나 시스템에 합류해 새로운 가치를 더하는 경우, 이는 기회 포착과 전략적 판단이 될 수 있습니다. 기존 인프라를 활용하여 더 큰 성과를 창출하거나, 팀 내에서 각자의 강점을 발휘하여 성과를 완성하는 것은 건강한 협력의 모습입니다. 이때 중요한 점은 무임승차가 아니라, 공동 목표를 향한 분명한 역할 수행과 책임입니다.

결국 '수저 올리기'의 가치는 기여와 존중이라는 두 요소로 판단됩니다.

첫째, 자신만의 방식으로 결과물에 실질적 가치를 더했는가, 둘째, 결과를 만든 이들의 노고와 희생을 진심으로 인정하고 감사하는 태도가 있는가입니다. 이 두 조건이 충족될 때, '수저 올리기'는 비난이 아닌 긍정적 협력으로 평가받습니다.

우리는 부모님이 마련해 주신 인생의 밥상, 선배와 동료들이 준비한 사회의 밥상 등 수많은 '밥상'을 마주하며 살아갑니다. 중요한 것은 이 밥상 앞에서의 태도입니다. 단순히 얻어먹는 것이 아니라, 그 밥상을 더 풍성하게 하고 더 많은 이들과 나누려는 마음가짐이 필요합니다.

궁극적으로 아름다운 삶은 혼자 모든 것을 준비하는 데 있지 않습니다. 서로의 노력을 인정하며 함께 차리고 나누는 데 있습니다. 나의 수저가 밥상에 어떤 의미를 더할 수 있을지 고민하고, 타인의 수고를 존중하고 감사할 때, '잘 차려진 밥상'은 비로소 진정한 의미를 갖게 됩니다. 이는 더불어 살아가는 사회의 품격을 높이는 지혜이기도 합니다.

> Q92. 지금 당신이 올리고 계신 수저는, 그 밥상을 더욱 풍성하게 하고 있습니까?

093

조직과 개인의 가치관 상충, 무엇이 우선인가?
조화로운 공존의 길

우리는 가족, 학교, 직장 등 다양한 공동체에 속하며 살아갑니다. 각 조직은 생존과 발전을 위해 나름의 '가치관'을 세우고, 구성원에게 이를 공유·준수할 것을 요구합니다. 개인 역시 자신만의 신념과 원칙을 가지고 삶의 방향을 설정합니다. 문제는 조직이 추구하는 가치와 개인이 옳다고 믿는 가치가 충돌할 때 발생합니다. 이는 단순한 업무 갈등이 아니라, 존재 이유와 정체성까지 흔드는 근본적 문제입니다.

조직의 입장에서 가치관은 목표 달성을 위한 필수 기준입니다. 구성원이 제각각 행동하면 혼란이 발생하므로, 조직은 통일된 방향성을 유지하기 위해 개인에게 가치관의 조정을 요구합니다. '회사의 방침을 따르라'는 요구는 효율성 확보를 위한 당연한 논리로 보입니다.

반면 개인은 조직의 부품이 아닌 독립된 인격체로, 가치관은 자아와 존엄을 지키는 근간입니다. 예컨대 정직을 중시하는 사람이 조직을 위해 거짓을 말해야 한다면 심각한 윤리적 딜레마를 겪게 됩니다. 가치관을 포기하면 자아 존중감이 무너지고 번아웃에 빠질 수 있습니다.

이 충돌이 한쪽으로 기울면 모두 손실을 입습니다. 개인이 억지로 조직 가치에 맞추면 동기 저하와 이직이 뒤따르고, 조직은 인재 손실과 비용 증가를 감수해야 합니다. 반대로 개인이 자신의 가치만 고집하면 조직 운영이 어려워지고 갈등이 심화됩니다. 특히 조직 가치가 비윤리적일 경우, 개인의 양심을 무시하면 조직은 사회적 신뢰를 잃고 몰락할 수 있습니다.

해결책은 '어느 쪽이 절대 우선'이 아니라 '어떻게 조화롭게 공존할 것인가'에 있습니다. 첫째, 채용 단계부터 조직과 개인의 핵심 가치가 상당 부분 일치하도록 하는 것이 이상적입니다. 둘째, 상충이 발생하면 감정이 아닌 합리적 소통과 숙의가 필요합니다. 셋째, 유연하게 타협할 부분과 절대 양보할 수 없는 핵심 가치를 구분해야 합니다. 넷째, 근본적 충돌이 지속되면 과감히 다른 길을 선택할 용기도 필요합니다.

조직과 개인의 가치관 상충은 피할 수 없지만, 이를 존중과 소통으로 풀어 간다면 갈등은 성장과 혁신의 기회가 됩니다. 진정한 조화는 일방적 복종이 아니라, 차이를 인정하며 접점을 찾아가는 지속적인 노력에서 나옵니다. 결국 중요한 것은 '누가 이기는가'가 아니라, '어떻게 함께 나아갈 것인가'입니다.

> **Q93. 당신은 자신의 가치와 조직의 가치가 충돌한다면 어떤 선택을 하시겠습니까?**

094

조직의 역사와 전통
계승과 발전을 위한 끊임없는 개선 노력

모든 조직은 고유한 역사와 전통을 통해 정체성을 형성하고, 구성원에게 소속감과 자부심을 부여하며, 외부에는 신뢰를 심어 줍니다. 그러나 과거를 그대로 답습하는 것만으로는 변화하는 환경에서 살아남을 수 없습니다. 지속 가능한 조직은 역사와 전통을 존중하면서도, 시대에 맞는 개선과 발전을 병행해야 합니다.

역사와 전통은 단순한 기록이 아닌 살아 있는 유산입니다. 오랜 경험에서 비롯된 철학과 업무 방식, 문화, 암묵적인 약속 등이 조직 고유의 경쟁력으로 작용합니다. 예를 들어 '장인정신'이나 '도전정신' 같은 전통은 구성원에게 "우리는 누구이며, 무엇을 위해 존재하는가."라는 답을 제공하며, 위기 속에서도 흔들리지 않는 기반이 됩니다.

계승은 이러한 역사와 전통을 후대에 전하고 연속성을 유지하는 과정입니다. 이는 단순 보존이 아니라 핵심 가치와 정신을 내면화하는 것을 의미합니다. 신입 구성원은 이를 통해 조직 문화에 빠르게 적응하고, 시행착오를 줄이며, 선배들의 성공 경험에서 배웁니다. 또한 과거의 성취를 기억하고 기념하는 일은 자긍심을 높이고 미래를 향한 동력을 제공합니다.

그러나 계승은 발전을 위한 개선과 함께해야 완성됩니다. 변화에 적응하지 못하고 과거의 방식을 고집하면 조직은 쇠퇴합니다. 발전을 위한 노력은 다섯 가지로 요약할 수 있습니다.

첫째, 전통의 재해석과 현대화입니다. 핵심 가치는 지키되, 시대 흐름에 맞춰 새로운 방식으로 구현해야 합니다.

둘째, 혁신과 유연한 문화입니다. 아이디어를 장려하고 실패를 두려워하지 않는 환경을 만들어야 합니다.

셋째, 지속적인 학습과 역량 강화입니다. 구성원의 성장 지원이 곧 조직 경쟁력입니다.

넷째, 외부 환경 변화에 대한 민감성입니다. 시장과 사회 변화에 맞춰 과감하게 전략을 수정해야 합니다.

다섯째, 피드백과 성찰 문화입니다. 성공과 실패에서 모두 교훈을 얻어 다음 단계로 나아가야 합니다.

결국 조직의 역사와 전통을 계승·발전시키는 일은 과거와 미래를 잇는 균형 잡힌 과정입니다. 이는 단순 보수나 급진이 아니라, 뿌리를 지키면서도 새로운 열매를 맺는 생명력 있는 노력입니다. 역사와 전통은 과거를 비추는 거울이자 미래를 밝히는 등대가 될 때 비로소 진정한 가치가 완성됩니다.

> Q94. 당신이 속한 조직의 전통은, 혹시 과거의 유물로 박제되어 있지 않나요?

095

차리는 놈 따로 먹는 놈 따로
노력과 보상의 불균형에 대한 단상(斷想)

우리 사회에는 불공정의 씁쓸함을 담은 표현들이 많습니다. 그중 '차리는 놈 따로 먹는 놈 따로'라는 말은, 어떤 일의 준비와 수고는 특정인이 했으나, 결과와 이익은 엉뚱한 사람이 차지하는 상황을 상징적으로 드러냅니다. 이는 단순한 무임승차를 넘어, 노력과 보상 간의 심각한 불균형, 그리고 그로 인한 좌절과 박탈감을 함축합니다.

첫째, 이 문제는 노력이 보이지 않음에서 출발합니다. 성공 뒤에는 자료 수집, 시행착오, 기반 마련 등 묵묵한 노고가 있습니다. 그러나 대중은 대개 눈에 띄는 성과나 화려한 마무리만을 주목합니다. 결국 실제로 수고한 사람은 인정받지 못하고, 표현력이나 관계망을 통해 공을 차지하는 이들이 등장합니다. 이러한 경험은 노력하는 이들로 하여금 허무함과 자괴감을 느끼게 하고, 장기적으로 열정을 잃게 만듭니다.

둘째, 이는 개인의 성향을 넘어 구조적 문제에서 비롯되기도 합니다. 복잡한 하청 구조, 불투명한 성과 배분, 정보 비대칭은 노력한 이에게 정당한 보상이 돌아가지 못하게 합니다. '갑'이 '을'의 노력을 쉽게 가로채는 현실, 내부 정보 유출이나 불공정 계약 등은 모두 이러한 불균형을 고착화합니다. 그 결과, 정직한 노력보다 편법과 요령이 득세하는 악순환이 반복됩니다.

셋째, 이러한 상황은 동기 저하와 사회적 불신을 낳습니다. 아무리 노력해도 보상이 없거나, 오히려 착취당한다는 느낌을 받는다면, 기꺼이 땀 흘리려는 사람은 줄어듭니다. 더 나아가 '세상은 불공평하다'는 패배주의가 퍼지고, 공동체 유대감은 약화되며, 사회에 대한 신뢰도 무너집니다.

이 문제를 극복하기 위해서는 몇 가지 지혜가 필요합니다. 첫 번째, 외부의 보상이나 인정을 받지 못하더라도, 자신의 노력과 성장을 스스로 존중해야 합니다. 두 번째, 체념하지 말고, 합리적이고 정당한 방식으로 개선을 요구하는 용기가 필요합니다. 세 번째, 성과 배분 기준의 명확화, 정보 공개 확대, 부정행위 처벌 강화 등을 통해 시스템 자체를 바로잡아야 합니다. 네 번째, 공동 목표를 위해 기여하고, 성과를 공정하게 나누며, 서로의 노고를 인정하는 협력 문화를 만들어야 합니다.

결국, '차리는 사람 따로, 먹는 사람 따로'라는 현실은 개인의 의식 변화와 사회 시스템 개선이 함께 이루어질 때 극복 가능합니다. 노력과 보상이 정직하게 연결되는 사회, 서로의 땀을 존중하며 성과를 함께 나누는 문화가 정착될 때, 우리는 더 정의롭고 건강한 공동체로 나아갈 수 있을 것입니다.

> Q95. 당신은 지금, 밥상을 차리는 쪽입니까, 아니면 먹기만 하는 쪽입니까?

096

측근을 다루는 견제와 균형
권력의 그림자를 걷어내는 지혜

모든 지도자에게는 자신의 비전과 목표를 함께 실현하는 측근이 존재합니다. 이들은 지도자의 눈과 귀, 손과 발이 되어 중요한 의사결정과 집행을 지원합니다. 그러나 역사적으로 측근은 지도자의 성공을 돕는 강력한 자산이 되는 동시에, 잘못 다루면 몰락을 초래하는 위험 요소가 되기도 했습니다. 이에 측근을 다루는 견제와 균형의 중요성이 부각됩니다.

측근은 권한 위임과 역할 분담을 통해 조직 효율을 높이고, 지도자의 사각지대를 보완하는 필수 동반자입니다. 그러나 견제 장치가 부재하면, 개인적 친분과 충성심이 공적 책임보다 우선시되어 권력 남용, 정보 왜곡, 사적 이익 추구 등의 문제가 발생할 수 있습니다. 이는 조직의 신뢰를 훼손하고, 손실을 사회 전체에 전가하는 결과를 초래합니다.

견제와 균형이 필요한 이유는 다음과 같습니다. 첫째, 도덕적 해이 방지입니다. 신뢰를 악용한 무책임한 행동을 막기 위해 제도적 장치가 필요합니다. 둘째, 정보 왜곡 해소입니다. 측근이 필터 역할을 할 때, 다양한 경로의 정보를 확보하지 않으면 지도자는 오판에 빠질 수 있습니다. 셋째, 사적 이익 추구 방지입니다. 공정성 훼손은 조직 사기를 저하시킵니다. 넷째, 조직 신뢰 유지입니다. 측근 비리는 지도자의 리더십 자체를 흔듭니다.

견제와 균형이 무너질 경우 비리와 부패, 조직 신뢰 붕괴, 지도자 리더십 상실 등 치명적 결과가 뒤따릅니다. 이는 단순한 재정 손실을 넘어 조직 응집력과 장기 발전 동력을 상실하게 만듭니다.

측근을 다루는 견제와 균형은 단순히 부정부패를 막는 소극적인 행위를 넘어, 지속 가능한 리더십과 건강한 조직 문화를 구축하기 위한 필수적인 조건입니다. 권력의 속성을 이해하고, 인간의 나약함을 인정하며, 끊임없이 시스템을 정비하고 개선하려는 노력이 필요합니다.

지도자는 측근을 신뢰하되, 맹목적으로 신뢰해서는 안 됩니다. 충성심은 중요하지만, 그보다 더 중요한 것은 원칙과 공정성입니다. 측근들이 자신의 역할을 충실히 수행하면서도, 동시에 견제받고 평가받는 시스템 속에서 성장할 수 있도록 돕는 것이 진정한 지도자의 역할입니다. 이 복잡하고 어려운 과제를 현명하게 해결해 나갈 때, 지도자는 권력의 그림자에 갇히지 않고, 조직과 사회의 밝은 미래를 이끌어 나갈 수 있을 것입니다. 오늘, 당신의 조직에서는 측근에 대한 견제와 균형이 제대로 작동하고 있나요? 이 질문은 우리 모두에게 던져진 중요한 성찰의 기회입니다.

> Q96. 당신은 측근을 신뢰하고 있습니까, 아니면 견제하고 있습니까?

7. 사회와 시스템

097

관제 민족주의
조종된 사랑의 위험한 그림자

민족주의는 본래 뿌리 깊은 소속감에서 비롯된 자연스러운 감정입니다. 같은 언어와 역사, 문화를 공유하며 공동체로서의 연대감을 느끼는 것이죠. 이는 외부 위협 앞에서 공동체를 결속시키고 자긍심을 고취하는 강력한 에너지로 작용합니다. 하지만 이런 순수한 감정이 국가의 손에 의해 조작될 때, 우리는 그것을 '관제 민족주의'라고 부릅니다.

관제 민족주의는 국가가 민족적 감정을 인위적으로 자극하고 관리하여, 국민을 통제하고 자신들의 권력을 강화하는 수단으로 삼는 현상입니다. 이는 진정한 민족적 유대감과는 다릅니다. 국가는 교육, 미디어, 문화 정책, 상징 의례 등을 통해 '우리 민족'이라는 이야기를 구성하고, 국민에게 일방적인 시각을 주입합니다. 애국심이라는 이름으로 구성된 이 서사는 역사 교육의 재해석에서 시작되어, 유리한 사건은 미화되고 불편한 진실은 감춰집니다.

이런 감정은 특히 위기에 처한 권력자들에게 유용한 도구입니다. 정권의 실책과 부패를 민족의 운명이라는 더 큰 이야기 속에 녹여내면, 국민의 불만과 분열도 민족의 이름으로 봉합됩니다. 외부의 적을 상정하고 내부의 갈등을 잠재우는 방식이죠.

관제 민족주의는 단지 감정의 조작에 머무르지 않습니다. 국민 개개인의 자유와 비판적 사고를 억압하는 결과를 낳습니다. 민족이라는 이름의 집단주의는 개인을 뒤로 밀어내고, 다르게 말하거나 의문을 제기하는 이는 '반민족 세력'으로 낙인찍혀 탄압받습니다. 사회는 획일화되고 다양성과 창의성은 설 자리를 잃으며, 국민은 생각하는 존재가 아닌 동원되는 존재로 전락합니다.

더 큰 문제는 이러한 민족주의가 배타적이고 공격적인 형태로 발전할 수 있다는 점입니다. '우리의 민족은 위대하고, 타민족은 위협적이며 열등하다'는 이분법은 외국인 혐오와 국수주의를 조장합니다. 이는 국제 사회에서 고립을 자초하며, 갈등과 전쟁의 씨앗이 되기도 합니다.

그래서 우리는 깨어 있어야 합니다. 국가가 들려주는 민족의 이야기를 무비판적으로 받아들이기 전에, 그것이 누구의 목소리인지, 무엇을 숨기고 있는지 질문해야 합니다. 민족이라는 이름 아래 감추어진 진실을 파헤치고, 다수의 함성 속에서도 홀로 생각할 수 있는 용기가 필요합니다.

민족은 사랑할수록 더 섬세하게 다뤄야 합니다. 그 사랑이 누군가의 통제를 받기 시작할 때, 우리는 그것이 사랑인지, 아니면 조종인지 되돌아보아야 합니다.

Q97. 당신이 믿고 따르는 민족주의는 스스로의 판단에서 비롯된 것인가, 아니면 누군가가 설계한 서사 속에 머물고 있는가요?

098

국리민복(國利民福)

국가와 국민, 함께 행복한 길을 걷기 위하여

우리는 소위 '잘사는 나라'를 꿈꿉니다. 강한 경제, 튼튼한 국방, 눈부신 기술과 문화. 하지만 그 나라에 사는 국민이 모두 행복하다고 말할 수 있을까요? 반대로, 국민 한 사람 한 사람이 행복하더라도 국가가 무너지면 그 삶은 유지될 수 있을까요? 이 질문에 대한 균형 잡힌 답이 바로 국리민복(國利民福), 나라의 이익과 국민의 행복입니다.

국리는 말 그대로 '나라의 이로움'입니다. 단순히 국방이나 경제력만을 뜻하지 않습니다. 외교, 산업, 교육, 과학, 문화 등 국가를 지탱하는 모든 요소가 포함됩니다. 튼튼한 국리는 외부 위협에 대처하고, 내부적으로 국민에게 안정과 기회를 제공합니다. 하지만 국리만 추구하다 보면 국민은 소외되고, 국가는 껍데기만 남을 수 있습니다.

그래서 민복이 필요합니다. 민복은 단지 경제적 풍요가 아니라, 공정한 기회, 질 높은 교육, 안전한 사회, 인간다운 삶까지 포함하는 포괄적 개념입니다. 누구도 소외되지 않고 함께 살아가는 사회를 지향하는 것이 바로 민복입니다.

물론, 이 둘의 조화는 말처럼 쉽지 않습니다. 국방비를 늘릴 것인가, 복지 예산을 확대할 것인가. 산업을 위해 환경 규제를 풀 것인가, 아니면 미래를 위해 강화할 것인가. 국리와 민복은 때때로 상충하는 듯 보이며, 지도자들은 그 사이에서 늘 어려운 선택을 요구받게 됩니다.

국리와 민복은 대립하는 가치가 아니라 서로를 강화하는 쌍두마차입니다. 강한 국가는 국민의 삶을 지키고, 행복한 국민은 국가 발전의 원동력이 됩니다. 이 둘의 균형을 위해선 지도자의 통합적 안목과 국민의 책임 있는 참여가 모두 필요합니다. 정파적인 특정 그룹의 왜곡된 선동 전략은 철저하게 배제되어야 합니다.

국리민복은 완성된 상태가 아니라, 함께 걸어가야 할 방향입니다. 이 두 단어를 가슴에 품고 나아갈 때, 우리는 진정으로 '살기 좋은 나라'에 가까워질 수 있습니다.

> Q98. 당신이 바라는 '좋은 나라'는 국리와 민복 중 어느 가치에 더 가까이 있습니까?

099

기술이 인간의 본성까지 바꿀 수는 없다

기술의 시대, 인간다움은 여전히 남는다

우리는 지금 기술의 파도 위를 살고 있습니다. 스마트폰 하나로 세상과 연결되고, 인공지능이 인간의 지적 능력을 위협하며, 가상현실은 새로운 세계를 창조하고 있습니다. 이처럼 눈부신 기술의 발전은 삶의 외형을 송두리째 바꾸어 놓았고, 더 빠르고 효율적이며 편리한 방향으로 인류를 이끌고 있습니다. 그러나 기술이 아무리 발전한다 해도, 단언할 수 있습니다. 인간의 본질, 즉 우리가 인간답게 살아가는 내면의 구조와 감정, 욕망, 관계의 갈망 같은 것은 결코 바뀌지 않는다는 사실을.

기술은 삶의 방식을 바꾸고 있습니다. 예전에는 도서관에서 정보를 찾던 학생이 이제는 클릭 한 번으로 원하는 답을 얻습니다. 진료를 받기 위해 병원을 찾던 사람이 이제는 집에서 원격 진료를 받고, 세계 어느 도시든 몇 시간 안에 도달할 수 있는 시대가 되었습니다. 소셜 미디어는 관계의 경계를 허물고, 일상과 감정을 실시간으로 공유하는 시대를 만들었습니다. 기술은 우리의 습관을, 대화 방식을, 심지어 감정의 표현 방식까지 바꾸어 놓았습니다.

그러나 질문해 보겠습니다. 그 모든 변화에도 불구하고, 인간의 근원적인 감정은 달라졌을까요? 사랑하는 사람을 잃었을 때의 슬픔은 여전히 뼈저리고, 타인의 인정에 대한 갈망은 여전하며, 부당한 일 앞에서는 가슴이

뜨거워지고, 외로움은 여전히 밤을 길게 만듭니다. 우리는 예나 지금이나 인간관계 속에서 의미를 찾고, 눈을 마주치며 진심을 확인하고 싶어 합니다. 기술이 소통의 수단을 바꿨을지언정, 인간이 소통을 필요로 하는 이유는 바뀌지 않았습니다.

기술은 인간의 본성을 만들지도, 지우지도 못합니다. 다만 그것을 더 드러내거나, 더 확대시킬 뿐입니다. 예컨대 온라인 익명성은 인간 내면에 있던 폭력성과 편견을 쉽게 드러나게 만들기도 하고, 한편으로는 전 세계를 연결하며 연대의 가능성을 넓히기도 합니다. 기술은 결국 거울입니다. 그 안에 비치는 것은 우리가 숨기고 있던 욕망이며, 감정이며, 관계에 대한 갈망입니다.

우리는 지금, 기술을 통해 더 많은 것을 할 수 있는 능력을 얻었습니다. 그러나 중요한 것은 '기술이 무엇을 할 수 있느냐'보다 '그 기술을 통해 우리는 무엇을 선택하느냐'에 달려 있습니다. 선택은 여전히 인간의 몫입니다. 우리는 어떤 감정을 표현할지, 어떤 관계를 맺을지, 무엇을 욕망할지를 스스로 결정합니다. 기술은 그 선택을 돕는 도구일 뿐입니다.

그리고 이 본질을 잊지 않는 것, 그것이 우리가 기술의 시대를 살아가는 방식이어야 합니다.

> Q99. 기술이 삶을 편리하게 해 준 지금, 당신은 무엇으로부터 인간다움을 지켜 내고 있습니까?

100

내로남불도 정도가 있어야지
국민의 신뢰를 좀먹는 정치적 이중 잣대

"내로남불도 정도가 있어야지." 이 말은 정치권을 향한 국민들의 분노와 실망을 가장 잘 보여 줍니다. 자신에게는 관대하고 타인에게는 가혹한 이중 잣대. 그 대표적인 사례가 바로 정치권의 내로남불입니다. 이는 단순한 말실수나 개인적 모순을 넘어서, 민주주의의 근간인 신뢰를 허무는 위험한 행태입니다.

정치적 내로남불은 흔히 다음과 같은 방식으로 나타납니다. 과거에 반대했던 정책을 정권이 바뀌자 옹호하고, 자신이 속한 진영의 잘못은 감싸면서 상대의 허물은 부풀립니다. 정책 평가도 진영 논리에 따라 극단적으로 나뉘고, 언론 보도에 대한 태도도 상황에 따라 손바닥 뒤집듯 달라집니다. 이런 태도는 결국 국민의 신뢰를 무너뜨리고, 합리적인 정치 담론을 불가능하게 만들며, 사회를 극단적인 진영 대립으로 이끕니다.

더 큰 문제는 이 내로남불이 이제 '정도'를 넘어섰다는 점입니다. 국민들은 점점 정치에 냉소하게 되고, 중요한 국가적 과제는 뒷전으로 밀려납니다. 불신은 정치 참여를 위축시키고, 민주주의의 활력을 갉아먹습니다.

이 굴레를 끊기 위해선 정치인의 성찰이 가장 먼저입니다. 일관된 원칙, 도덕적 책임, 사과할 줄 아는 용기, 공익을 향한 태도 없이는 회복이 불가능합니다. 언론은 사실에 기반한 감시 역할을 충실히 해야 하고, 시민 역시 적극적으로 비판과 견제를 이어 가야 합니다. 정치 시스템 자체의 구조적 개혁도 병행되어야 합니다.

하지만 가장 큰 문제는 우매하고 이기적인 우리에게 있습니다. 어쩌면, 우리 모두도 '작은 내로남불'의 공범일 수 있습니다. 내 편의 잘못엔 침묵하고, 남의 실수엔 가혹한 태도. 정치인만 탓할 수 있을까요? 진짜 변화는 우리 자신을 돌아보는 것에서 시작됩니다.

> Q100. 당신의 사랑은 로맨스입니까? 불륜입니까?

101

다수결의 한계, 함정
다수결, 민주주의의 날개인가 족쇄인가

민주주의 하면 많은 이들이 '다수결'을 떠올립니다. 가장 많은 사람의 의견을 따른다는 이 원칙은 표면적으로 공정하고 명확해 보이지만, 과연 민주주의의 본질을 온전히 대변하는지에 대해 저는 의문을 품게 되었습니다. 다수의 선택이 항상 옳은 방향으로 나아갈까요?

다수결은 분명 효율적입니다. 빠르게 합의를 도출할 수 있죠. 하지만 이런 빠름은 때때로 성찰의 깊이를 앗아가고, 복잡한 현실을 간과하게 만듭니다. 다수결의 결정이 언제나 정의롭거나 합리적인 것은 아니며, 때로는 소수를 침묵시키고 공동체의 약자를 외면하게 합니다.

우리는 종종 '다수가 옳다'는 착각에 빠집니다. 하지만 다수는 감정에 휘둘리거나 선동에 약하며, 정확한 정보 없이도 결정을 내리기도 합니다. 역사 속에서 흑인 차별, 유대인 배척, 성소수자 배제 등 수많은 억압과 차별이 다수결의 이름으로 정당화되기도 했습니다. 민주주의는 단순히 사람 수를 세는 것이 아니라, 모든 사람이 동등하게 존중받는 구조를 만드는 데 그 의미가 있다는 점을 잊어서는 안 됩니다.

또한, 다수결은 본질적으로 깊은 숙의를 요구하지 않습니다. 논의는 형식적인 수준에 그치고, 투표는 단순한 찬반으로 귀결되곤 합니다. 결정은 빠르지만 내용은 빈약하고 취약할 수 있습니다. 다수의 이견 없는 결정이 오히려 사회의 균형을 무너뜨리고, 반복된 패배를 겪은 소수는 정치적 회의와 냉소에 빠지게 됩니다. "내가 뭘 해도 달라지지 않아."라는 말은, 다수결이 만든 구조적 상처이기도 합니다.

정치뿐 아니라 직장, 학교 등 우리가 속한 거의 모든 집단은 다수결을 일상처럼 사용합니다. 그러나 그 다수는 항상 '참여한 다수'가 아닙니다. '침묵하는 다수'는 투표에 나서지 않거나, 적극적인 소수에 의해 대표되곤 하죠. 그 결과, 실질적 다수가 결정 과정에서 배제되고, 일부 목소리 큰 사람들이 전체를 대변하는 듯한 착시가 발생합니다. 이는 민주주의의 탈을 쓴 독단으로 이어질 수 있습니다.

그래서 우리는 다수결이라는 도구의 한계를 자각하고, 이를 보완할 수 있는 민주적 기제를 만들어야 합니다. 숙의 민주주의는 하나의 대안이 될 수 있습니다. 이는 단순한 찬반이 아닌, 충분한 정보와 시간 속에서 다양한 의견을 교환하고 최선의 결론을 도출하는 과정입니다. 또한 소수자 보호 장치는 어떤 경우에도 다수의 결정이 침범할 수 없는 최소한의 권리를 보장해야 합니다. 그것이 다수의 결정조차도 '인간의 존엄' 앞에서 멈추게 하는 마지막 방어선입니다.

> Q101. 당신이 속한 공동체에서, 소수의 목소리는 지금 얼마나 귀 기울여지고 있나요?

102

다층적인 불복문화
침묵에서 혁명까지, 저항의 다양한 얼굴

사회는 질서와 규범 위에서 유지되지만, 그 안에는 항상 순응하지 않거나 의문을 제기하는 움직임이 존재합니다. 이러한 불복종은 단순히 '반항'이 아닌, 복잡하고 다층적인 문화 현상입니다. 우리는 이를 '다층적인 불복문화'라 부르며, 개인의 은밀한 저항부터 조직적인 사회 운동, 나아가 시스템에 대한 근본적인 도전까지 다양한 양상을 포괄합니다.

미시적 층위는 개인의 일상 속 은밀한 저항입니다. 불합리한 직장 문화에 대한 소극적 불응이나 미묘한 풍자처럼, 겉으로는 순응하나 내면적으로 불만을 담는 행위입니다. 이는 개인의 자율성을 지키는 '약자의 저항'으로, 작은 균열이 모여 큰 변화의 씨앗이 되기도 합니다.

둘째, 중간적 층위는 특정 집단이 주도하는 조직적인 저항입니다. 시민 불복종 운동, 노동조합 파업, 인권 운동 등이 대표적이죠. 이는 사회적 약자들이 권리를 주장하고, 기존 권력의 부당함을 고발하며, 더 나은 사회를 위한 변화를 요구하는 적극적인 행위입니다. 불복종이 사회 정의 실현을 위한 '도덕적 행위'로 승화되기도 합니다.

거시적 층위는 사회의 근본 시스템에 대한 도전입니다. 혁명이나 체제 전복 시도처럼, 정치 체제나 경제 구조, 지배 이데올로기 자체에 대한 근본적인 의문 제기와 대안 제시를 포함합니다. 역사적으로 노예 제도 폐지, 여성 참정권 운동 등 인류 사회의 거대한 전환점을 만들었습니다.

이처럼 다층적인 불복문화는 부당한 권력에 대한 저항, 불의에 대한 분노, 그리고 더 나은 미래에 대한 희망에서 비롯됩니다. 이는 사회에 활력을 불어넣고, 경직된 시스템에 균열을 내며, 다양한 목소리가 공존할 가능성을 열어 줍니다. 불복종이 항상 긍정적인 결과만을 가져오는 것은 아니지만, 사회가 건강하게 숨 쉬고 발전하기 위한 필수적인 '기능'입니다. 권력의 오남용을 견제하고, 소수자의 권리를 보호하며, 사회적 약자들의 목소리를 대변하는 중요한 통로가 됩니다.

결국, 건강한 사회는 모든 불복종을 무조건 억압하기보다, 그 안에 담긴 메시지를 경청하고 합리적인 대화를 통해 문제를 해결하려 노력하는 사회일 것입니다. 불복문화는 우리에게 사회가 끊임없이 진화하고 있음을, 그리고 그 진화의 주체가 바로 우리 자신임을 상기시켜 줍니다.

> Q102. 당신은 어떤 불복의 방식으로 세상에 질문을 던지고 있습니까?

103

무분별한 포퓰리즘과 국민의 도덕적 해이
철면피 정치인들에 의한 신뢰의 위기와 책임의 상실

현대 민주주의 사회에서 '국민의 뜻'은 중요한 가치지만, 때로는 그 이면에 '포퓰리즘'이라는 그림자가 드리워지곤 합니다. 포퓰리즘은 대중의 인기에 영합해 비합리적인 정책을 남발하며, 이는 흔히 '도덕적 해이'를 고착화시키는 결과를 낳습니다. 이 두 현상은 서로를 부추기며 악순환의 고리를 형성하고, 결국 사회 전체의 신뢰를 무너뜨립니다.

포퓰리즘은 유권자의 표심을 얻기 위해 단기적인 이익을 약속하는 정치 행태입니다. 재원 마련 방안 없이 무조건적인 현금성 지원을 약속하거나, 복잡한 사회 문제를 단순화하여 특정 대상에게 책임을 전가하는 것이 대표적입니다. 이러한 정책은 당장의 인기를 얻을 수 있지만, 국가 부채 증가, 경제 시스템 왜곡, 사회적 갈등 심화라는 장기적인 대가를 치르게 합니다. 포퓰리즘은 이성적 판단과 숙고를 방해하고, 대중의 감정이나 선동에 쉽게 휘둘리는 민주주의의 약점을 교묘하게 이용합니다.

무분별한 포퓰리즘은 국민의 도덕적 해이를 고착화시킵니다. 정부의 '묻지 마 지원'이나 '책임 회피성 정책'에 익숙해진 국민은 자신의 행동에 대한 책임감을 잃게 됩니다. 쉽게 얻은 '눈먼 돈'에 대한 인식은 개인의 책임감을 약화시키고 자립심을 저해하며, 노력의 가치를 퇴색시킵니다. 또한, 포퓰리즘이 특정 집단의 무리한 요구를 묵인할 때, 사회 전반의 '갑질'과 '을질'

이 심화되어 공정성에 대한 인식을 훼손하고 신뢰를 무너뜨립니다.

무분별한 포퓰리즘과 도덕적 해이의 악순환을 끊기 위해서는 정부와 국민 모두의 노력이 필요합니다. 정부는 단기적인 인기에 영합하기보다 장기적 관점에서 투명하고 책임 있는 재정 운영을 해야 합니다. 정책의 한계나 문제점도 솔직하게 인정하고, 원칙과 공정성을 바탕으로 국민과 소통해야 합니다.

국민은 정부의 달콤한 약속에 현혹되지 않고, 비판적으로 사고하며 합리적으로 판단해야 합니다. 자신의 권리를 행사하고 정부를 감시하는 적극적인 참여와 더불어, 책임감 있는 행동과 공동체의 이익을 위한 자율적인 노력이 필요합니다.

포퓰리즘과 도덕적 해이는 현대 사회의 큰 도전이지만, 우리는 이를 극복할 수 있습니다. 정부가 책임 있는 리더십을 보여 주고, 국민이 주체적인 시민 의식을 발휘할 때 비로소 민주주의의 본질을 회복하고, 신뢰를 기반으로 하는 건강한 사회로 나아갈 수 있을 것입니다.

> Q103. 당신은 지금, 진짜 '국민의 뜻'을 따르고 있습니까, 아니면 달콤한 말에 끌려가고 있습니까?

104

유사 이래 무한 경쟁 사회가 아니었던 적이 있었나요?

무한 경쟁 사회, 역사의 예외인가 보편인가?

'무한 경쟁 사회'는 모든 사회 구성원이 극도의 경쟁 속에서 살아가며, 실패 시 도태나 좌절을 감내해야 하는 구조를 의미합니다. 이는 인류 역사상 보편적인 현상이 아니며, 오히려 특정한 시대적·사회적 조건에서 등장한 특수한 현상입니다.

원시 수렵 채집 사회는 경쟁보다 협력과 생존이 중심이었습니다. 농경 초기 사회도 협력과 분배가 삶의 핵심이었고, 중세 유럽 역시 신분제 아래에서 경쟁보다는 정해진 역할 수행이 강조됐습니다. 이처럼 과거의 많은 사회는 무한 경쟁보다는 공동체 중심의 질서가 중심이었습니다.

'무한 경쟁'의 본격적 등장은 근대 이후 자본주의와 산업혁명의 확산과 함께 시작되었습니다. 시장 경제는 경쟁을 미덕으로 삼았고, 산업화는 도시로의 인구 집중과 일자리 경쟁을 심화시켰습니다. 교육의 기회 확대는 사회적 이동성을 높였지만, 동시에 모두가 성공할 수 있다는 강박을 낳아 경쟁을 일상화시켰습니다. 여기에 다원주의적 사고는 경쟁을 자연의 섭리처럼 받아들이게 했습니다.

하지만 진정한 '무한 경쟁 사회'는 현대에 이르러 더욱 극심해졌습니다. 글로벌화는 국경 없는 경쟁을 낳았고, SNS는 끊임없는 비교와 박탈감을 유발합니다. 특히 한국을 비롯한 동아시아 사회에서는 학벌 중심 사회가 경쟁의 장을 더욱 치열하게 만들었고, 실패했을 때의 사회적 안전망 부족은 개인의 불안감을 증폭시켰습니다.

이러한 상황은 '모두가 경쟁하지 않으면 살아남을 수 없다'는 믿음을 강화시키지만, 이는 결코 인류의 보편적 역사도 아니고, 자연법칙도 아닙니다. 오히려 지금의 '무한 경쟁'은 역사적으로 특수한 산물이며, 우리가 충분히 성찰하고 전환할 수 있는 구조입니다.

이제 우리는 경쟁의 효율성만을 맹신하지 말고, 협력과 연대의 가치를 재발견해야 합니다. 인간답고 존중받는 삶, 다양한 속도와 방식의 성장을 포용하는 사회를 지향하는 것이 우리가 가야 할 길입니다. 경쟁을 넘어, 공존과 상생의 사회로 가는 전환은 인간의 존엄성을 지키기 위한 필수적 선택입니다.

> Q104. 지금 당신이 뛰고 있는 이 경쟁, 정말로 당신이 '원한' 경기인가, 아니면 그냥 '밀려' 들어온 트랙인가요?

105

유사 이래 학벌 중심 사회가 아니었던 적이 있었나요?

학벌 중심 사회, 역사의 보편인가 특수인가?

"유사 이래 동서고금을 불문하고 학벌 중심 사회가 아니었던 적이 있었는가?"라는 질문에 답하려면, 먼저 '학벌 중심'을 어떻게 정의하는지가 중요합니다. 만약 '정규 교육기관의 졸업 여부가 사회적 성공을 결정짓는 요소'로 본다면, 인류 대부분의 시대는 학벌 중심 사회가 아니었습니다. 하지만 지식이나 능력을 통해 지위를 얻는 구조까지 포함한다면 논의는 복잡해집니다.

인류 초기의 수렵 채집 사회나 농경 초기 사회, 중세 유럽의 봉건 사회 등은 학벌보다는 생존 능력, 혈통, 토지 소유, 종교 권위 등에 따라 지위가 결정되었습니다. 특히 교육이 극히 제한된 소수 계층의 특권이었기에, 대부분의 사람들은 교육 여부와 무관하게 사회적 역할이 고정되어 있었습니다.

동양에서는 특히 중국에서 과거제도의 등장과 함께 '학벌 중심 사회'의 초기 형태가 나타났습니다. 능력 중심의 인재 선발 시스템이 구현되며, 누구든 과거 시험에 합격하면 고위 관직에 오를 수 있었습니다. 조선의 과거제도도 같은 맥락에 있습니다. 이는 당시로서는 혈통을 뛰어넘는 '능력주의'의 실현이었으나, 동시에 교육을 받을 수 있는 계층의 한계로 인해 또 다른 형태의 계급 고착을 낳기도 했습니다.

서양에서는 대학이 12세기 무렵부터 본격적으로 등장했으나, 학벌이 계층 이동의 중심 수단이 된 것은 산업혁명 이후입니다. 급속한 산업화와 전문화로 인해 고등 교육이 곧 사회 진입의 관문이 되었고, 자격증과 학위는 곧 사회적 신뢰의 척도가 되었습니다.

현대 한국 사회는 이 모든 흐름의 정점에 있습니다. 대학 간판이 인생을 좌우하고, 사교육 시장은 학벌 경쟁을 부추기며, 그 결과 학벌은 계층 상승의 사다리이자 계층 재생산의 도구가 되었습니다. 특히 학벌이 지위, 결혼, 연봉, 심지어 인격 평가까지 연결되는 현상은 전례 없이 과열된 양상이라 할 수 있습니다.

결론적으로 인류 역사 전체를 놓고 보면 학벌 중심 사회가 보편적이었던 것은 아닙니다. 오히려 지금 우리가 겪는 과도한 학벌주의는 매우 현대적이고 특수한 현상이며, 이는 제도적, 문화적 조건이 빚어낸 결과입니다. 따라서 이 구조는 변화 가능성이 있으며, 다양한 능력과 인성이 존중받는 사회로의 전환이 가능함을 시사합니다.

> Q105. 당신은 학벌로 증명되는 존재입니까, 아니면 학벌 너머를 증명하는 존재입니까?

106

이놈의 웬수 덩어리

미운 정 고운 정

"이놈의 웬수 덩어리!"라는 말은 단순한 분노가 아닌 복잡한 애정과 애증이 얽힌 표현입니다. 이 '웬수 덩어리'는 사물, 습관, 사람, 그리고 나 자신까지 우리의 일상 곳곳에 존재합니다.

첫째, 주변의 사물들 예컨대 고장 난 자동차나 지저분한 책상은 번거롭고 짜증스럽지만, 막상 없어지면 허전함을 느끼게 만드는 '애물단지' 같은 존재입니다.

둘째, 고치고 싶지만 잘되지 않는 습관들 늦잠, 미루는 버릇, 식탐은 우리의 의지를 시험하고, 자책을 불러일으키며 때로는 자신을 미워하게 만듭니다. 그러나 이 습관들은 동시에 우리 본성의 민낯을 보여 주는 거울이기도 합니다.

셋째, 가장 깊고 복잡한 '웬수 덩어리'는 인간관계 속에서 등장합니다. 가까운 가족, 친구, 배우자 등은 사랑하면서도 때론 미칠 듯이 짜증나는 존재입니다. 이 관계들은 미운 정과 고운 정이 얽혀 있어 완전히 미워할 수도, 사랑만 할 수도 없는 복합적인 감정을 만들어 냅니다. 그들의 단점은 때론 내 단점의 거울이 되어 더 깊은 감정적 반응을 유발합니다. 그러나 결국 그들 덕분에 우리는 인내, 용서, 이해, 그리고 더 큰 사랑을 배웁니다.

마지막으로, 가장 뿌리 깊은 웬수는 나 자신일지도 모릅니다. 바꾸고 싶지만 고쳐지지 않는 성격, 반복되는 실수와 자책은 스스로를 웬수처럼 여기게 만듭니다. 하지만 그런 자기 인식은 성장을 위한 출발점이 됩니다. 자신의 단점을 마주하고 그것을 끌어안으려 할 때, 우리는 비로소 더 성숙한 자아로 나아갈 수 있습니다.

결국 '웬수 덩어리'는 우리를 괴롭히는 존재이면서 동시에 우리를 단련시키고 성장시키는 존재이기도 합니다. 그것은 버려야 할 장애물이 아니라, 함께 살아가는 법을 배워야 할 인생의 동반자일지 모릅니다. 삶이란 결국, 이 미운 정 고운 정이 얽힌 웬수들과 더불어 웃고 울며 살아가는 여정이 아닐까요?

> Q106. 당신의 웬수 덩어리, 사실은 가장 오래 곁을 지킨 존재가 아니었나요?

107

이익은 사유화하고 손실은 사회화한다

불평등의 그림자

"이익은 사유화하고 손실은 사회화한다."는 말은 자본주의 시스템의 구조적 모순을 날카롭게 지적하는 표현입니다. 이 문장은 소수의 개인이나 기업이 이익은 독점하면서도, 실패나 손실은 공동체 전체가 떠맡게 되는 불공정한 구조를 비판합니다.

대표적인 사례는 2008년 금융위기입니다. 탐욕적 투자를 통해 이익을 챙긴 금융기관은 위기 시 '대마불사' 논리로 국민 세금으로 구제받았고, 그 부담은 일반 시민들의 실업과 부채, 주거 불안으로 돌아왔습니다. 이 현상은 금융 분야뿐 아니라 환경 파괴, 산업재해, 부동산 투기 등 다양한 사회 문제로 이어집니다. 기업이 이윤을 위해 발생시킨 오염, 노동자 희생, 투기적 이익의 결과는 시민 전체가 고스란히 감당하게 됩니다.

이런 구조가 반복되는 원인으로는 다음과 같은 요소들이 있습니다. 첫째, 강력한 로비와 정치적 영향력으로 기업은 자신에게 유리한 제도와 지원을 확보합니다. 둘째, 정보 비대칭으로 인해 일반 시민은 위험을 제대로 인지하거나 대응하지 못합니다. 셋째, '대마불사' 논리는 기업의 도덕적 해이를 부추기며 반복되는 실패 구조를 양산합니다. 넷째, 개인과 조직의 책임 회피는 공동체에 대한 신뢰를 무너뜨립니다.

결국 이 구조는 사회적 불평등을 심화시키고, 시민들의 연대와 공동체 의식을 약화시킵니다. "내가 왜 세금을 내야 하지?" "정부는 누구를 위하고 있나?"와 같은 회의와 냉소가 커지는 배경이기도 합니다.

이에 대한 해법은 다음과 같습니다. 기업의 책임을 강화할 강력하고 투명한 규제, 손실에 대한 명확한 책임 원칙, 정보의 공개와 공유, 시민 사회의 감시와 참여, 윤리적 기업 문화 조성이 필요합니다. 이러한 변화 없이는 사회는 지속 가능하지 않으며, 결국 소수의 이익이 다수의 붕괴를 초래하게 됩니다.

따라서 이 구조적 문제는 단지 경제 영역의 문제가 아니라, 우리가 어떤 사회를 지향하느냐는 가치의 문제입니다. 이익과 손실의 균형 있는 분배는 정의롭고 지속 가능한 공동체를 위한 최소한의 조건입니다. 결국 우리는 질문해야 합니다. 누구의 이익을 위해, 누구의 희생을 당연하게 받아들이고 있는가?

Q107. 손실이 사회의 몫이라면, 당신이 감당하고 있는 타인의 실패는 누구의 선택이었습니까?

108

인간 사회는 근본적으로
절대 공평하거나 평등할 수 없다
인간 존엄성 유지를 위한 최소한의 장치

인류는 오랜 세월 동안 공평함과 평등을 지향해 왔지만, 현실은 여전히 불공정과 불평등으로 가득합니다. 인간 사회가 절대적으로 공평하거나 평등할 수 없는 이유는 단순한 제도적 미비나 도덕적 태만을 넘어, 더 근본적인 인간의 본성과 사회 구조에서 기인합니다.

첫째, 인간은 타고난 유전적 다양성 속에서 태어납니다. 지능, 신체 능력, 성격, 감정 등의 차이는 아무리 같은 환경과 기회를 제공해도 다른 결과를 낳게 만듭니다.

둘째, 인간의 본성은 경쟁과 욕망을 품고 있습니다. 자신의 이익을 추구하고 타인보다 우위에 서려는 성향은 기득권을 만들고 이를 자녀 세대로 물려줍니다. 이로 인해 사회는 점점 더 구조화된 불평등을 갖게 됩니다.

셋째, 사회 시스템은 복잡한 상호작용과 의도치 않은 결과들로 구성됩니다. 제도는 완벽할 수 없고, 좋은 의도조차도 예측하지 못한 불균형을 만들어 냅니다. 시장 경제, 자본 집중, 정책의 역효과 등은 모두 그 예입니다.

넷째, 인간은 태어나는 환경조차 선택할 수 없습니다. 부모, 국적, 시대, 사고나 질병 같은 예측 불가능한 요인들은 삶의 시작점부터 불공정한 격차를 만들어 냅니다.

마지막으로, 공평함과 평등의 개념 자체가 절대적이지 않습니다. 어떤 사람은 결과의 평등을, 어떤 이는 기회의 평등을 공정하다고 여깁니다. 능력에 따른 보상을 공정하게 보는가 하면, 필요에 따른 분배를 더 옳다고 믿는 이들도 있습니다. 이처럼 공평함은 보편적 기준이 아닌 상대적이고 주관적인 가치입니다.

이 모든 이유로, 인간 사회는 절대적으로 평등하거나 공평할 수 없습니다. 그러나 이것이 우리가 그 이상을 포기해야 한다는 의미는 아닙니다. 완전한 평등은 불가능하더라도, 더 공정하고 덜 불평등한 사회를 향한 노력은 여전히 유효합니다.

사회적 약자를 위한 제도, 기회 불균형을 완화하려는 정책, 공정성에 대한 지속적인 논의는 비록 완벽하진 않더라도 인간 사회의 존엄성을 지키는 최소한의 장치입니다. 이상(理想)은 도달할 수 없는 신기루일 수 있으나, 그 신기루를 향해 나아가는 여정 속에서 우리는 더 인간다운 사회를 만들 수 있을 것입니다.

> Q108. 당신이 꿈꾸는 공평함은 누구의 관점에서 정의된 것입니까?

109

자본주의적 욕망과 사회주의적 계몽
이상과 현실 사이의 영원한 줄다리기

인류 문명은 개인의 욕망과 공동체의 계몽이라는 두 힘의 긴장 속에서 발전해 왔습니다. 근대 이후 이 두 힘은 각각 자본주의와 사회주의라는 이념으로 구체화되었습니다.

자본주의는 더 많이 소유하고 더 높이 오르려는 개인의 욕망을 기반으로 하며, 이는 혁신과 효율성을 촉진해 기술 발전과 물질적 풍요를 이끌었습니다. 그러나 무절제한 욕망은 불평등 심화, 착취, 환경 파괴, 인간 소외를 초래할 수도 있습니다.

사회주의는 자본주의의 폐해를 비판하며, 이성과 집단적 계몽을 통해 평등하고 정의로운 사회를 지향했습니다. 사유 재산 폐지, 생산 수단의 사회화, 계획 경제를 통해 자원의 공정한 배분과 약자 보호를 추구했고, 교육·복지·노동권 향상에 기여했습니다. 그러나 이상만을 좇은 사회주의는 개인의 자유를 억압하고, 경직성과 비효율, 독재로 귀결되기도 했습니다.

역사 속에서 두 이념은 상호 견제하며 변화를 모색해 왔습니다. 복지국가 모델은 자본주의의 생산성과 사회주의의 평등 가치를 결합했고, 일부 사회주의 국가는 시장 요소를 도입해 효율성을 추구했습니다. 이처럼 양

측은 서로의 장점을 흡수하며 진화해 왔습니다.

현대 사회의 과제는 어느 한쪽의 절대화를 피하고 균형을 찾는 것입니다. 자본주의적 욕망은 혁신 동력으로 인정하되, 부정적 영향은 사회적 계몽과 제도로 통제해야 합니다. 이는 정부 규제뿐 아니라 기업의 사회적 책임, 윤리적 소비, 시민 감시와 참여를 포함합니다. 동시에 사회주의적 계몽은 자유와 다양성을 존중하는 방향으로 현실화되어야 합니다. 특정 정치세력이나 맹목적 군중심리에 편승한 강제적 평등이 아닌, 개인의 잠재력을 살리면서 공동체에 기여할 수 있는 유연한 체제가 필요한 것입니다.

궁극적으로 두 이념은 각각 "어떻게 더 창조하고 발전할 것인가?"와 "어떻게 모두가 인간답게 살 수 있는 사회를 만들 것인가?"라는 질문을 던집니다. 두 질문은 상호 보완적이며, 지속적 성찰과 열린 대화를 통해서만 온전한 답을 찾을 수 있습니다.

개인의 욕망과 공동체의 선이 조화를 이루고, 집단적 이성이 개인의 자유를 존중하는 사회를 향한 여정은 끝나지 않는 인류의 과제일 것입니다.

> Q109. 당신이 꿈꾸는 미래는 욕망과 계몽 중 어느 쪽의 빛이 더 강하게 비추고 있습니까?

110

자유와 평등, 동시 실현이 가능할까?

영원한 딜레마

인류가 지향해 온 보편적 가치 가운데 핵심에는 언제나 자유와 평등이 자리하여 왔습니다. 자유는 개인의 존엄과 선택권을 보장하고, 평등은 모든 사람이 차별 없이 동등한 권리와 기회를 누리게 하는 이상입니다. 그러나 두 가치는 때로 서로를 제약하며, 완전한 형태로 동시에 구현되기 어려운 특성을 지니고 있습니다.

자유는 외부의 강제와 억압으로부터 벗어나 마음대로 행동할 수 있는 상태를 뜻합니다. 이는 창의성과 다양성을 촉진하는 필수 조건이지만, 무제한적으로 보장될 경우 능력·환경·운의 차이에 따라 불평등이 심화될 수 있습니다. 적극적 자유는 교육·건강·정치 참여 등 잠재력 실현을 위한 자원 확보를 포함하며, 이를 위해서는 일정 수준의 평등이 필요합니다.

평등은 법 앞의 평등, 기회의 평등, 그리고 결과의 평등으로 구분됩니다. 기회의 평등은 동등한 출발선을 보장하여 공정한 경쟁을 가능하게 하고, 결과의 평등은 부와 자원의 격차를 줄여 모든 이가 유사한 삶의 질을 누리도록 합니다. 그러나 결과를 강제적으로 맞추려는 시도는 개인의 자유와 동기를 훼손할 위험이 있습니다.

두 가치는 종종 충돌합니다. 자유를 극대화하면 부의 집중과 불평등이 커질 수 있고, 평등을 강하게 추구하면 재산권과 경제활동의 자유가 제한될 수 있습니다. 그럼에도 불구하고 자유와 평등은 상호 보완적인 측면도 있습니다. 일정 수준의 평등은 개인이 실질적 자유를 누릴 토대를 마련하며, 자유로운 선택이 존중될 때 평등 역시 지속 가능성을 갖게 됩니다.

완전한 자유와 완전한 평등은 현실적으로 달성하기 어려운 이상입니다. 그러나 이를 이유로 추구를 포기해서는 안 됩니다. 사회는 변화하는 유기체이므로, 두 가치의 균형점을 시대와 상황에 맞추어 조정하는 노력이 필요합니다. 법과 제도의 설계, 시민 의식의 성숙을 통해 자유의 폭과 평등의 범위를 확장하고, 양자의 긴장을 건설적으로 해소해야 합니다.

결국 자유와 평등은 고정된 해답이 아니라, 인류가 끊임없이 지향해야 할 영원한 과제입니다. 불평등을 완화하고 실질적 기회를 넓힘으로써 자유를 심화시키고, 개인의 창의성과 자율성을 존중함으로써 평등을 풍요롭게 만드는 길을 모색해야 합니다. 이 여정 자체가 더 정의롭고 인간적인 사회를 향한 의미 있는 발걸음이 될 것입니다.

> Q110. 당신은 자유와 평등 중 어느 한쪽을 선택하실 것입니까, 아니면 두 가치를 함께 키워 갈 길을 찾으시겠습니까?

적폐의 기준은 누가, 언제 설정해야 정당성을 가질까?

정의로운 청산을 위한 지혜와 겸손의 조건

'적폐(積弊)'란 오랫동안 쌓여 사회 발전을 가로막는 폐단을 의미합니다. 사회는 주기적으로 적폐 청산을 외치지만, '무엇을, 누가, 언제 적폐로 규정할 것인가'에 대한 합의는 쉽지 않습니다. 이는 정의와 윤리, 그리고 권력의 본질에 관한 깊은 논의가 필요한 주제입니다.

적폐라는 명칭이 붙는 순간, 그것은 도덕적 비난과 사회적 단죄의 대상이 됩니다. 그러나 그 기준은 모호합니다. 어떤 이에게는 당연한 권리나 관행이, 다른 이에게는 불공정한 특권으로 보일 수 있습니다. 이 모호성 때문에 '적폐'라는 단어가 정치적 공격이나 집단 배제의 수단으로 악용될 위험도 존재합니다.

누가 기준을 세울 것인가에 대해서는 네 가지 주체가 논의됩니다. 첫째, 새로운 권력 집단이 과거의 잘못을 '적폐'로 규정하는 경우입니다. 이는 개혁의 동력이 될 수 있으나, 자칫 '승자의 정의'가 되어 보복 정치와 분열을 초래할 위험이 있습니다. 둘째, 시민 사회와 여론은 자발적 비판과 참여로 변화를 요구하는 힘이 됩니다. 그러나 여론 역시 감정과 편향에 흔들릴 수 있습니다. 셋째, 법률가·학자 등 전문가 집단은 객관적 분석을 통해 합리성을 높입니다. 다만 이들 또한 완전한 가치 중립을 보장하기 어렵습니다. 넷째, 역사적 평가는 시간이 흐른 뒤 과거를 재조명하는 방식입니다. 하지만 현재의 가치관으로 과거를 재단하는 오류에 주의해야 합니다.

언제 기준을 설정할 것인가도 중요합니다. 문제 발생 즉시 대응하는 것이 이상적이나, 현실에서는 이해관계와 저항으로 지연되기 쉽습니다. 사회적 합의가 형성될 때는 정당성이 높지만, 숙의와 토론에 많은 시간이 필요합니다. 또한 기술 발전, 가치관 변화, 중대한 사건 발생 등 사회적 전환기는 기준 재정립의 기회가 됩니다. 무엇보다 기준은 고정되지 않고, 사회 변화에 맞추어 지속적으로 재검토되어야 합니다. 오늘의 정의가 내일의 적폐가 될 수 있음을 인정하는 겸손이 필요합니다.

정당성을 확보하려면 몇 가지 조건이 필수입니다. 첫째, 규정 과정과 근거를 공개해야 합니다. 둘째, 모든 이에게 동일하게 적용되는 보편적 기준이어야 합니다. 셋째, 감정이나 정치적 의도보다 사실과 윤리에 근거해야 합니다. 넷째, 다양한 의견을 포용하는 토론 과정을 거쳐야 합니다. 다섯째, 과거의 단죄를 넘어 재발 방지와 개선을 목표로 해야 합니다.

결국 적폐 청산은 단발적 사건이 아니라, 현재를 성찰하고 미래를 준비하는 지속적인 여정입니다. 권력의 자의성을 경계하고, 대중의 지혜를 모으며, 소수의 목소리에도 귀 기울이는 과정이 필요합니다. 완벽하게 알 수 없음을 인정하고, 끊임없이 배우고 성찰하는 태도 속에서만 정당성을 갖춘 기준이 세워질 수 있습니다.

> Q111. 당신이 생각하는 '적폐'의 기준은, 누구에 의해 어떤 절차로 정해져야 정당하다고 믿으십니까?

112

서민은 언제나 선량한가?

고정관념을 넘어선 인간 본연의 복잡성

우리 사회에서는 중산층이나 일반 서민층을 대체로 '근면하고 성실하며, 도덕적이고 순박한 집단'으로 인식하는 경향이 있습니다. 이러한 이미지는 노력으로 경제적 안정을 이룬 성실함, 질서와 규범을 중시하는 안정 지향적 태도, 극단적 계층에 비해 도덕적 비난에서 비교적 자유로운 위치, 평온하고 무탈한 일상 등에서 비롯됩니다. 그러나 이러한 인식은 서민층이 지닌 복합적이고 다면적인 현실을 충분히 반영하지 못하고 있다고 봅니다.

서민층 역시 경쟁과 불안 속에서 비선량한 행동을 보일 가능성이 있습니다. 사회·경제적 지위를 유지하거나 상승시키려는 치열한 경쟁은 교육과 취업 등에서 이기심과 편법을 유발할 수 있습니다. 정당한 노력 없이 얻는 '눈먼 돈'의 유혹이나 인색함은 계층을 불문하고 나타날 수 있습니다. 안정된 생활 방식을 기준으로 소수자나 약자를 배제하는 편견이 작동하기도 하며, '이 정도는 괜찮다'는 자기 합리화는 작은 불의를 묵인하고 더 큰 불공정을 초래할 위험이 있습니다.

결국 '선량함'은 특정 계층에 고유하게 부여되는 성질이 아니라, 인간 본연의 복잡한 심리와 사회 환경, 그리고 개인의 선택에 따라 형성되는 가치입니다. 인간은 누구나 욕망과 불안으로부터 자유롭지 않으며, 불공정한 제도나 극심한 경쟁 구조는 때로 비윤리적 선택을 강요하기도 합니다. 그러므로 진정한 선량함은 매 순간의 상황 속에서 공동체의 가치를 존중하고 타인을 배려하는 선택을 통해서만 구현될 수 있습니다.

이를 위해서는 '나는 과연 선량한가?'라는 질문을 통한 지속적인 자기 성찰, 다른 계층과 배경을 존중하며 타인의 어려움에 공감하는 태도, 불공정 구조를 개선하고 공정한 기회를 보장하려는 사회적 노력이 필요합니다. 서민층 또한 예외 없이 이러한 성찰과 실천에 참여해야 하며, 선량함이란 타고난 성향이 아니라 매일의 선택과 행동으로 가꾸어 가는 가치임을 인식해야 할 것입니다.

따라서 '서민은 선량하다'라는 고정관념에서 벗어나, 계층을 초월한 인간의 다면성을 직시하는 것이 중요합니다. 각자가 자신의 자리에서 책임을 다하고 성찰을 이어 갈 때, 우리 사회 전체가 보다 진정한 선량함에 가까워질 수 있을 것입니다.

> Q112. 당신은 선량한 서민입니까? 아니면 정치 선동꾼들의 먹잇감입니까?

113

학연, 혈연, 지연 극복 과연 가능할까?
삶의 뿌리와 변화의 바람

우리 사회에서 학연(학교 인연), 혈연(혈족 관계), 지연(지역 인연)은 오랜 역사와 문화 속에서 형성된 강력한 사회적 네트워크입니다. 이는 개인에게 유대감과 소속감을 제공하고 위기 시 든든한 버팀목이 되지만, 동시에 불공정과 특혜의 근원이 되기도 합니다. 능력보다 연줄이 우선되는 순간, 사회는 공정성을 잃고 성실한 이들이 좌절하게 됩니다.

학연은 특히 명문대 중심의 사회 구조에서 강력한 영향력을 가지며, 비(非)학연 출신을 배제하는 장벽이 되기도 합니다. 혈연은 가족을 중심으로 한 본능적 유대이며, 도움과 지지를 주는 긍정적 측면이 있지만, 공적 영역에서 사적 이익을 추구하는 폐단을 낳기도 합니다. 지연은 고향이라는 공통 경험에서 비롯된 친밀감이지만, 지역 차별이나 특혜로 이어질 위험이 있습니다.

이러한 인연의 극복이 어려운 이유는 깊이 뿌리내린 유교적 연고주의 문화, 인간의 본능인 심리적 안정감, 연줄을 통한 효율성과 실익, 그리고 '나만 아니면 된다'는 죄수의 딜레마 때문입니다. 이로 인해 불공정성을 인식하면서도, 본인만 그 끈을 놓으면 손해를 볼 것이라는 불안감이 작용합니다.

사회는 이를 개선하기 위해 블라인드 채용, 공정한 인사 시스템, 청탁금지법 등 제도적 장치를 도입했습니다. 투명성이 향상되었지만, 여전히 비공식적 네트워크와 암묵적 선호는 영향력을 행사합니다. '우리 사람'이라는 인식은 완전히 사라지지 않았고, 새로운 형태의 연줄로 변형되기도 합니다. 개인이 연고의 혜택을 공정하지 않게 사용하지 않으려는 윤리적 자각이 필요하지만, 개인의 노력만으로 구조적 변화를 이루기는 한계가 있습니다.

그럼에도 변화의 가능성은 존재합니다. 첫째, 젊은 세대를 중심으로 한 공정성·투명성 중시 문화의 확산, 둘째, 글로벌화와 다양성으로 인한 협력의 범위 확대, 셋째, 기술 발전에 따른 평가의 객관성·투명성 강화, 넷째, 작은 불공정에도 맞서는 개인의 용기가 그것입니다.

결국, 학연·혈연·지연은 사라지기 어려운 '삶의 뿌리'지만, 그 영향력을 줄이고 건강한 사회 자본으로 전환하는 노력이 필요합니다. 우리는 그 긍정적 기능을 인정하되, 불공정으로 변질되지 않도록 끊임없이 경계해야 합니다. 뿌리를 이해하되, 그것에 묶여 변화와 발전을 가로막아서는 안 됩니다. 더 투명하고 정의로운 사회를 만드는 것이야말로 다음 세대에 물려줄 가장 값진 유산일 것입니다.

> **Q113. 당신은 학연·혈연·지연에서 자유로울 수 있겠습니까?**

8. 일과 직업

114

AI 시대, 교사는 전문직인가?

변화하는 역할과 본질적 가치

교실에 AI가 자리 잡는 시대가 됐습니다. AI 튜터, 자동 채점 등 교육의 기술적 측면에서 AI는 이미 사람을 능가합니다. 이런 변화 속에서 "AI 시대에 교사는 과연 여전히 전문직인가?"라는 질문이 커지고 있습니다.

이 변화는 오히려 교사라는 존재의 본질적인 가치를 되돌아볼 기회입니다. AI가 대체할 수 없는, 인간 교사만이 해낼 수 있는 일은 무엇일까요? 바로 여기에 교사의 진정한 전문성이 있습니다.

무엇보다 중요한 것은 인간적인 교감입니다. AI는 학생의 마음을 읽거나 따뜻한 격려를 건넬 수 없습니다. 교사는 아이의 눈빛과 말투에서 마음을 읽고, 성장을 함께 걷는 동반자입니다.

또한, 교사는 아이들이 질문하고, 생각하게 만드는 사람입니다. AI는 답을 주지만, 새로운 문제를 제기하고 다양한 관점에서 생각하도록 이끄는 것은 교사의 역할입니다. 단답형 정답이 아닌, 스스로 의미를 찾고 설명하는 진정한 학습을 돕는 것이죠.

AI는 데이터는 분석해도 학생의 삶 전체를 읽지 못합니다. 교사는 학생의 맥락을 고려해 전인적인 성장을 이끌고, 아이의 가능성을 발견하며 길을 찾아 주는 존재입니다.

게다가, 우리는 단순히 똑똑한 인간이 아니라 윤리적이고 책임 있는 시민을 길러야 합니다. AI 윤리, 디지털 시민성 같은 가치는 교과서만으로 가르치기 어렵습니다. 이는 삶의 태도와 가치에 관한 문제이며, 교사의 역할은 더욱 중요해집니다.

교사의 역할도 변하고 있습니다. 이제는 AI를 잘 활용하는 능력 또한 교사의 전문성 중 하나입니다. AI가 제공하는 데이터를 바탕으로 더 정밀한 맞춤형 지도를 제공하고, 반복적인 업무에서 벗어나 창의적인 수업을 기획하는 역량이 중요해졌습니다. 교사는 AI와 경쟁하는 존재가 아니라, AI를 활용해 교육을 확장하는 디자인 전문가로서의 역량을 요구받고 있습니다.

결국 교사는 지식 전달자에서 삶의 조력자로 변화하고 있습니다. AI가 아무리 발전해도, 인간은 인간을 통해 성장합니다. 교사의 말 한마디, 표정 하나가 한 아이의 인생을 바꾸기도 합니다. 그것이 교사라는 직업이 단순한 업무가 아니라, 사람을 키우는 전문직으로 불려야 하는 이유입니다.

AI 시대에도 교사는 여전히, 아니 어쩌면 그 어느 때보다 더 절실히 필요한 존재입니다. 기계는 정보를 줄 수 있지만, 사람은 방향을 제시합니다. 그 방향이 어디로 가야 하는지를 함께 고민하고 안내하는 존재, 그것이 바로 오늘날 교사라는 이름이 품고 있는 깊은 의미입니다.

> Q114. AI가 할 수 없는 '사람을 사람답게 만드는 일', 당신은 그 가치를 어디에서 찾고 있습니까?

115

간절, 애절, 절실한 마음

소명과 책임의 깊이

물기 어린 눈빛으로 아이를 바라보며 "이 아이는 꼭, 잘됐으면 좋겠어."라고 혼잣말하던 한 교사의 모습은 역할이 단순한 의무를 넘어 삶의 중심이 될 수 있음을 보여 주었습니다. 우리는 자식, 친구, 직장인 등 다양한 역할을 맡아 살아가는데, 이 역할에 전심전력을 다할 때 '간절함', '애절함', '절실함'이라는 세 가지 감정을 경험하게 됩니다.

'간절함'은 온 마음을 쏟는 열망입니다. 주어진 역할을 나에게 주어진 '기회'로 여기며, '반드시 해야만 한다'는 내면의 불처럼 타오르는 염원이죠. 간절한 사람은 쉽게 포기하지 않고 좌절 속에서도 다시 일어서는데, 이는 자신에게 주어진 역할이 삶의 이유이자 소명이 되기 때문입니다.

'애절함'은 간절함이 다다른 다음의 감정입니다. 간절했기에 더 아프고, 열망했기에 더 슬픈 마음이죠. 자식이 아파도 대신 아파줄 수 없는 무력감, 이루지 못한 목표에 대한 아쉬움, 실패로 인한 자책감 등이 애절함으로 표출됩니다. 이 감정은 인간적인 깊이를 보여 주며, 무관심한 사람은 결코 애절해질 수 없습니다.

'절실함'은 생존과 맞닿은 절박함입니다. '이것 없이는 안 되겠다'는 절박함, '지금이 아니면 기회가 사라진다'는 긴박감이죠. 절실함은 선택의 여지가 없는 상황에서 더욱 명확해지며, 우리를 흔들어 깨워 기존의 자신을 뛰어넘는 결단과 실행력을 발휘하게 합니다. 이는 목마른 자가 물을 찾는, 절박하고도 실용적인 에너지입니다.

이 세 감정은 각기 다르지만 실제 삶에서는 복합적으로 얽혀 존재합니다. 간절했기에 실패의 순간이 애절해지고, 절실했기에 그 성공이 더 간절해지며, 애절한 마음으로 되돌아본 실패는 다시는 반복하지 않겠다는 절실함을 낳습니다. 이 감정들은 우리가 역할을 수행하는 방식을 바꾸고, 나아가 그 역할을 통해 삶의 방향을 새롭게 잡게 만드는 힘이 됩니다.

결국 우리가 맡은 모든 역할은 책임이라는 이름의 외투를 입고 있지만, 그 안에는 수많은 감정의 결이 살아 숨 쉽니다. 단지 역할을 '수행'하는 사람이 아니라, 그 역할 속에 '자신'을 투영하고 '소명'을 발견하는 사람이 되어야만 우리는 진정으로 성숙해질 수 있습니다.

삶은 결국 이 세 감정을 얼마나 깊이 경험했느냐의 총합일지도 모릅니다. 간절하게 시작하고, 애절하게 견디며, 절실하게 돌파하는 것. 그리고 그 과정에서 자신이 어떤 사람인지, 무엇을 위해 살아가는지를 알아가는 것. 그것이 진정한 인간의 여정입니다.

> **Q115. 오늘 당신은 어떤 역할을, 어떤 마음으로 감당하고 있습니까?**

116

둔한 칼이 더 열심히 일한다
노력과 성장의 역설

"둔한 칼이 더 열심히 일한다." 이 말은 언뜻 모순적이지만, 타고난 재능이나 좋은 조건이 없어도, 혹은 오히려 그렇기 때문에 더 많은 노력을 기울여 예상치 못한 성장을 이루는 삶의 깊은 지혜를 담고 있습니다.

'둔한 칼'은 처음부터 불리한 조건을 타고나, 남들보다 더 많은 시간과 에너지를 쏟아야 합니다. 이는 타고난 재능이 부족하거나 환경이 좋지 않은 이들의 삶과 같습니다. 남들이 쉽게 해내는 것을 몇 번이고 반복해야만 간신히 따라갈 수 있는, '더 많은 노력과 시간'을 요구받는 숙명을 의미합니다.

하지만 '둔한 칼이 더 열심히 일한다'는 말의 진정한 의미는 단순히 '고생한다'는 데 있지 않습니다. 그 '더 열심히 일하는' 과정 속에서 둔한 칼은 날카로운 칼이 얻을 수 없는 귀한 것들을 얻게 됩니다.

첫째, 깊은 이해와 숙련입니다. 여러 번 부딪히고 깎아내면서 대상의 본질을 더 면밀히 파악하고, 최적의 방법을 찾아내며 깊은 통찰력과 숙련도를 얻습니다. '자주 하기'를 통해 오히려 더 견고한 전문가가 되는 것입니다.

둘째, 회복 탄력성과 끈기입니다. 수많은 실패와 좌절을 경험하며 '왜

하필 나에게 이런 일이?'라는 원망을 넘어 성찰을 통해 더 단단해집니다. 어떤 어려움에도 굴하지 않는 강한 끈기를 기르게 됩니다.

셋째, 겸손과 공감 능력입니다. 자신이 쉽게 무언가를 이룰 수 없음을 알기에, 남들의 노고를 더 깊이 이해하고 존중하며, 타인에 대한 깊은 공감 능력과 겸손한 태도를 갖게 됩니다.

넷째, 진정한 의미와 가치 발견입니다. 더 많은 시간을 들여 작업하면서, 그 행위 자체에서 의미와 가치를 발견하게 됩니다. 단순히 결과를 위한 것이 아니라, 과정 속의 성장을 위한 진정한 '열심히'가 됩니다.

삶은 참으로 아이러니합니다. 때로는 우리가 '둔함'이라고 여기는 것이 오히려 우리에게 더 큰 선물과 지혜를 안겨 주기도 합니다. 자신의 '둔함'을 인정하고 끊임없이 자신을 갈고닦으려 노력할 때, '둔한 칼'은 더욱 견고하고 어떤 상황에서도 흔들리지 않는 단단한 존재가 됩니다. 오히려 그 '둔함' 속에서 우리는 더 깊이 이해하고, 더 끈기 있게 인내하며, 더 겸손하게 배우고, 더 큰 의미를 발견할 수 있습니다.

> **Q116. 당신의 칼은 어느 정도 잘 드나요?**

117

勞力(노력)과 努力(노력)

삶을 빚어내는 두 가지 힘

우리말 '노력'은 같지만, 한자로는 勞力과 努力으로 구분됩니다. 발음은 같아도, 의미와 지향점은 분명히 다릅니다. 勞力은 육체적 수고를, 努力은 목표를 향한 정신적 애씀을 뜻합니다. 이 두 노력은 상호 보완적으로 작용하며, 우리의 삶을 이루는 핵심 동력이 됩니다.

'勞力'은 '수고로울 로(勞)'와 '힘 력(力)'의 결합으로, 주로 몸을 써서 일하는 활동을 의미합니다. 농경 사회에서 땀 흘려 땅을 일구는 일부터, 현대의 공장·건설 현장까지 勞力은 생존과 사회 유지의 기반이었습니다. 결과가 비교적 즉각적이고 가시적이며, 생계나 생산이라는 외적 목적에 봉사하는 경우가 많습니다.

반면 '努力'은 '힘쓸 노(努)'와 '힘 력(力)'의 조합으로, 정신적 의지와 집중을 통해 목표를 향해 나아가는 과정을 말합니다. 학업, 자기계발, 인내심, 끈기 등 자아실현을 향한 내적 동기가 강조됩니다. 현대 사회처럼 변화가 빠른 시대에는, 꾸준히 배우고 성장하려는 努力 없이는 개인의 발전도, 사회의 진보도 어렵습니다.

이 두 가지 노력은 실생활에서 뗄 수 없는 관계입니다. 운동선수의 훈련은 반복되는 勞力이면서 동시에, 기량 향상을 위한 努力이기도 합니다.

방향 없는 수고는 소진으로 끝나고, 실천 없는 의지는 공허한 이상에 불과합니다. 勞力이 현실을 지탱하는 기초라면, 努力은 미래를 여는 추진력입니다.

勞力과 努力은 삶을 살아가는 데 필요한 두 가지 중요한 힘입니다. 勞力은 우리가 현실 세계에서 생산하고 기여하며 생존하는 데 필수적인 기초를 제공하고, 努力은 우리가 목표를 설정하고, 성장하며, 자아를 실현하는 데 필요한 추진력을 부여합니다. 이 두 가지 '노력'의 의미를 명확히 이해하고, 자신의 삶 속에서 균형 있게 발휘하는 것이 중요합니다.

때로는 육체적인 수고를 아끼지 않는 勞力으로 땀의 가치를 깨달아야 하고, 때로는 정신적인 집중과 의지를 다하는 努力으로 새로운 가능성을 개척해야 합니다. 어느 한쪽만을 맹신하거나 경시해서는 안 됩니다. 勞力의 중요성을 인정하되, 努力을 통해 그 勞力이 더욱 의미 있고 효율적으로 발휘될 수 있도록 해야 합니다. 이 두 가지 '노력'을 조화롭게 실천할 때, 우리는 더욱 견고하고 풍요로운 삶을 빚어낼 수 있을 것이며, 개인의 성장과 함께 사회 전체의 발전에 기여할 수 있을 것입니다.

> Q117. 당신의 삶을 움직이는 힘은 지금, 몸의 수고(勞力)입니까, 아니면 마음의 애씀(努力)입니까?

118

핑계와 불가능의 구실을 찾는 구성원

조직의 활력을 저해하는 그림자

모든 조직은 공동의 목표를 향해 나아가며, 이 과정에서 구성원들의 적극적인 문제 해결 능력은 성패를 좌우하는 핵심 요소가 됩니다. 그러나 때로는 문제 해결 방법을 찾기보다는 수행 불가의 이유나 핑계만을 찾는 구성원들로 인해 조직의 활력이 저해되고 목표 달성에 어려움을 겪습니다. 이러한 태도는 개인의 성장을 방해할 뿐 아니라, 팀워크와 조직 전체의 생산성에 부정적인 영향을 미칩니다.

문제 해결 대신 핑계 찾기에 급급한 구성원들은 여러 유형으로 나타납니다. 자신의 책임을 외부 요인으로 돌리는 책임 회피형, 어차피 안 될 것이라며 미리 포기하는 무기력·소극형, 과거의 실패 사례를 들어 현재의 가능성을 부정하는 과거 지향형, 지식이나 정보 부족을 핑계 삼는 정보 부족 핑계형, 그리고 완벽한 조건이 아니면 시도조차 하지 않는 과도한 완벽주의형이 있습니다. 이러한 유형의 구성원들은 문제 자체보다는 원인을 외부에서 찾거나 자신의 한계를 과장하는 경향을 보입니다.

이러한 태도는 조직에 심각한 부정적 영향을 초래합니다. 우선, 문제 해결이 지연되어 생산성을 크게 저하시킵니다. 특정 구성원의 책임 회피는 다른 팀원에게 부담을 가중하여 팀워크를 와해시킵니다. 새로운 시도에 대한 두려움과 회피는 조직의 혁신 역량을 약화시키고, 현상 유지에 안주하게 만듭니다. 또한, 평계와 패배주의적 태도가 조직 전체의 문화로 확산되어 부정적인 분위기를 조장합니다. 최종적으로, 이러한 구성원들로 인해 리더는 리더십을 발휘하기 어려워지고, 조직을 이끄는 추진력을 상실하게 됩니다.

조직의 활력을 되찾고 이러한 그림자를 걷어내기 위해서는 문제 해결 중심의 문화를 구축하려는 노력이 필요합니다. 첫째, 각 구성원의 역할과 책임을 명확히 하여 스스로 문제 해결에 대한 주인의식을 갖도록 유도해야 합니다. 둘째, 구성원이 어려움을 호소할 때 비난하기보다 경청하고 공감하며, 그 이면에 숨겨진 진짜 이유(능력 부족, 자원 부족 등)를 파악해야 합니다. 셋째, 문제의 원인을 따지기보다 '어떻게 해결할까?'와 같은 해결 중심의 대화를 유도하여 스스로 대안을 모색하도록 이끌어야 합니다. 넷째, 만약 능력 부족이 원인이라면 필요한 교육, 훈련, 멘토링 등을 통해 역량을 강화하도록 적극적으로 지원하고, 작은 성공 경험을 통해 자신감을 심어 주는 것이 중요합니다. 다섯째, 문제 해결을 위해 노력하는 구성원에게 긍정적인 피드백을 제공하여 동기를 부여해야 합니다. 마지막으로, 실패를 비난하지 않고 학습의 기회로 삼는 건강한 조직 문화를 조성해야 합니다. 이를 통해 모든 구성원이 자신의 역할에 대한 주인의식을 가지고, 어려움에 직면했을 때 평계 대신 해결책을 모색하며 서로 협력하는 능동적인 조직으로 거듭날 수 있습니다.

> **Q118. 솔직히 얘기하자면 그냥 짤라 버리고 싶죠?**

119

믿고 쓸 수 있는 충성된 종은
위나 아래가 아닌 앞을 보는 사람이다
진정한 충성과 지혜

"믿고 쓸 수 있는 충성된 종은 위나 아래가 아닌 앞을 보는 사람이다."
이 말은 단순히 조직 내에서의 역할을 넘어, 미래를 향한 통찰력과 책임
감을 갖춘 진정한 지혜를 의미합니다.

여기서 '종'은 맹목적으로 복종하는 존재가 아니라, 공동체의 목표에 헌
신하고 기여하는 사람을 뜻합니다. 그렇다면 진정으로 신뢰할 수 있는 '충
성된 사람'은 어떤 특징을 가질까요? 이 문구는 맹목적인 복종을 넘어선
진정한 충성심과 미래를 향한 통찰력의 중요성을 강조합니다.

'믿고 쓸 수 있는 충성된 사람'의 가장 중요한 특징은 바로 '앞을 보는' 통
찰력과 비전입니다. 이는 단순히 눈앞의 지시를 따르는 것을 넘어, 주어
진 일의 본질적인 목적과 장기적인 파급 효과를 이해하는 태도를 의미합
니다. 상사의 지시가 궁극적으로 조직의 어떤 목표에 기여하는지 미리 헤
아리고, 능동적으로 문제를 해결하며 개선 방안을 제시하는 주체적인 존
재입니다.

또한, '앞을 본다'는 것은 현재에 안주하지 않고 끊임없이 배우고 발전하
려는 성장 의지를 의미합니다. 과거의 지혜를 발판 삼아 현재를 개선하고
미래를 향해 나아가는 지혜를 가진 사람만이 변화에 효과적으로 대응하

고 조직에 지속적으로 기여할 수 있습니다. 궁극적으로 이러한 사람은 '무엇 때문에' 어쩔 수 없이 하는 것이 아니라, '무언가를 위하여' 능동적으로 행동하며 자신의 행동에 대한 책임을 기꺼이 감당하는 책임감을 가집니다. 이들은 조직의 미래를 자신의 미래와 동일시하며 진정한 충성심을 보여 줍니다.

진정으로 충성된 사람은 맹목적으로 '위'만 바라보지 않습니다. 즉, 상사의 눈치만을 살피거나 아첨하지 않으며, 자신의 소신이나 판단을 잃지 않습니다. 진정한 충성심은 때로는 불편한 진실이라도 용기 있게 말할 줄 아는 정직함과 소신을 포함합니다. '믿고 쓸 수 있다'는 것은 단순히 지시를 잘 따르는 것을 넘어, 올바른 방향을 위해 때로는 '아니오'라고 말할 수 있는 용기 있는 태도를 의미합니다.

마찬가지로, 충성된 사람은 '아래'를 보지 않습니다. 즉, 과거의 실패에 갇히거나 현재의 위치에 안주하지 않는다는 뜻입니다. 이들은 실패를 좌절의 원인이 아닌 배움의 기회로 삼아 다시 일어설 수 있는 회복 탄력성을 가집니다. 또한, 자신보다 낮은 위치에 있는 사람들을 무시하거나 이용하지 않는 겸손한 태도를 의미합니다.

결국 '위나 아래가 아닌 앞을 보는 사람'은 균형 잡힌 시선과 성숙한 태도를 가진 사람이야말로 진정으로 신뢰할 수 있는 존재임을 강조합니다. 당신의 시선이 오직 '앞'을 향해, 더 나은 미래와 더 큰 가치를 향해 나아가기를 바랍니다.

> **Q119. 당신의 시선은 어디를 향하고 있나요?**

120

받은 만큼 일할 거야, 일한 만큼 받을 거야
내가 너라면, 너가 나라면

'받은 만큼 일할 거야'와 '일한 만큼 받을 거야'라는 두 가지 관점은 노동과 보상에 대한 상반된 태도를 보여 주지만, 궁극적으로 이상적인 노동 환경을 만들기 위한 중요한 단서를 제공합니다.

'받은 만큼 일할 거야' 이 관점은 주로 현재의 보상, 대우, 인정 수준에 맞춰 최소한의 노력을 기울이겠다는 의지를 담고 있습니다. 이는 불공정한 대우나 낮은 평가에 대한 소극적 저항이거나, 번아웃으로부터 자신을 보호하기 위한 현실적인 자기방어 전략일 수 있습니다. 하지만 이러한 태도가 만연하면 조직의 활력이 떨어지고, 창의성이 사라지며, 결국 조직의 성장 동력을 갉아먹는 독소로 작용할 수 있습니다. 이는 단순히 개인의 문제가 아니라, 보상 시스템의 불투명성이나 리더십의 실패와 같은 구조적 문제에서 비롯되는 경우가 많습니다.

'일한 만큼 받을 거야' 이 관점은 자신이 쏟은 노력과 성과에 합당한 보상을 요구하는 적극적인 태도입니다. 공정성과 성과주의에 대한 강한 믿음을 기반으로 하며, 개인의 강력한 동기 부여로 이어져 더 큰 열정과 헌신을 이끌어 냅니다. 조직 입장에서는 생산성 향상과 인재 유치에 긍정적인 영향을 미칩니다. 그러나 '일한 만큼'을 객관적으로 측정하기 어렵고, 과도한 경쟁으로 인한 협력 저해, 그리고 번아웃의 위험과 같은 현실적인 문제도 안고 있습니다.

두 관점은 대립하기보다 상호 보완적입니다. 이상적인 노동 환경은 이두 가지 가치가 균형을 이룰 때 가능합니다. 개인의 입장에서는 자신이받는 보상에 대한 합리적인 기대치를 가지고, 더 나은 대우를 위해 노력했을 때 실제로 보상을 얻을 수 있다는 믿음을 가져야 합니다. 한편 조직의 입장에서는 투명하고 공정한 보상 시스템을 구축하여, 직원들이 '일한만큼 받을 수 있다'는 신뢰를 가질 때, 그들은 자발적으로 '받은 것 이상으로 일하려는'동기를 얻게 됩니다.

결론적으로, '받은 만큼 일할 거야'라는 관점이 긍정적으로 변화하려면, '일한 만큼 받을 수 있다'는 확신이 선행되어야 합니다. 노동의 가치가 제대로 인정받고 보상받는다는 믿음이 있을 때, 개인은 수동적이지 않고 능동적으로 일하며 선순환 구조를 만들어 낼 수 있습니다.

> Q120. 당신이 사장이라면 준 만큼 일을 시킬 건가요? 일한 만큼 줄 건가요?

121

성실과 봉사

자신에게 성실하고 남에게는 봉사하는 삶

인간의 삶을 진정으로 의미 있고 풍요롭게 만드는 데에는 여러 가지 가치들이 존재하지만, 그중에서도 '성실(誠實)'과 '봉사(奉仕)'는 개인의 내면적 완성은 물론 사회적 기여를 이끄는 두 가지 핵심적인 기둥이라 할 수 있습니다. 특히, '자기 자신에게는 성실하고 남에게는 봉사하자'는 가르침은 이 두 가치가 어떻게 상호 보완적으로 작용하여 조화로운 삶을 만들어 가는지를 명확히 보여 줍니다. 자신에게 성실함은 내면의 진실함과 꾸준한 노력을 의미하며, 타인에게 봉사함은 이러한 성실함이 외부로 확장되어 공동체에 헌신하는 과정입니다. 이 두 가지 실천은 개인에게는 깊은 만족감을, 사회에는 긍정적인 변화를 가져다줍니다.

자기 자신에게 성실하다는 것은 무엇보다도 자신의 마음과 행동을 속이지 않는 진정성을 의미합니다. 이는 스스로 세운 목표와 원칙에 충실하고, 자신의 감정과 생각을 정직하게 마주하며, 꾸준히 자신을 갈고닦는 노력을 포함합니다. 우리는 종종 타인의 시선이나 외부의 평가에 얽매여 본래의 자신을 잃거나, 순간적인 유혹에 넘어가 스스로와의 약속을 저버리곤 합니다. 그러나 진정한 성장은 자기 자신에게 성실할 때 비로소 가능합니다.

자기 자신에게 성실함이 내면의 기반을 다지는 과정이라면, 남에게 봉사함은 이러한 성실함이 타인과 공동체를 향해 확장되는 외면화된 표현입니다. 봉사는 자신의 시간, 재능, 혹은 노력을 대가 없이 제공하여 타인의 필요를 채우고, 사회에 기여하는 행위입니다. 이는 단순히 물질적인 도움을 넘어, 따뜻한 관심과 공감, 그리고 함께 문제를 해결하려는 적극적인 참여를 포함합니다.

진정한 봉사는 자기 자신에게 성실함이 바탕이 될 때 더욱 빛을 발합니다.

자기 자신에게 성실하고 남에게 봉사하는 삶은 개인의 성장과 사회의 발전을 동시에 이끄는 가장 이상적인 형태입니다. 자신에게 성실함이 없는 봉사는 일회성에 그치거나 진정성을 잃기 쉽고, 타인을 위한 봉사로 이어지지 않는 성실함은 개인적인 성취에만 머물러 사회적 영향력을 발휘하기 어렵습니다. 진정으로 지속 가능한 사회는 성실하게 자신의 역할을 다하는 개인들이 모여, 그 역량과 마음을 바탕으로 서로에게 봉사하고 공동체의 발전을 위해 헌신할 때 비로소 구현될 수 있습니다.

오늘날 우리는 급변하는 사회 속에서 다양한 도전 과제에 직면해 있습니다. 이러한 시대적 요구에 부응하기 위해서는 개인과 조직 모두에게 자기 자신에게 성실하고 타인에게 봉사하는 정신이 더욱 절실합니다. 자신의 자리에서 묵묵히 최선을 다하는 성실함이 모여 사회의 근간을 이루고, 이러한 성실함이 타인을 향한 봉사로 확장될 때, 우리는 더욱 따뜻하고 정의로운 공동체를 만들어 갈 수 있을 것입니다.

> Q121. 당신은 다녔던 학교의 교훈으로 인해 삶에 직접적 영향을 받은 적이 있나요?

122

'열심히 하겠습니다'와 '제대로 하겠습니다'
성과를 넘어선 진정한 가치

오랫동안 우리는 '열심히 하겠습니다'를 미덕처럼 여겨 왔습니다. 그러나 오늘날의 사회는 '열심히' 하는 것만큼이나 '제대로' 하는 것의 중요성을 강조합니다. '열심히'가 노력과 시간의 투입량을 뜻한다면, '제대로'는 그 노력이 만들어 낸 성과의 질과 방향성을 의미합니다. 이 두 가지는 상호보완적이며, 균형 있게 실천될 때 비로소 개인의 성장과 조직의 발전이 가능해집니다.

'열심히'는 최선을 다하는 태도에서 출발합니다. 성실함과 몰입, 반복 학습을 통해 역량을 축적하고, 주변에 긍정적인 인상을 남깁니다. 이는 기본적인 동력으로, 무엇이든 성과를 내기 위한 전제 조건입니다. 그러나 방향 없는 '열심'은 헛수고가 되기 쉽고, '열심히 했으니 괜찮다'는 자기 위안에 빠지면 책임 회피로 전락할 수 있습니다. 즉, '얼마나 했는가'보다 '무엇을 위해, 어떻게 했는가'가 중요해진 것입니다.

반면, '제대로'는 효율과 본질을 중시합니다. 제한된 시간과 자원 안에서 최적의 결과를 추구하며, 표면적인 실행이 아닌 문제의 본질을 해결하고, 장기적 가치를 창출하는 방향으로 나아갑니다. '제대로' 하기 위해선 전략적 사고, 통찰력, 실패를 두려워하지 않는 용기, 자신을 객관화하는 겸손함이 요구됩니다. 이처럼 '제대로'는 고도의 지적 노력과 끊임없는 성찰이 동반되어야 가능합니다.

진정한 성장은 '열심히'와 '제대로'의 조화 속에서 이뤄집니다. 하나에만 치우치면 발전이 정체되거나, 실천 없는 이론에 그칠 수 있습니다. 이를 실천하기 위해서는 첫째, 무엇을, 왜, 어떻게 할지를 분명히 하는 명확한 목표와 전략 수립이 필요합니다. 둘째, 단순 시간 투입이 아닌, 집중도와 효과성을 따져야 합니다. 셋째, 실패 원인을 정확히 분석하고, '제대로' 하지 못한 부분을 개선하기 위한 피드백과 성찰이 필요합니다. 넷째, '제대로' 하려면 끊임없이 배우고 발전하려는 자세가 필요합니다.

이러한 태도는 삶의 모든 영역에 적용됩니다. 단순히 바쁘게 살아가는 것이 아니라, 그 속에서 의미 있는 성과와 내면의 만족을 추구하는 삶. 그것이 '열심히'와 '제대로'의 균형이 만들어 주는 궁극적 가치입니다.

오늘날 우리는 단순한 성실함을 넘어, 정확하고 본질적인 접근을 요구받고 있습니다. '열심히'는 출발점이고, '제대로'는 도착점입니다. 이 두 가지를 함께 품은 사람만이 지속 가능하고 신뢰받는 실력자로 성장할 수 있습니다.

> Q122. 당신은 지금, 열심히 하고 있습니까, 아니면 진짜로 제대로 하고 있습니까?

123

일과 소명

삶의 의미를 찾아가는 두 가지 길

인간은 태어나면서부터 무언가를 하며 살아갑니다. 어린 시절에는 놀이가 '일'이 되고, 학창 시절에는 공부가 '일'이 됩니다. 그리고 성인이 되면 우리는 흔히 '일(Job)'이라고 불리는 직업 활동에 뛰어듭니다. 그런데 어떤 이들에게 '일'은 단순히 생계를 위한 수단을 넘어, 자신의 존재 이유이자 삶의 궁극적인 목적이 되는 경우가 있습니다. 우리는 이를 '소명(Calling)'이라고 부릅니다. 저는 이 두 단어를 떠올릴 때마다, 우리 각자가 삶의 의미를 어떻게 찾아가고 있는지, 그리고 그 과정에서 어떤 고민과 성장을 겪는지 깊이 생각하곤 합니다.

'일'은 가장 현실적인 의미에서 우리의 생존을 가능하게 하는 활동입니다. 우리는 일을 통해 소득을 얻고, 그 소득으로 의식주를 해결하며, 사회 구성원으로서의 역할을 수행합니다. 직업을 가지고 돈을 버는 것은 현대 사회를 살아가는 데 필수적인 조건이며, 이는 개인의 안정적인 삶의 기반이 됩니다.

대부분의 사람에게 '일'은 선택의 여지없이 주어진 현실입니다. 우리는 때로 하기 싫은 일도 해야 하고, 적성에 맞지 않는다고 느끼는 일도 참고 해내야 합니다. 이는 단순히 경제적인 이유뿐만 아니라, 사회적 책임감이나 관계 유지 등 다양한 요인에 의해 결정되기도 합니다. '일'은 때로 고되고 지루하며, 반복적인 일상 속에서 의미를 찾기 어려울 때도 있습니다.

반면 '소명'은 '일'과는 차원이 다른, 훨씬 더 깊고 내밀한 의미를 지닙니다. 소명은 단순히 돈을 벌기 위한 활동이 아니라, 자신의 존재 이유와 삶의 궁극적인 목적을 깨닫고 그것을 실현하기 위해 헌신하는 행위입니다. 이는 외부의 강요나 보상에 의해서가 아니라, 내면 깊숙한 곳에서 우러나오는 강렬한 끌림과 열정에 의해 추동됩니다. 소명을 느끼는 사람들은 자신의 일이 마치 '운명'처럼 느껴진다고 말합니다. 그들은 자신의 재능과 능력을 최대한 발휘하여 세상에 긍정적인 영향을 미치고자 합니다. 소명은 개인의 가치관, 신념, 그리고 정체성과 깊이 연결되어 있습니다. 소명을 따르는 삶은 때로 경제적인 어려움이나 사회적인 편견에 부딪히기도 하지만, 그들은 그러한 난관 속에서도 흔들리지 않는 내적인 만족감과 충만함을 느낍니다. 소명을 가진 사람들은 일과 삶의 경계가 모호해지며, 일 자체가 곧 삶의 의미가 됩니다.

'일'과 '소명'은 우리 삶의 중요한 두 축입니다. '일'은 현실을 지탱하는 단단한 기반을 제공하고, '소명'은 삶에 깊은 의미와 방향성을 부여합니다. 이 둘이 완벽하게 일치하는 삶은 축복받은 삶이겠지만, 그렇지 않다고 해서 불행한 것은 아닙니다. 중요한 것은 자신의 '일' 속에서 의미를 찾으려 노력하고, 동시에 자신만의 '소명'을 찾아가는 여정을 멈추지 않는 것입니다.

> Q123. 당신은 '해야만 하는 일'을 하고 있습니까, 아니면 '하지 않고는 견딜 수 없는 일'을 하고 있습니까?

124

일이 사람을 힘들게 하는 것이 아니라
사람이 일을 힘들게 한다
일의 내적, 외적 에너지

우리는 종종 "일이 너무 힘들다."고 말합니다. 하지만 일은 본래 중립적인 에너지입니다. 그것은 과제이자 문제 해결의 장이며, 때로는 성취와 의미를 주기도 합니다. 같은 일을 해도 어떤 날은 가볍고 어떤 날은 무겁게 느껴지는 이유는, 일의 난이도보다 그것을 대하는 사람의 내적 상태와 외적 환경에 달려 있습니다.

내적 요인에서 첫째, 완벽주의와 과도한 자기 기대가 일을 무겁게 만듭니다. 모든 것을 완벽하게 하려는 강박은 작은 실수에도 스스로를 몰아붙이게 하고 과정의 즐거움을 앗아갑니다. 둘째, 목표 의식과 의미의 부재는 일을 단순 반복노동으로 만들고, 방향 없는 노력이 쉽게 지치게 합니다. 셋째, 불안·분노·좌절 같은 부정적 감정이 통제되지 않으면 에너지가 소모되어 효율이 떨어집니다.

외적 요인에서는 첫째, 불명확하고 비효율적인 소통이 혼란과 시간 낭비를 초래합니다. 둘째, 조직 내 갈등과 부정적 분위기는 심리적 압박과 흥미 상실을 불러옵니다. 셋째, 비전 없는 리더십과 불공정한 평가, 성장을 돕지 않는 환경은 구성원의 사기를 꺾고 일을 단순한 '시킨 일'로 만듭니다.

일을 즐겁게 만들기 위해서는 먼저 자기 성찰이 필요합니다. 내가 어떤 태도와 습관으로 일을 힘들게 하는지 돌아보고, 완벽주의를 내려놓으며 실패를 배움의 기회로 삼아야 합니다. 다음으로 의미 부여를 통해 자신이 하는 일이 어떤 가치와 영향을 창출하는지 찾아내야 합니다. 효율적인 시간 관리와 휴식으로 번아웃을 예방하는 것도 중요합니다. 마지막으로 건강한 관계가 필요합니다. 열린 소통과 협력적인 분위기, 갈등의 적극적 해결, 성장 지원과 긍정적인 조직 문화가 일을 보람 있게 만듭니다.

결국, 일의 무게는 일 자체가 아니라 그것을 대하는 우리의 태도, 부여한 의미, 그리고 둘러싼 관계망이 결정합니다. 관점을 바꾸고 내적·외적 환경을 정비할 때, 일은 짐이 아니라 성장과 자아실현의 도구가 될 수 있습니다. 일과 사람의 변증법 속에서 변화를 만들 힘은 우리 자신에게 있습니다.

Q124. 당신은 지금 일을 '짐'으로 만들고 있습니까, 아니면 '날개'로 만들고 있습니까?

125

창업의 어려움, 쇄신의 고통
새로운 시작과 변화의 고통

세상의 변화와 발전을 이끄는 두 축은 창업(創業)과 쇄신(刷新)입니다. 창업은 무(無)에서 유(有)를 만들어 내는 어려움이며, 쇄신은 익숙한 것을 깨고 새로운 체계를 세우는 고통입니다. 두 과정 모두 화려한 성공 뒤에 숨은 수많은 난관과 좌절, 그리고 치열한 도전의 연속이라는 공통점을 지닙니다.

창업의 어려움은 황무지에 씨앗을 뿌리는 것과 같습니다. 첫째, 아이디어를 현실 가능한 사업 모델로 구체화해야 합니다. 시장 조사, 고객 분석, 수익 모델 설계, 경쟁사 분석 등 철저한 준비 없이는 단 한 걸음도 나아가기 어렵습니다. 둘째, 자금 조달의 장벽이 있습니다. 초기 자본을 마련하기 위해서는 개인 자산, 가족의 도움, 투자자 유치 등 다양한 방법을 모색해야 하나, 투자자는 극히 일부만 선택합니다. 셋째, 시장 진입과 경쟁의 치열함입니다. 고객의 불신을 깨고 기존 강자들과 겨루려면 차별화된 전략과 막대한 마케팅이 필수입니다. 넷째, 인재 확보와 팀 빌딩의 어려움입니다. 비전을 공유하며 함께할 인재를 구하기 힘들고, 갈등 관리와 비전 공유가 성패를 좌우합니다. 마지막으로, 창업은 높은 불확실성과 실패 확률을 내포하며, 그 부담은 고스란히 창업가의 몫이 됩니다.

쇄신의 고통은 이미 존재하는 것을 깨뜨리고 새롭게 만드는 과정입니다. 첫째, 기존 시스템의 관성과 내부 저항입니다. 구성원은 익숙한 방식에 머물고, 변화를 위협으로 받아들이기도 합니다. 둘째, 성공의 함정입니다. 과거 방식에 대한 집착은 새로운 시도를 가로막습니다. 셋째, 내부 이해관계자의 반발입니다. 쇄신은 권력 구조와 업무 방식에 변화를 주어 기득권의 저항을 유발합니다. 넷째, 장기적 투자를 요구하는 자원 배분과 단기 성과 압박 사이의 갈등이 있습니다. 마지막으로, 실패에 대한 두려움은 구성원들의 적극성을 약화시키고 아이디어 제안을 위축시킵니다.

두 과정 모두 불확실성과의 싸움이며, 변화에 대한 강한 저항을 극복해야 합니다. 창업은 외부 시장의 저항을, 쇄신은 내부 조직의 저항을 상대합니다. 이 모든 과정을 이끌어 내기 위해서는 강력하고 설득력 있는 리더십이 필요합니다. 창업가는 팀원과 투자자를 설득해야 하고, 쇄신을 주도하는 리더는 구성원에게 변화의 필요성을 인식시키고 참여를 유도해야 합니다.

결국, 창업과 쇄신은 실패를 두려워하지 않는 용기, 불확실성 속에서도 나아가는 끈기, 변화를 이끄는 통찰력을 요구합니다. 이 어려움과 고통은 단순한 좌절이 아니라 더 큰 성장과 발전으로 가는 성장통입니다. 사회는 창업가의 용기와 쇄신가의 끈기를 통해 발전하며, 우리 또한 각자의 자리에서 이러한 어려움과 고통을 감수할 준비가 되어 있는지 돌아봐야 합니다.

Q125. 당신은 지금, 창업의 어려움을 감수하고 있습니까, 아니면 쇄신의 고통을 회피하고 있습니까?

126

수행 불가의 핑계를 찾는 교사
교육 현장의 활력을 저해하는 그림자

교육 현장은 학생들의 성장을 공동 목표로 삼지만, 일부 교사들은 문제 해결보다 '수행 불가'의 이유나 핑계를 찾는 데 집중하여 학교의 활력을 저해합니다. 이러한 태도는 개인 발전과 조직 성과 모두에 부정적 영향을 미치며, 유형은 다음과 같습니다.

첫째, 책임 회피형입니다. 문제 원인을 외부나 타인에게 돌리며 자신은 관여하지 않으려 합니다. 둘째, 무기력·소극형입니다. 시도 전부터 불가능을 전제하고 현상 유지에만 머뭅니다. 셋째, 과거 지향형입니다. 이전 실패 경험을 근거로 현재의 가능성까지 차단합니다. 넷째, 정보·지식 부족형입니다. 스스로 학습하거나 탐구하기보다 '잘 모른다'는 이유로 회피합니다. 다섯째, 과도한 완벽주의형입니다. 이상적 조건이 갖춰지지 않으면 시작조차 하지 않습니다. 이들은 문제를 해결하기보다 불가능성을 강조함으로써, 단기적으로는 책임을 면하나 장기적으로는 자신과 조직 모두를 정체시키게 됩니다.

이러한 태도는 여러 부정적 결과를 낳습니다. 첫째, 수업과 활동의 질이 떨어져 학생 성취도가 저하됩니다. 둘째, 동료 교사들에게 업무 부담이 가중되어 팀워크가 깨집니다. 셋째, 새로운 시도와 혁신이 저해됩니다. 넷째, 패배주의적 분위기가 확산되어 학교 문화가 부정적으로 변질됩니다. 다섯째, 리더십의 추진력이 약화됩니다. 여섯째, 학생들이 문제 해결보다 회피를 배우는 악영향이 발생합니다.

해결을 위해서는 명확한 목표와 책임 부여가 필요합니다. 교사의 역할을 구체화하고 주인의식을 심어야 합니다. 또한 '안 된다'는 발언 뒤에 숨겨진 진짜 이유를 경청과 공감으로 파악해야 합니다. 이어서 '그렇다면 어떻게 할까'라는 해결 중심 대화로 전환하고, 필요시 연수·멘토링을 통한 역량 강화 지원을 제공합니다. 문제 해결에 노력한 교사에게는 긍정적 피드백과 성공 경험을 제공하여 동기를 높입니다.

학교공동체는 실패를 비난하기보다 학습 기회로 삼는 건강한 문화를 조성하고, 끝내 개선 의지가 없는 경우에는 명확한 기대치와 그 미이행 시 결과를 분명히 전달해야 합니다.

결국, 주체적이고 능동적인 교사들이 서로 협력하며 어려움 속에서도 해결책을 찾아가는 문화가 자리 잡을 때, 교육 현장은 비로소 활력을 되찾고 학생들에게 모범이 되는 환경을 마련할 수 있습니다. 이는 학교의 지속 가능한 발전을 위한 필수 조건입니다.

> **Q126. 당신은 오늘, 해결책을 찾았습니까, 아니면 핑계를 찾았습니까?**

127

타고난 재능 위에서 최고가 되자
나만의 빛을 찾아가는 여정

인간은 누구나 타고난 재능과 빛을 지니고 태어납니다. 노력은 성공의 필수 조건이지만, 진정한 최고는 타고난 재능 위에 노력이 더해질 때 완성됩니다.

재능은 단순히 눈에 띄는 능력만을 의미하지 않습니다. 다른 사람이 어렵게 느끼는 일을 자연스럽고 즐겁게 해내는 경향, 특별한 교육 없이도 발휘되는 탁월함이 모두 재능입니다. 어린 시절의 놀이, 몰입 경험, 그리고 주변의 피드백 속에서 재능은 싹을 틔웁니다. 그러나 많은 이들이 사회의 일반적 기준에 맞추려 하면서 자신의 강점을 무시하고 약점을 보완하는 데 에너지를 소모합니다. 진정한 성장은 강점을 발견하고 이를 극대화하는 데서 시작됩니다. 타고난 재능을 활용하면 몰입(Flow) 상태를 경험합니다. 시간과 피로를 잊고 활동에 깊이 빠져드는 이 상태는 강력한 생산성과 학습 효과를 가져오며, 노력 자체를 즐거움으로 바꿉니다. 즐거움은 더 많은 시간과 정성을 투자하게 하고, 자연스럽게 숙련도를 높입니다. 이는 억지로 하는 노력보다 훨씬 효율적이며 지속적입니다.

재능 위에서 노력할 때의 장점은 효율성과 독창성입니다. 남들이 100의 노력을 들여 얻는 성과를, 재능 있는 사람은 50의 노력으로 성취할 수 있습니다. 절약된 시간과 에너지는 재능의 심화와 확장에 다시 쓰입니다.

또한 재능은 새로운 시각과 접근 방식을 가능하게 하여 '나만이 할 수 있는 것'을 만들어 냅니다. 이는 단순히 잘하는 것을 넘어 대체 불가능한 존재로 성장하게 합니다.

그러나 재능만으로는 최고가 될 수 없습니다. 재능은 씨앗과 같아, 노력과 훈련, 배움이라는 토양과 햇빛이 필요합니다. 실패와 좌절 속에서도 재능을 믿고 길을 걸어갈 때 비로소 열매를 맺습니다. 진정한 최고는 기술적 완벽함을 넘어서, 재능으로 세상에 긍정적 영향을 주고 타인에게 영감을 전하며, 세상을 더 나은 방향으로 변화시키는 것을 의미합니다.

우리 모두는 특별한 존재이며, 각자의 재능과 잠재력을 지니고 있습니다. 중요한 것은 남들이 정한 길이 아니라, 자신이 빛나는 순간과 진정한 즐거움을 주는 활동을 찾아내고 그 위에 꾸준히 노력을 쌓는 것입니다. 타고난 재능 위에서 최고로 향하는 길은 쉽지 않지만, 가장 보람 있고 의미 있는 여정입니다. 그 길 위에서 우리는 자신을 온전히 이해하고, 잠재력을 발휘하며, 세상에 독창적인 흔적을 남길 수 있습니다.

Q127. 당신은 지금, 재능을 발견하기 위해 살고 있습니까, 아니면 재능을 잊은 채 살아가고 있습니까?

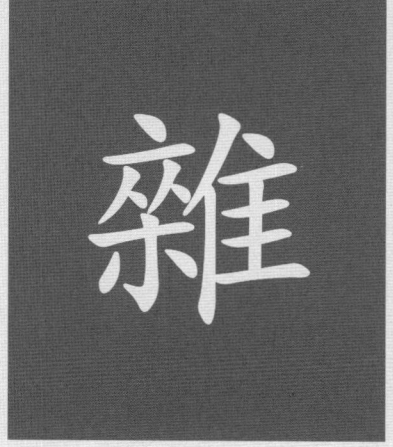

9. 현대 사회의 비판적 시선

128

갑질과 을질
권력의 두 얼굴, 상처받는 관계

인간관계 속 '갑질'과 '을질'은 권력 남용의 두 얼굴입니다. '갑질'은 직장 상사, 고객 등 우월한 지위로 타인을 인격체로 보지 않고 횡포를 부리는 행위입니다. 이는 자존감을 파괴하고 사회를 병들게 합니다. 반면 '을질'은 약자의 위치를 이용한 역습으로, 소비자나 하급 직원이 무리한 요구를 하거나 피해를 가장해 타인을 조종하는 것입니다. 이는 갑질의 반작용처럼 보이나 또 다른 권력 행사이며, 억울함이 억울함을 낳는 악순환을 만듭니다.

갑질과 을질은 대립이 아닌 상호 작용하며 사회 신뢰를 침식시킵니다. 피해자가 가해자가 되고, 가해자가 다시 피해자가 되는 고리가 쉽게 이어지죠. 이 문제는 단순한 비난이나 규제로 해결될 수 없습니다. 본질은 힘의 크기가 아닌, 그 힘을 어떻게 사용하는가에 있습니다. 내가 어떤 위치에 있든 상대를 '인격'으로 대하려는 마음가짐이 중요합니다.

이 악순환을 끊기 위해선 자기 성찰과 공감이 출발점입니다. 무심코 상처를 주거나 약자 위치를 무기 삼진 않았는지 점검하고, 상대방 입장에서 헤아릴 줄 알아야 합니다. 또한, 타인의 요구에 무조건 따르지 않고 자신의 기준에 따라 판단하며 책임질 수 있는 '책임 있는 자율'이 필요합니다.

사회적 차원에서는 불공정한 구조 개선, 약자 보호 강화, 규칙과 대화로 관계 조율이 중요합니다. 가정, 학교, 조직 안에서 '권력'이 아닌 '책임'과 '배려'를 중심으로 관계 맺는 교육과 문화가 필요합니다.

갑질과 을질 모두 사람을 수단으로 여기는 태도에서 비롯됩니다. 우리는 사람을 목적 그 자체로 대하는 관계, 즉 서로를 동등하게 존중하는 동반자 관계를 지향해야 합니다. 오늘 나는 누군가에게 어떤 존재였는지 솔직히 물을 때, 더 나은 사회로 나아갈 수 있을 것입니다.

> Q128. 당신은 오늘, 누군가와의 관계 속에서 존중과 책임을 실천했습니까?

129

'고객 중심'이라는 말의 허와 실

진정한 가치와 그 그림자

"고객님은 왕이십니다." 이 말은 이제 상투어가 되었고, '고객 중심'은 기업의 당연한 원칙처럼 자리 잡았습니다. 고객의 니즈를 최우선으로 삼는 경영, 얼마나 그럴듯한가요? 하지만 저는 종종 묻고 싶어집니다. 과연 이 '고객 중심'은 누구를 위한 것일까요? 진정으로 고객을 위한 것인가, 아니면 기업 이익을 위한 교묘한 포장일 뿐일까요?

진정한 고객 중심에는 실체가 있습니다. 고객의 불편을 해소하려는 노력은 혁신으로 이어지고, 이는 기업 성장을 견인합니다. 고객 기대를 넘는 경험은 신뢰를 쌓고, 신뢰는 장기적인 관계로 발전합니다. 이렇게 쌓인 신뢰는 위기 속에서도 기업을 지켜주는 든든한 방패가 되죠. 또한, 고객을 최우선으로 여기는 문화는 내부적으로도 긍정적인 파장을 일으켜, 구성원들이 공동의 목표 아래 협력하고 더 나은 서비스를 고민하게 합니다. 이것이야말로 고객과 기업이 함께 성장하는 아름다운 선순환 구조입니다.

그러나 모든 '고객 중심'이 진실된 것은 아닙니다. 겉으로는 고객을 위하는 척하지만, 실제로는 단기적인 이익이나 마케팅 목적에 그치는 경우가 많습니다. 고객의 감정을 자극해 불필요한 소비를 유도하거나 과장 광고로 구매를 유도하는 일도 벌어집니다. 그럴듯한 문구 속에 숨어 있는 상업적 계산은 결국 소비자도, 기업도 속이게 마련입니다.

반대로 고객이 기업을 상대로 악의적으로 '을질'을 하는 경우도 있습니다. 과장된 불만이나 허위 민원을 통해 보상을 요구하거나, 기업 이미지를 협박의 수단으로 삼는 경우입니다. 기업은 '고객 중심'을 내세우느라 제대로 대응하지 못하고, 때로는 터무니없는 요구를 수용해야 합니다. 이쯤 되면 '고객 중심'이 아니라 '고객 맹종'에 가깝습니다.

그렇다면 진정한 '고객 중심'은 무엇일까요? 그것은 고객과 직원 사이의 균형 속에 존재합니다. 고객의 만족은 중요하지만, 그 만족이 직원의 희생 위에 세워져선 안 됩니다. 고객의 권리를 보호하는 만큼, 직원의 인권도 함께 존중받아야 합니다. 기업은 '고객이 옳다'는 말보다는, '모두가 존중받아야 한다'는 원칙을 중심에 두어야 합니다.

우리는 이제 '무한 경쟁'의 시대를 넘어 '가치 창출'의 시대를 살아가고 있습니다. 더 많이 파는 것보다 더 잘 파는 것이 중요하며, 고객을 설득하는 것보다 고객에게 진실을 말하는 용기가 필요합니다.

결국, 진정한 고객 중심은 고객만을 위한 것이 아닙니다. 고객과 직원, 기업과 사회가 함께 성장하고 행복해지는 방향을 모색하는 것입니다.

> **Q129. 당신이 생각하는 진정한 '고객 중심'은 누구를 위한 것입니까?**

130

기성세대의 무지와 후속 세대의 경박한 오만
세대의 벽, 이해와 겸손으로 넘어서야 할 시간

"요즘 애들은 버릇이 없어."라는 기성세대의 말과 "꼰대들은 몰라도 너무 몰라."라는 젊은 세대의 말은, 어쩌면 우리가 반복해온 세대 간 갈등의 상징입니다. 서로 다른 시대를 살아온 두 세대는 너무도 다른 언어를 쓰고, 다른 가치를 기준 삼으며 살아가고 있습니다. 이해하기보다는 단정하고, 다가가기보다는 등을 돌리는 일이 비일비재합니다. 그리고 그 뒤에는 '기성세대의 무지'와 '후속 세대의 오만'이라는 그림자가 짙게 드리워져 있다고 생각합니다.

기성세대는 오랜 경험을 통해 지금의 사회를 일군 주역입니다. 하지만 그 경험이 때론 변화에 대한 두려움으로, 고정된 사고방식으로 이어지곤 합니다. "내가 해 봐서 아는데."라는 말은 지혜가 담긴 충고일 수도 있지만, 듣는 이에게는 닫힌 마음의 표현처럼 느껴집니다. 새로운 기술과 문화, 가치의 흐름을 충분히 받아들이지 못하고, 여전히 과거의 기준으로 현재를 판단하려 한다면, 젊은 세대는 그들을 '이해하려 하지 않는 사람'으로 간주할 수밖에 없습니다.

그러나 이런 태도는 단지 무능이나 고집의 문제가 아닙니다. 빠르게 변화하는 세상에서 자신이 익숙한 방식이 부정당하는 듯한 두려움, 그리고 '소외되고 있다'는 무언의 상실감이 작용한 결과일지도 모릅니다. 우리는 그런 기성세대의 심리적 배경을 들여다볼 줄도 알아야 합니다.

한편, 젊은 세대의 빠른 정보 습득력과 적응력은 눈부십니다. 디지털 네이티브로서 그들은 방대한 정보를 손쉽게 다루고, 새로운 흐름에 민감하게 반응합니다. 하지만 이 능력이 곧 '깊이 있는 지혜'까지 의미하지는 않습니다. 정보의 파편만을 무기로 세상을 재단하고, 경험의 축적을 경시한다면, 그것은 곧 경박한 오만이 되어 되돌아옵니다.

결국 문제는 세대 간의 태도입니다. 기성세대는 '알려 주려는' 태도에 머무르지 말고, 먼저 '듣고 배우려는' 자세를 갖추어야 합니다. 변화에 열려 있어야 하고, 새로운 것에 대해 두려움보다는 호기심을 가져야 합니다. 젊은 세대 또한 '앞섰다'는 자만 대신, '먼저 걸어간 사람'에 대한 존중을 배워야 합니다. 그들이 쌓은 시간 속에는 단순히 효율로는 환산할 수 없는 깊이와 무게가 존재합니다.

우리는 모두 누군가의 기성세대였고, 또 누군가의 후속 세대였습니다. 세대란 그렇게 이어지고 흐르는 것이지, 끊겨서는 안 되는 것입니다. '기성세대의 무지'와 '후속 세대의 오만'이라는 말을 곱씹으며, 생각해 봅니다. 진정한 성숙은 나이에서 오는 것이 아니라, 자신이 모른다는 사실을 아는 데서 비롯되며, 진짜 지혜는 먼저 다가가 손을 내미는 용기에서 시작된다고.

> **Q130. 당신은 다른 세대의 목소리에 진심으로 귀 기울여 본 적이 있나요?**

131

내가 낸 돈으로 왜 너가 생색을 내?

내 돈 귀하면 남의 돈 귀한 줄도 알아야지

우리는 매년 소득의 일부를, 혹은 소비를 통해 직간접적으로 세금을 납부합니다. 이 세금은 국가를 운영하고, 사회 기반 시설을 구축하며, 국민의 복지를 증진하는 데 사용되는 신성한 자원입니다. 그런데 우리는 종종 이런 의문을 품게 됩니다. "왜 내가 낸 세금으로 정부나 어쭙잖은 표바라기 정치인들이 생색을 내는 것일까?" 정부가 추진하는 각종 사업이나 정책이 마치 자신들의 특별한 시혜인 양 홍보될 때, 의식 있는 시민들은 씁쓸함을 넘어 분노를 느끼기도 합니다.

세금은 국민의 의무이자 권리이며, 그 사용은 당연히 국민을 위한 것이어야 합니다. 그런데 왜 이러한 '생색내기' '포퓰리즘' 논란은 끊이지 않는 것일까요? 저는 이 질문을 곱씹을 때마다, 정부와 시민 간의 신뢰, 그리고 책임의 본질에 대해 깊이 생각하곤 합니다.

'생색내기'라는 말은 대개 누군가가 마땅히 해야 할 일을 하고도, 혹은 타인의 노력과 자원으로 이루어진 일임에도 불구하고 마치 자신이 큰 선심을 베푼 것처럼 과장하여 드러내는 행위를 비판할 때 사용됩니다. 정부의 '생색내기'는 바로 이러한 불편한 진실을 그대로 담고 있습니다.

그렇다면 '내가 낸 세금으로 정부가 생색을 내는' 현상을 어떻게 극복하고, 신뢰와 책임의 정치를 구현할 수 있을까요? 정부는 세금의 주인이 국민임을 항상 명심하고, 자신들의 지지층만이 아닌 모든 국민의 대리인으로서 세금을 관리하고 집행하는 책임자라는 인식을 가져야 합니다.

모든 세금 집행 과정은 투명하게 공개되어야 합니다. 예산이 어떻게 편성되고, 어떤 목적으로, 얼마나 사용되었는지 국민들이 쉽게 알 수 있도록 상세한 정보를 제공해야 합니다. '눈먼 돈'이 발생할 여지를 차단하고, 국민의 감시와 통제를 가능하게 해야 합니다.

"왜 내가 낸 세금으로 정부가 생색을 내?" 이 질문은 단순히 정부에 대한 불만을 넘어, 국민이 자신의 주권을 제대로 행사하고 싶은 열망을 담고 있습니다. 세금은 국민의 피땀 어린 노력의 대가이며, 그 사용은 오직 국민의 삶을 더 나은 방향으로 이끌기 위한 것이어야 합니다. 표를 사기 위한 도구가 되어서는 안 됩니다.

땀 흘려 벌어서 낸 나의 돈이 그냥 흥청망청 정권 유지나 재창출용으로 남용되지 않을 거라는 실낱같은 희망을 품고, 세금 납부라는 국민의 4대 의무 수행이 정당하게 빛나는 그날을 기대합니다.

> Q131. 당신은 아깝지 않습니까? 피 같은 당신의 돈.

132

눈먼 돈

유혹과 그림자, 그리고 지혜로운 통찰

우리 사회에서 종종 등장하는 '눈먼 돈'이라는 표현은 출처나 사용이 불분명하거나, 노력 없이 얻어진 돈을 의미합니다. 말 그대로 '앞을 보지 못하는' 이 돈은 윤리적 맹점을 안고 무분별하게 흘러 다니며, 때로는 유혹처럼 다가와 우리를 시험합니다.

쉽게 얻는 돈은 달콤합니다. 로또 당첨, 횡재, 투자 사기, 공금 횡령 등은 한순간에 삶을 바꿀 것 같은 환상을 심어 줍니다. 하지만 흘린 땀 없이 얻은 돈은 그 가치를 체감하기 어렵고, 쉽게 낭비되기 마련입니다. 더 큰 욕심을 부르고, 결국 허무함이나 파멸로 이어지는 경우가 많습니다.

문제는 개인을 넘어 사회로 번집니다. 공공 영역에서의 '눈먼 돈'은 세금 낭비, 예산 유용, 뇌물 등으로 나타나며, 이는 사회의 신뢰를 무너뜨리고 정의를 훼손합니다. 정직한 시민은 좌절하고, 부당한 이득을 취한 자는 활개 치는 현실은 사회 전체를 병들게 합니다.

우리는 '눈먼 돈'을 대할 때 두 갈래 길 앞에 섭니다. 하나는 유혹에 굴복해 탐욕을 따르는 길이고, 다른 하나는 유혹을 경계하며 윤리를 지키는 길입니다. 후자는 즉각적인 이득은 없지만, 장기적으로 자신과 공동체의 건강성을 지키는 선택입니다.

돈은 선도 악도 아닙니다. 문제는 그것이 어떻게 벌어지고, 어떻게 쓰이느냐에 있습니다. 땀과 노력으로 얻은 돈은 성취와 자존감을 주며, 투명하고 책임감 있게 쓰인 돈은 사회에 긍정적인 영향을 미칩니다. 또한, 돈은 목적이 아닌 수단이어야 하며, 자신이 추구하는 가치를 실현하는 도구가 되어야 합니다.

'눈먼 돈'은 탐욕의 상징이자, 도덕의 시험지입니다. 우리는 그 유혹 앞에서 눈을 부릅뜨고 깨어 있어야 합니다. 쉽게 얻은 돈의 환상을 버리고, 정당한 노력을 존중하며, 돈을 투명하고 의미 있게 사용하는 태도가 필요합니다.

사회 역시 이러한 구조적 문제를 해결하려는 노력이 병행될 때, 정의롭고 건강한 공동체로 나아갈 수 있을 것입니다.

> Q132. 당신은 지금 손에 쥔 돈이 어떤 과정을 거쳐 왔는지, 그리고 그 돈을 어떻게 쓰고 있는지 되돌아본 적 있나요?

133

말 바꾸기 달인들의 양심
가면 뒤에 숨은 내면의 풍경

우리는 살아가며 종종 말과 태도를 상황에 따라 바꾸는 사람들을 마주합니다. 그들은 언변이 뛰어나고 감정 통제에 능하며, 상황에 맞게 말을 교묘히 바꿉니다. '상황별, 장면별 말 바꾸기의 달인'이라 불릴 이들은 자신의 이득을 위해 언어를 도구화하며, 때로는 책임을 회피하고, 타인의 기대에 영리하게 반응합니다.

이러한 행동은 처음에는 양심의 가책을 동반하지만, 반복될수록 감각은 무뎌지고 마침내는 양심의 소리조차 들리지 않게 됩니다. 그들은 '다들 이렇게 산다'는 자기 합리화를 통해 자신의 왜곡된 언행을 정당화하고, 결과적으로 정체성을 잃고 자아를 혼란에 빠뜨립니다.

말 바꾸기는 신뢰의 붕괴를 초래합니다. 약속을 가볍게 여기고, 말과 행동이 불일치하는 사람은 결국 진정한 관계를 잃고 사회적으로 고립됩니다. 정치나 기업 등 공적 영역에서의 말 바꾸기는 국민의 신뢰를 흔들고 사회 전체의 도덕적 해이를 야기합니다.

하지만 이 흐름을 되돌릴 수 있는 길도 있습니다. 내면의 양심에 귀 기울이고, 불편하더라도 진실을 말하는 용기, 말에 책임을 지는 태도, 과정보다 결과를 중시하는 태도에서 벗어나야 합니다. 신뢰는 결국 정직한 말과 일관된 행동에서 비롯됩니다.

'상황별, 장면별 말 바꾸기의 달인'은 겉으로는 능숙하고 유능해 보일지 모르지만, 그들의 내면은 양심의 가책이라는 그림자 속에서 고통받거나, 혹은 아예 양심의 목소리를 잃어버린 황폐한 풍경일 수 있습니다. 그들의 말 바꾸기는 단기적인 이득을 가져다줄지 모르지만, 결국에는 신뢰를 붕괴시키고 관계를 파괴하며, 사회 전체에 불신과 혼란을 야기합니다.

하지만 우리는 이 나약함에 갇힐 필요가 없습니다. 진실을 말할 용기, 자신의 행동에 책임질 용기, 그리고 내면의 양심에 귀 기울일 용기를 가질 때, 우리는 '말 바꾸기'의 굴레에서 벗어나 진정으로 자유롭고 당당한 삶을 살아갈 수 있습니다. 그럴 때 우리의 말은 더 이상 가벼운 공허함이 아니라, 신뢰와 진정성을 담은 강력한 힘을 가지게 될 것입니다. 양심의 가책이 더 이상 우리를 괴롭히지 않고, 오히려 우리를 더 나은 존재로 이끄는 나침반이 될 때, 우리의 삶은 진정으로 빛날 것입니다.

Q133. 당신은 지금, 진실을 말하고 있습니까, 아니면 상황에 맞는 말만 고르고 있습니까?

134

먹고살 만하다
최소한의 생존을 넘어선 삶의 안정

"먹고살 만하다."는 말은 참 모호하면서도, 동시에 우리 삶의 많은 부분을 관통하는 중요한 기준입니다. 단순히 굶주리지 않고 생존하는 것을 넘어, 과연 어떤 상태를 '먹고살 만하다'고 할 수 있을까요? 이 질문에 대한 답은 사람마다, 시대마다, 그리고 처한 상황마다 천차만별입니다.

가장 기본적인 의미에서 '먹고살 만하다'는 의식주가 해결되고, 당장의 생존에 대한 불안감이 없는 상태를 의미합니다. 하지만 현대 사회에서 이 기준은 훨씬 더 복잡해졌습니다. 단순히 배를 채우는 것을 넘어, 건강한 식사를 하고, 안전하고 쾌적한 주거 환경에서 살며, 적절한 의료 서비스를 받을 수 있는 수준을 포함합니다. 더 나아가, 예측 불가능한 미래에 대비할 수 있는 최소한의 경제적 여유, 즉 비상금을 마련하고 노후를 준비할 수 있는 능력까지도 '먹고살 만하다'는 범주에 들어갑니다. 이는 단순히 오늘의 끼니를 걱정하지 않는 것을 넘어, 내일과 모레의 삶까지도 계획할 수 있는 안정감을 의미합니다.

하지만 돈과 물질적인 풍요만이 '먹고살 만한' 삶의 전부는 아닙니다. 오히려 많은 이들은 물질적 기준을 넘어선 다른 요소들에서 삶의 만족감을 찾습니다. 예를 들어, 자신이 좋아하는 일을 하며 성취감을 느끼는 것, 가족이나 친구들과 따뜻한 관계를 맺고 소통하는 것, 충분한 휴식과 여가를 즐기며 스트레스를 해소하는 것, 그리고 꾸준히 배우고 성장하며 자아실현을 이루는 것 등이 그렇습니다. 아무리 돈이 많아도 매일 과도한 업무에 시달리거나, 외롭고 고립된 삶을 산다면 과연 '먹고살 만하다'고 말할 수 있을까요? 삶의 질은 물질적인 풍요와 함께 비물질적인 만족감이 균형을 이룰 때 비로소 완성됩니다.

결국 '먹고살 만한 기준'은 고정된 것이 아니라 끊임없이 변화하는 유동적인 개념입니다. 젊은 시절에는 새로운 도전을 위해 다소 불안정한 삶을 감수하기도 하지만, 가정을 이루고 나이가 들면서는 안정성을 더 중요하게 생각하게 됩니다. 또한, 사회 전반의 소득 수준이 높아지고 복지 시스템이 강화될수록 '먹고살 만한' 기준의 눈높이도 함께 올라갑니다. 미디어와 SNS를 통해 타인의 삶을 쉽게 접하면서, 자신도 모르게 타인의 기준을 자신의 기준으로 삼아 상대적 박탈감을 느끼는 경우도 많습니다.

궁극적으로 '먹고살 만하다'는 것은 자기 자신이 느끼는 만족감과 행복감에 달려 있습니다. 이는 외부의 시선이나 사회적 기준에 얽매이기보다, 스스로의 가치관과 우선순위를 명확히 하고 그에 맞는 삶을 추구할 때 비로소 얻을 수 있는 상태일 것입니다.

> **Q134. 당신은 지금 먹고살 만합니까?**

135

무리해서라도
열망과 소진 사이의 줄타기

우리는 살아가면서 수많은 선택의 기로에 놓입니다. 그중에는 '조금 더'라는 유혹, 혹은 '이 정도로는 부족하다'는 불안감에 휩싸여 스스로를 한계까지 밀어붙이는 순간들이 있습니다.

"무리해서라도."라는 말은 바로 그런 상황에서 등장합니다. 목표 달성을 위해, 혹은 타인의 기대를 충족시키기 위해, 때로는 스스로의 존재 가치를 증명하기 위해 우리는 기꺼이, 혹은 어쩔 수 없이 자신을 혹사시키곤 합니다.

이 말 속에는 뜨거운 열망과 강한 의지가 담겨 있지만, 동시에 위험한 자기 소진의 그림자도 드리워져 있습니다. 과연 '무리해서라도'는 우리를 성공으로 이끄는 원동력일까요, 아니면 우리를 갉아먹는 독이 될까요?

학창 시절에는 좋은 성적을 위해 '무리해서라도' 밤늦게까지 공부하고, 직장에서는 승진이나 프로젝트 완수를 위해 야근과 특근을 마다하지 않습니다. 심지어 취미나 자기계발에서도 더 많은 것을 배우려 애씁니다. 이러한 정신은 때로 놀라운 성과를 낳고, 자기 효능감과 주변의 인정을 이끌어 냅니다. 하지만 동시에 신체적·정신적 소진, 만성 피로와 번아웃으로 이어질 수 있습니다. 또한 과도한 노력은 효율성과 판단력을 떨어뜨리며, 창의성마저 마비시킵니다.

'무리해서라도'라는 말의 배경에는 경쟁 중심 사회의 압력이 작용합니다. 노력하지 않으면 실패로 낙인찍히는 현실 속에서, 우리는 생존을 위해 무리할 수밖에 없다고 느끼기도 합니다. 하지만 이제는 질문해야 합니다. "나는 누구를 위해, 무엇을 위해 무리하고 있는가?"

우리의 삶은 한 번뿐입니다. 이 소중한 삶을 '무리해서라도'라는 이름 아래 소진시켜 버리는 것은 너무나 안타까운 일입니다. 물론 때로는 불가피하게 자신을 채찍질해야 할 때도 있을 것입니다. 하지만 그것이 일상이 되어서는 안 됩니다.

이제는 '무리해서라도'라는 강박에서 벗어나, 자신을 사랑하고 돌보는 용기를 가질 때입니다. 나의 몸과 마음의 신호에 귀 기울이고, 진정으로 나를 위한 최선의 선택이 무엇인지 고민하는 것. 그것이 바로 우리가 '무리해서라도'라는 말의 진정한 의미를 이해하고, 삶의 균형과 행복을 찾아가는 첫걸음이 될 것입니다. 우리는 더 이상 맹목적으로 달리는 경주마가 아니라, 자신의 속도를 조절하며 아름다운 풍경을 감상할 줄 아는 현명한 여행자가 되어야 합니다.

> Q135. 지금 당신의 '무리'는 삶을 키우고 있습니까, 아니면 삶을 깎아 내고 있습니까?

136

물 좋고 인심 좋은 곳투성이
식상함 속의 진실을 찾아서

'물 좋고 인심 좋은 곳'

전국노래자랑 등에서 자기 지역을 소개할 때 흔히 사용되는 이 문구는 이제 너무나 식상해져 그 본래의 의미를 잃어가고 있습니다. 과도한 사용으로 인해 진정성을 상실했기 때문입니다. 전국 모든 곳이 '물 좋고 인심 좋다'고 외치면서 이 말은 더 이상 특별한 의미를 가지지 못하게 되었고, 상업적 목적으로 남용되면서 본래의 순수함은 퇴색되었습니다. 마치 자주 들은 유행가처럼, 반복되면서 지루해지고 그 아름다움을 잃어버렸다고 생각합니다.

그러나 이 식상한 문구 속에는 인간이 살아가면서 가장 중요하게 여기는 근원적인 가치가 담겨 있습니다. '물 좋다'는 단순히 수질이 좋다는 것을 넘어, 깨끗하고 풍요로운 자연환경을 의미합니다. 맑은 물은 생명의 근원이며 건강한 삶의 필수 조건이었고, 그 지역의 풍요로움과 생명력을 상징했습니다. '인심 좋다'는 단순히 친절함을 넘어, 너그럽고 따뜻한 마음으로 서로를 배려하고 공동체를 중요하게 여기는 문화를 뜻합니다. 이는 각박한 세상 속에서 서로에게 온정을 베풀고 정을 나누는 이상적인 삶의 모습이며, 사람들이 서로를 믿고 의지할 수 있는 사회적 자본의 기반이 됩니다.

이 문구는 결국 깨끗한 자연과 따뜻한 공동체 문화라는, 물질적 풍요를 넘어선 삶의 질과 행복을 결정하는 핵심 가치를 담고 있었습니다.

문구가 식상해지면서 우리는 그 속에 담긴 본래의 진실을 놓치고 있습니다. 우리는 겉으로 드러나는 형식에만 집중하며, 진정한 가치를 발견하고 소중히 여기는 능력을 잃어가고 있습니다. 무의식 속에 상투적으로 사용하는 표현은 결국 감동이나 신뢰를 주지 못한다는 소통의 문제를 일깨워 주기도 합니다.

이러한 식상함의 굴레에서 벗어나기 위해 우리는 세 가지 노력이 필요합니다. 첫째, 화려한 수식어에 현혹되지 않고 그 이면에 숨겨진 본질적인 가치를 꿰뚫어 보는 눈을 가져야 합니다. 직접 경험하고 느껴 보며 그 지역의 진정성을 확인하는 것입니다. 둘째, '물 좋고 인심 좋은 곳'은 단순히 찾아가는 곳이 아니라, 우리가 만들어 갈 수 있는 곳이라는 인식을 가져야 합니다. 내가 사는 동네의 환경을 가꾸고 이웃에게 따뜻한 마음을 나누는 작은 실천들이 모여 진정한 '물 좋고 인심 좋은 곳'을 만듭니다. 셋째, 뻔하고 식상한 문구 대신 그 대상이 가진 고유한 특징과 진솔한 이야기를 담아 전달하는 진정성 있는 소통을 추구해야 합니다.

"물 좋고 인심 좋은 곳."이라는 문구는 이제 케케묵은 말이 되었지만, 그 안에는 깨끗한 자연과 따뜻한 공동체에 대한 깊은 열망이 담겨 있습니다. 진부함을 넘어선 삶의 아름다움은 바로 이 본질적인 가치를 발견하고, 실천하며, 진정성 있게 나누는 데 있습니다.

Q136. 전국노래자랑에서 자랑하고 싶은 당신이 사는 지역의 자랑거리는 무엇입니까?

137

방관자의 이기주의
불편함을 피하려는 자기 보존 본능

방관자의 행동은 단순히 '누군가 나서겠지'라는 책임 분산 효과를 넘어, 불편함을 피하려는 자기 보존 본능과 여러 형태의 이기심에서 비롯됩니다. 우리는 타인의 고통 앞에서 왜 쉽게 눈을 감게 되는 걸까요?

방관자를 만드는 네 가지 이기심이 있다고 합니다. 첫 번째는 불편함으로부터의 회피입니다. 도움이 필요한 상황에 개입하면 시간, 노력, 위험 등 나의 평온한 일상에 균열이 생길 것을 두려워합니다. 자신의 안위와 편안함을 타인의 고통보다 우선시하는 이기심입니다.

두 번째는 무지라는 변명입니다. 어떻게 도와야 할지 몰라 주저하고, 이를 책임 회피의 합리적인 핑계로 삼습니다. 이는 자신의 무능력을 인정하지 않으려는 이기심에 가깝습니다.

세 번째는 사회적 시선 의식입니다. 주변 사람들이 아무도 나서지 않을 때, 나 혼자 튀는 행동을 하는 것에 대한 부담을 느낍니다. 타인의 시선으로부터 자신을 보호하려는 이기심이 행동을 멈추게 합니다.

네 번째는 결과에 대한 무관심입니다. '결국은 해결될 것'이라는 막연한 믿음이나, 나와 관련 없으니 괜찮다는 냉소적 태도가 방관자를 만듭니다.

모든 방관자가 악의적인 것은 아니지만, 그 행동의 밑바탕에는 자신의 안전과 편안함을 지키려는 자기중심적 욕구가 깔려 있습니다. 이 이기주의를 극복하려면 인식의 전환이 필요합니다. 내가 나서지 않으면 아무도 나서지 않을 수 있다는 사실을 인지하고, 불편함을 감수하며 작은 행동이라도 변화를 만들 수 있다는 믿음을 가져야 합니다. 타인의 시선보다 인간적인 도리를 우선시하는 용기야말로 더 나은 공동체를 만드는 시작입니다.

Q137. 당신의 불편함을 피하려는 자기 보존 본능 지수는 어떻게 되나요?

138

어쭙잖은 사람이 행세하는 세상
겉치레가 실력을 가리는 시대

우리는 종종 '세상이 변했다'는 말을 합니다. 빠르게 변화하는 시대 속에서 많은 가치들이 재정의되고, 새로운 기준들이 생겨나기도 합니다. 그러나 그 변화의 이면에는 때로 본질적인 혼란과 왜곡이 자리 잡고 있음을 목도하곤 합니다. 특히, 분수에 어울리지 않는 어쭙잖은 사람들이 득세하며 뭇사람의 비웃음을 살 만한 행세를 하는 세상은 우리에게 깊은 회의감과 함께 사회의 건강성에 대한 질문을 던지게 합니다.

이러한 현상은 여러 측면에서 나타납니다. 첫째, 능력주의의 왜곡입니다. 현대 사회는 능력과 성과를 중시하는 능력주의를 표방하지만, 실제로는 진정한 실력이나 노력보다는 과장된 포장, 인맥, 혹은 운과 같은 비본질적인 요소들이 개인의 성공을 좌우하는 경우가 많습니다.

둘째, 외형주의와 허영의 만연입니다. 소셜 미디어의 발달과 함께 '보여주기식' 삶이 확산되면서, 사람들은 내면의 충실함보다는 겉으로 드러나는 이미지와 과시적인 소비에 집착하는 경향을 보입니다.

셋째, 전문성의 결여와 무책임한 언행입니다. 특정 분야에 대한 깊은 이해나 충분한 경험 없이도, 단지 목소리가 크거나 미디어 노출이 잦다는 이유로 전문가 행세를 하는 이들이 많아졌습니다.

넷째, 정의와 공정성의 훼손입니다. 분수에 어울리지 않는 사람들이 득세하는 세상은 종종 정의와 공정성의 가치가 훼손된 결과이기도 합니다.

이러한 현상들은 우리 사회가 나아가야 할 방향에 대한 근본적인 질문을 던집니다. 어떻게 하면 어쭙잖은 사람들이 득세하는 것을 막고, 진정한 능력과 노력이 인정받는 사회를 만들 수 있을까요? 우선, 개인의 성찰과 분별력이 중요합니다. 우리는 겉으로 드러나는 화려함이나 일시적인 성공에 현혹되지 않고, 진정으로 가치 있는 것이 무엇인지 분별할 수 있는 지혜를 길러야 합니다. 다음으로, 사회적 시스템의 재정비가 필요합니다. 능력과 노력이 정당하게 보상받는 공정한 평가 시스템을 구축하고, 특권과 반칙이 발붙이지 못하도록 투명한 절차와 원칙을 확립해야 합니다. 마지막으로, 교육의 역할을 강조해야 합니다. 교육은 단순히 지식을 전달하는 것을 넘어, 학생들이 올바른 가치관을 형성하고, 비판적 사고력을 함양하며, 자신의 분수를 알고 겸손하게 행동하는 방법을 가르쳐야 합니다.

결론적으로, 분수에 어울리지 않는 어쭙잖은 사람들이 행세하는 세상은 우리 모두의 책임이자 극복해야 할 과제입니다. 개인의 성찰과 사회적 시스템의 개선, 그리고 올바른 교육을 통해 우리는 진정한 가치가 존중받고, 실력과 노력이 빛을 발하며, 모든 사람이 자신의 자리에서 품위 있게 살아갈 수 있는 건강한 사회를 만들어 나갈 수 있을 것입니다. 뭇사람의 비웃음이 아닌 존경과 신뢰가 가득한 세상, 그것이 우리가 함께 만들어 가야 할 미래입니다.

Q138. 당신은 자신도 모르게 뭇사람의 비웃음을 산 적이 없을까요?

139

순도 100%의 함정

완벽함이라는 이름의 그림자

'순도 100%'라는 말은 완벽함과 순수함, 절대적 신뢰를 연상시키며 강한 매력을 가집니다. 우리는 이를 이상적인 상태로 여겨 '진실', '행복', '성공' 등의 영역에서도 순도 100%를 추구하려는 경향이 있습니다. 그러나 이런 완벽주의는 때때로 현실과의 괴리 속에서 위험한 함정이 되곤 합니다.

'순도 100% 진실'은 관계를 파괴할 수 있고, '순도 100% 행복'은 삶의 고통을 부정하게 만들어 좌절을 키웁니다. 완벽함은 이상적이지만, 실제 삶은 기쁨과 슬픔, 실수와 성장이 얽힌 복합적 여정입니다. 순도 100%에 대한 집착은 유연성을 잃게 만들고, 다양한 가치를 불순물로 간주해 배제하는 경향을 불러옵니다. 이는 오히려 사람과 사회를 취약하게 만들며, 균형 잡힌 판단과 관계의 풍요로움을 해칠 수 있습니다.

또한, 완벽주의는 자기기만과 오만으로 이어질 수 있으며, 시스템이나 규범 뒤에 숨는 도덕적 해이를 낳기도 합니다. 무엇보다 끝없는 완벽함의 추구는 개인에게 피로감과 소진을 안기며 삶의 즐거움을 앗아 갈 수 있습니다.

진정한 삶의 지혜는 불완전함을 수용하고, 그 안에서 조화와 균형을 찾는 데 있습니다. 실수와 다름을 인정하며, 과정 속에서 의미를 발견하고,

작은 차이인 '한 끗빨'의 가치를 이해할 때 우리는 더 깊고 탄력 있는 삶을 살아갈 수 있습니다. 완벽보다 중요한 것은 유연한 사고, 겸손한 태도, 그리고 삶의 복합성을 품는 여유입니다. 순수함을 넘어선 성숙한 태도야말로, 진짜 아름다운 삶을 가능케 하는 열쇠입니다.

> Q139. 당신은 지금 '순도 100%'를 좇고 있습니까, 아니면 불완전함 속의 진짜 가치를 보고 있습니까?

140

식민지 콤플렉스
끝나지 않은 과거의 그림자

식민주의는 단지 영토와 자원을 지배한 것에 그치지 않고, 피지배 민족의 정신·문화·사회 구조에 깊은 상흔을 남겼습니다. 그 잔재는 '식민지 콤플렉스'라는 이름으로 남아, 자아 인식과 사회적 태도에 지속적인 영향을 미칩니다. 이는 단순한 피해의식이 아닌, 열등감, 배타적 민족주의, 경제·정치적 의존성 등으로 다양한 형태로 나타납니다.

식민 지배는 지배국의 문화와 언어를 우월하게 주입했고, 그 결과 피지배 민족은 해방 이후에도 스스로의 전통과 가치를 저평가하거나 외래문화를 무비판적으로 추종하는 경향을 보이곤 합니다. 한편으로는 과거의 억압에 대한 반작용으로 극단적인 민족 우월주의와 폐쇄성이 나타나기도 합니다. 경제 구조 또한 식민 지배에 맞춰 재편되면서, 독립 이후에도 선진국에 대한 의존성이 쉽게 해소되지 않았고, 이는 주체적 정책 결정의 장애 요인이 됩니다.

심리적으로는 자존감 저하, 정체성 혼란, 이중적 감정이 나타나며, 사회적으로는 역사 인식의 분열, 불평등 구조의 지속, 세대 간 갈등을 유발합니다. 문화적으로는 전통의 훼손, 모방적 태도, 주체성 결여가 나타나 정체성 확립을 어렵게 합니다.

이를 극복하기 위해서는 첫째, 역사에 대한 직시와 성찰이 필요합니다. 과거를 외면하거나 미화하지 않고, 교훈으로 삼아야 합니다. 둘째, 전통 문화의 재발견과 자긍심 고취를 통해 자생적 정체성을 회복해야 하며, 셋째, 비판적 사고와 주체성을 기반으로 외부 기준이 아닌 스스로의 시각에서 세계를 해석할 수 있어야 합니다.

넷째, 국제사회와의 협력적 관계를 통해 과거의 상처를 극복하고 글로벌 시민으로서의 책임을 자각해야 합니다.

식민지 콤플렉스는 과거의 그림자이지만, 그 극복은 미래를 위한 성숙한 성찰의 과정입니다. 이는 단순히 잊는 것이 아니라, 기억을 딛고 더 주체적이고 자율적인 공동체를 세워 가는 여정이며, 그 길은 고통스러울 수 있지만 반드시 걸어야 할 인류적 과제입니다.

Q140. 당신의 정체성은 과거의 상처 위에 세워진 굴레입니까, 아니면 그 상처를 넘어선 자각의 토대입니까?

141

잘난 맛에 살아가기
자존감과 오만함 사이의 줄타기

우리는 누구나 한 번쯤 '잘난 맛'에 살아가는 순간을 경험합니다. 성취를 이루었을 때, 타인에게 인정받았을 때 느끼는 뿌듯함과 우월감은 우리의 자존감을 높이고 도전 의지를 자극합니다. 특히 경쟁이 치열한 사회에서 '잘난 맛'은 노력의 원동력이 되며, 개인의 잠재력을 끌어내고 성장을 촉진하는 긍정적인 힘이 될 수 있습니다.

그러나 이 감정이 지나치면 '자존감'은 '오만함'으로 변질됩니다. 첫째, 오만과 독선이 나타나 타인의 의견을 무시하고 자신의 주장만 고집할 수 있습니다. 둘째, 관계가 단절되고 고립됩니다. 자신만이 옳다는 생각에 빠지면 공감과 소통이 어려워져 주변의 신뢰를 잃게 됩니다. 셋째, 자기기만과 현실 왜곡이 발생합니다. 단점과 한계를 보지 못하고 실패의 원인을 외부로만 돌리며 같은 실수를 반복합니다. 넷째, 외부 평가에 의존하는 경우 작은 비판에도 크게 흔들리는 취약성이 드러납니다. 이로 인해 불안정한 감정 기복과 소진이 뒤따릅니다.

건강한 '잘남'을 위해서는 몇 가지 원칙이 필요합니다. 첫째, 내면의 기준을 세워 외부 비교가 아닌 자신의 가치관과 신념에 따라 행동해야 합니다. 둘째, 겸손과 배움의 자세를 유지하여 타인의 지혜와 노력을 인정하고 받아들여야 합니다. 셋째, 공존과 협력을 통해 자신의 강점을 타인과 공유하고 함께 더 큰 가치를 만들어야 합니다. 넷째, 성찰과 자기 이해로 장점뿐 아니라 단점과 한계까지 직시하며 개선하려는 노력이 필요합니다.

진정한 '잘남'은 겉으로 드러나는 화려함이 아니라 내면의 단단함과 깊이에서 비롯됩니다. 이는 타인에게 신뢰와 존경을 얻게 하며, 지속 가능한 성장과 행복을 가능하게 합니다. 반대로, 오만과 독선으로 흐르는 '잘난 맛'은 자신을 고립시키고 불행에 이르게 합니다.

따라서 우리는 자신의 '잘남'을 어떻게 바라보고 활용할지를 끊임없이 점검해야 합니다. 자기 가치를 존중하되, 타인을 배려하고 배움을 이어 가는 자세가 필요합니다. 이는 자존감과 오만함 사이의 미묘한 줄타기를 안전하게 이어 가는 지혜이며, 더불어 사는 사회에서 의미 있는 성취를 만들어 내는 길이 됩니다.

> Q141. 당신은 현재 누리고 있는 '잘난 맛'은 자존감을 키우는 힘입니까, 아니면 오만함으로 기울게 하는 위험입니까?

142

저 인간, 지갑 색깔 본 적이 없다

인색함의 그림자와 관계의 온도

"저 인간, 지갑 색깔을 본 적이 없다."는 표현은 단순한 금전적 인색함을 넘어, 한 사람의 태도와 관계 방식, 나아가 삶을 대하는 자세에 대한 평가를 담고 있습니다. 지갑의 '색깔'은 곧 마음의 여유와 나눔의 정도를 상징하며, 이는 돈뿐 아니라 시간·노력·감정·정보에 이르기까지 다양한 자원의 개방성을 가늠하게 합니다.

금전적 인색함은 물론, 시간을 내지 않거나, 공동의 목표에서 최소한만 기여하는 태도, 감정을 표현하지 않아 관계를 건조하게 만드는 태도, 정보를 독점하는 태도 모두 '인색함'의 범주에 속합니다. 이러한 행동은 처음에는 이해받을 수 있지만, 반복될 경우 관계의 온기를 식히고 신뢰를 무너뜨립니다.

인색함이 지속되면 한쪽은 불공정함과 박탈감을 느끼고, 신뢰가 약화되며, 결국 소외와 고립으로 이어집니다. 주변 사람들은 그와의 관계에서 피로감을 느끼고 점점 거리를 두게 됩니다. '지갑 색깔 본 적이 없다'는 평가는 곧 "함께하고 싶지 않다."는 신호가 되곤 합니다.

사람이 인색해지는 이유는 다양합니다. 미래에 대한 불안이나 내면의 결핍, 과거의 결핍 경험, 낮은 자존감, 지나치게 계산적인 사고방식, 혹은 주변에서 배운 학습된 행동 등이 원인이 될 수 있습니다. 이러한 심리적 배경 속에서 사람은 움켜쥐려는 태도를 강화하고, 나눔을 손해로 여기게 됩니다.

그러나 움켜쥘수록 관계와 마음은 더 메말라집니다. 진정한 풍요는 베풂과 나눔에서 비롯됩니다. 작은 것부터 베푸는 습관은 관계에 온기를 더하고, 선순환을 만들어 냅니다. 물질뿐 아니라 시간·재능·마음·경험을 나누는 것은 상대방과의 신뢰를 깊게 하며, 자신 또한 풍요로워지게 합니다. 관계는 손익 계산이 아닌 신뢰·사랑·존중 위에서 유지된다는 사실을 재인식하는 것도 중요합니다.

또한 내면을 채우는 노력 역시 필수적입니다. 강한 자존감과 삶의 의미를 가진 사람은 외부의 물질적 조건에만 의존하지 않으며, 나눔을 두려워하지 않습니다. 베풂의 의미를 물질에서 관계와 가치로 확장할 때, 우리는 인색함의 굴레에서 벗어날 수 있습니다.

"저 인간, 지갑 색깔 본 적이 없다."는 말은 타인을 비난하는 데 그칠 수 있으나, 동시에 우리 자신을 비추는 거울이기도 합니다. 나의 지갑은 언제, 누구에게 열리고 있는가. 삶은 움켜쥘수록 외로워지고, 나눌수록 풍요로워지는 역설을 품고 있습니다. 오늘, 우리는 자신의 지갑 색깔을 돌아보고, 그것을 더 따뜻하고 아름답게 물들이기 위한 작은 나눔을 실천할 필요가 있습니다. 그 작은 변화가 관계와 삶을 더 깊고 풍성하게 만들 것입니다.

Q142. 당신의 지갑 색깔은 지금 어떤 빛깔을 띠고 있습니까?

마무리 글

잡상잡기(雜想雜記)
계속되는 질문, 끝나지 않을 여정

어느덧 이 책의 마지막 페이지에 다다랐습니다. '잡상잡기(雜想雜記)'라는 이름처럼, 저의 잡다한 생각들을 따라 함께 걸어와 주신 여러분께 진심으로 감사드립니다. 저와 함께 탐색했던 여정은 어떠셨나요? 때로는 익숙한 풍경 속에서 낯선 질문을 발견하고, 때로는 혼란스러운 감정 속에서 작은 깨달음을 얻는 순간들이 있으셨기를 바랍니다.

이 책을 통해 저는 거창한 해답을 제시하려 하지 않았습니다. 오히려 '질문'의 중요성을 강조하고 싶었습니다. 우리는 바쁜 일상 속에서 종종 질문하는 것을 잊고 살아갑니다. 주어진 답을 맹목적으로 따르거나, 남들이 가는 길을 무작정 좇아가기 바쁩니다. 하지만 진정한 삶의 의미와 나 자신의 고유한 가치를 발견하기 위해서는, 멈춰 서서 스스로에게 질문을 던지는 용기가 필요하다고 생각합니다.

'우리'라는 내면의 풍경을 들여다보며 '나'라는 존재가 얼마나 복잡하고 다층적인지 함께 고민해 보고 싶었습니다. 고독과 불안, 완벽주의의 그림자 속에서 우리의 마음이 어떻게 작동하는지 탐색하고자 했습니다. 또한, '사회'라는 거대한 유기체 속에서 우리가 어떤 관계를 맺고, 어떤 현상들을 만들어 내며 살아가는지 관찰해 보고 싶었습니다. '다층적인 불복문화'

와 같이 우리가 무심코 지나쳤을 법한 사회 현상들 속에서 인간의 본성과 사회의 역동성을 읽어 내려 노력했습니다.

나아가, '과거'의 그림자가 현재의 우리에게 어떤 영향을 미치는지, '식민지 콤플렉스'와 같은 집단적 기억이 어떻게 우리의 정체성을 형성하는지 함께 성찰해 보고 싶었습니다. 그리고 마지막으로, '삶의 의미'라는 가장 근원적인 질문 앞에서 우리는 무엇을 붙들고 나아가야 할지 고민해 보았습니다. 정답 없는 삶의 질문들 앞에서 저의 사유(思惟)가 이 글을 접하는 여러분께 작은 울림이 되었기를 바랍니다.

이 책에 담긴 생각들은 지극히 개인적인 경험과 관찰에서 시작되었습니다. 하지만 저는 이 개인적인 잡다한 생각들이 결국에는 우리 모두가 공유하는 보편적인 인간의 고민과 맞닿아 있다고 믿습니다. 우리가 느끼는 불안, 관계 속의 갈등, 사회를 향한 의문, 그리고 삶의 의미를 찾으려는 갈망은 시대를 초월하여 모든 인간이 겪는 공통된 경험이니까요.

어쩌면 이 책을 읽는 동안, 저의 생각에 고개를 끄덕이기도 하고, 때로는 반대 의견을 가지기도 하셨을 것입니다. 그것이야말로 제가 가장 바랐던 반응입니다. 이 책은 독자 여러분의 생각을 자극하고, 여러분만의 사유를 시작하게 만드는 촉매제가 되기를 원했기 때문입니다. 저의 글이 하나의 길을 제시하기보다는, 여러분 각자가 자신만의 길을 찾아 나설 수 있도록 작은 이정표가 되기를 바랐습니다.

이제 책은 덮이지만, 저와 여러분의 '잡상잡기'는 끝나지 않을 것입니다. 삶은 끊임없이 새로운 질문을 던질 것이고, 그 질문들 속에서 또 다른 성찰의 씨앗을 발견하게 될 것입니다. 그러니 부디, 질문하는 것을 멈추지 않았으면 좋겠습니다. 일상 속의 작은 변화에도 민감하게 반응하고, 스쳐 지나가는 사람들의 이야기에 귀 기울이며, 때로는 불편한 진실 앞에서도 용기 있게 마주하는 태도를 잃지 않기를 희망합니다.

세상은 빠르게 변하고, 정보는 넘쳐나며, 우리는 늘 선택의 기로에 서 있습니다. 이런 시대일수록, 외부의 소음에 휩쓸리지 않고 자신의 내면의 목소리에 귀 기울이는 것이 중요합니다. 이 책이 그 목소리를 듣는 데 작은 도움이 되었기를 바랍니다.

이 책을 통해 느낀 생각의 힘이 여러분의 삶을 더욱 풍요롭고 의미 있게 만드는 데 기여하기를 소망합니다. 앞으로도 여러분의 삶의 여정 속에서 끊임없이 질문하고, 성찰하며, 자신만의 답을 찾아가는 아름다운 '잡상잡기'를 이어 가시기를 응원합니다.

다음에 또 다른 생각의 조각들로 다시 만날 날을 기대하며, 이 글을 읽어 주신 여러분의 삶에 늘 평안과 지혜가 가득하기를 기원합니다.

잡상잡기 왜?